烟台大学哲学社会科学学术著作出版基金

RESEARCH ON INNOVATION INPUT AND
INNOVATION PERFORMANCE OF CHINESE LISTED
COMPANIES UNDER THE BACKGROUND
———————— OF ————————

CARBON PEAKING
AND
CARBON NEUTRALITY

"双碳"背景下
中国上市公司创新投入
与创新绩效研究

周竹梅 ◎ 著

中国财经出版传媒集团
经济科学出版社
Economic Science Press
·北 京·

图书在版编目（CIP）数据

"双碳"背景下中国上市公司创新投入与创新绩效研
究/周竹梅著 . -- 北京：经济科学出版社，2023.11
ISBN 978 - 7 - 5218 - 5161 - 8

Ⅰ.①双…　Ⅱ.①周…　Ⅲ.①上市公司 - 企业创新 -
企业绩效 - 研究 - 中国　Ⅳ.①F279.246

中国国家版本馆 CIP 数据核字（2023）第 181595 号

责任编辑：王　娟　李艳红
责任校对：齐　杰
责任印制：张佳裕

"双碳"背景下中国上市公司创新投入与创新绩效研究
周竹梅　著
经济科学出版社出版、发行　新华书店经销
社址：北京市海淀区阜成路甲 28 号　邮编：100142
总编部电话：010 - 88191217　发行部电话：010 - 88191522
网址：www.esp.com.cn
电子邮箱：esp@ esp.com.cn
天猫网店：经济科学出版社旗舰店
网址：http://jjkxcbs.tmall.com
北京季蜂印刷有限公司印装
710 × 1000　16 开　17.25 印张　260000 字
2023 年 11 月第 1 版　2023 年 11 月第 1 次印刷
ISBN 978 - 7 - 5218 - 5161 - 8　定价：68.00 元
（图书出现印装问题，本社负责调换。电话：010 - 88191545）
（版权所有　侵权必究　打击盗版　举报热线：010 - 88191661
QQ：2242791300　营销中心电话：010 - 88191537
电子邮箱：dbts@esp.com.cn）

前　言

步入 21 世纪以来，全球碳排放量急剧增长，我国作为世界第二大经济体，积极承担起大国责任，2020 年 9 月 22 日，习近平总书记在第七十五届联合国大会一般性辩论上的讲话中提出碳达峰、碳中和（以下简称"双碳"）目标。"双碳"目标的提出，标志着中国全面进入绿色低碳时代，而创新是引领经济发展的第一动力，是实现"双碳"目标的重要途径。2021 年，中共中央、国务院发布《关于完整准确全面贯彻新发展理念做好碳达峰碳中和工作的意见》，明确了科技创新对"双碳"战略的支撑作用。2022 年，科技部等九部门发布《科技支撑碳达峰碳中和实施方案（2022—2030 年)》，标志着以科技创新推动"双碳"战略进入实施阶段。在国家政策的持续推动下，我国总体创新发展迅速，取得了优异的成绩，世界知识产权组织发布的《全球创新指数报告》显示，我国的创新指数排名从 2017 年的第 22 位提升至 2021 年的第 12 位，稳居中等收入经济体之首，是世界上进步最快的国家之一，但同时也应看到，我国的创新水平与发达国家相比还有较大差距，创新能力尤其是绿色创新能力有待提高。创新需要资源的投入和高效率的产出，企业作为创新的主体，其创新能力是我国实现"双碳"目标和中国式现代化的重要保证。我国企业创新投入和创新绩效水平如何，有哪些因素影响了企业的创新投入和产出，这些问题的研究对提高我国企业创新能力具有重要的意义。

因此，本书以我国 A 股上市公司为研究样本，将创新投入和创新绩效纳入分析框架，实证检验影响创新投入的因素、创新投入对创新绩效的影响及其作用机制，以期为提高我国企业创新能力提供帮助。本书主要章节内容安排如下。

第 1 章绪论，主要介绍本书研究背景、研究目的与意义、研究内容、研究方法以及主要创新点。第 2 章文献综述与理论基础，首先通过梳理国内外有关创新投入和创新绩效的研究成果，提出本书研究的内容；进而阐述创新理论、可持续发展理论、外部性理论、资源基础理论以及信息不对称理论的含义与应用，为后续研究奠定理论基础。第 3 章中国科技创新战略演进与创新现状，分四个阶段回顾我国改革开放以来的科技创新战略发展历程，进而根据统计年鉴数据对我国创新投入与产出总体情况和不同类型企业创新投入产出具体情况进行分析。第 4 章企业内部因素对创新投入的影响研究，立足企业内部，在理论分析的基础上，实证检验内部控制、数字化转型、高管团队异质性和环保投资等因素对创新投入的影响。第 5 章企业外部因素对创新投入的影响研究，从企业外部视角，理论分析和实证检验融资约束、政府补助和年报问询函监管对创新投入的影响。第 6 章创新投入对创新绩效的影响研究，在对创新投入影响因素分析的基础上，进一步检验创新投入对创新绩效以及绿色创新绩效的影响，并就不同类型企业创新投入对创新绩效的影响进行异质性分析。第 7 章创新投入与创新绩效关系的调节因素研究，在验证创新投入对创新绩效作用的基础上进一步分析促进或抑制二者关系的因素，以探索创新投入对创新绩效的作用机制。第 8 章研究结论与政策建议，在实证分析的基础上，总结研究成果，并从企业、政府和金融机构三方面提出促进企业创新投入、提升创新绩效的政策建议。

本书发现：在企业内部，创新投入受到内部控制、数字化转型、高管团队异质性和环保投资等因素的正向促进作用；在企业外部，政府补助会正向促进创新投入，而融资约束和年报问询函监管则会抑制创新投入。总的来说，企业创新投入对创新绩效有显著的促进作用。具体而言，在不同专利产出方面，创新投入对实用新型专利产出的促进作用最强，不同类型企业创新投入对创新绩效的促进作用呈现差异化特征，在非国有企业、高科技企业、非重污染企业和东西部地区企业，这一促进作用表现更强。同时，企业创新投入对绿色创新绩效也有显著的促进作用，但与对创新绩效的作用有所不同的是，国有企业创新投入对绿色创新绩效的促进作用更为明显。进一步研究发现，财务冗余、ESG 表现、税收优惠、知识产权保护和产品市场竞争正向促进创新投入对创新绩效的作用，而环境不确定性则会抑制这一作用。

根据以上分析，本书从企业、政府和金融机构三方面提出政策建议：企业应加强内部管理与制度建设，提高创新投入水平；积极争取外部支持，为创新投入提供条件；优化创新投入结构，提高创新绩效。政府应加强对企业创新的引导和激励；发挥政府职能，为企业创新打造相对稳定、公平竞争的外部环境。金融机构应加强对创新的全方位支持，帮助企业提升创新能力。

本书的主要创新在于：从内外部两方面对影响创新投入的要素进行全面分析和实证检验，为促进企业创新投入提供数据支持，丰富了创新投入影响因素的理论研究；从所有制形式、是否为高科技企业、是否为重污染企业以及所在地区等多方面深入剖析不同类型企业创新投入对创新绩效以及绿色创新绩效的影响，丰富了我国企业创新尤其是绿色创新能力的理论和实证研究；探究对创新投入产出绩效具有促进或抑制作用的要素，为企业提高创新效率提供参考，丰富了创新绩效影响机制的研究。

本书的实践意义在于：第一，立足中国实际，深入剖析新时代影响企业创新投入和产出绩效的内外部因素，为企业科学识别和充分利用不同因素提高创新投入和创新绩效以及绿色创新绩效提供理论依据和方法支持，为企业加强管理，更好地利用内外部环境提高创新能力、实现“双碳”目标提供借鉴。第二，为政府制定监管和激励政策提供有价值的参考。通过剖析外部监管制度和政府补助、税收优惠等政策对创新投入和创新绩效的影响，通过剖析外部监管制度和政府补助、税收优惠等政策对创新投入和创新绩效的影响，提出优化政府监管和激励政策的建议，以更有效地发挥其对企业创新的作用。

国家力量的核心支撑是科技创新能力。企业作为科技创新的主体，其创新能力提升是实现“双碳”目标和高质量发展的迫切需要。在习近平新时代中国特色社会主义思想指导下，随着国家创新驱动发展战略的深入实施，企业必将不断提高其创新投入与创新绩效，为实现社会主义现代化强国贡献力量！

目　　录

第1章 绪 论

本书将创新投入与创新绩效纳入分析框架，基于创新、可持续发展、信息不对称等理论，考察创新投入对创新绩效的影响，并深入分析其影响因素和作用机理，以探索促进企业创新投入、提高创新绩效的路径。本章主要阐述本书的研究背景、研究目的与意义、研究内容、研究方法以及主要创新点。

1.1 研 究 背 景

步入 21 世纪以来，全球碳排放量急剧增长，《2020 年全球气候状况》报告显示，2020 年全球平均温度较工业化前高出 1.2 摄氏度，二氧化碳浓度已超过 410 百万分比浓度。《BP 世界能源统计年鉴 2022》指出，2021 年，全球一次能源消费大幅反弹，全球碳排放量也随之增长 5.7%，由此产生的气候变化和环境恶化问题愈加严重。各国都早已认识到这一问题并努力寻求解决方案。2015 年 12 月，在第 21 届联合国气候变化大会（巴黎气候大会）上通过的《巴黎协定》针对气候变化威胁提出了全球应对措施，要求把全球平均气温较工业化前上升幅度控制在 2 摄氏度之内，并把升温幅度控制在 1.5 摄氏度之内。《巴黎协定》的签署不仅展示了国际社会应对气候变化的决心，而且表明各国政府一致认为应对气候变化需要强有力的国际合作。

我国是发展中国家，在经济高速发展的同时也带来资源的大量消耗和碳排放量的急剧增加。进入 21 世纪，我国作为世界第二大经济体，积极承担起大国责任，致力于"降碳减排"工作的实施，努力降低能源消耗对环境污染的程度。2004 年颁布的《能源中长期发展规划纲要（2004—2020

年)（草案)》是我国能源领域的第一个中长期规划，强调必须始终坚持把能源作为经济发展的重点，以能源的可持续发展和有效利用推动我国经济社会的可持续发展，还提出调整和优化产业结构，推动技术、体制和管理方面进行创新。2011 年颁布的《"十二五"控制温室气体排放工作方案》明确了我国控制温室气体排放的总体要求和重点任务，还提倡要运用各种技术手段来加强低碳技术的研发推广，致力于发展具有良好减排效果的技术和产品，运用科技创新大力推进节能减排工作的实施。在过去的几十年间，国家制定各类政策以推动节能减排工作的开展，从而使得环境污染治理取得高效成果。《BP 世界能源统计年鉴 2021》显示，在 2020 年，我国碳排放量达到98.99 亿吨，同比增长 0.6%，碳排放强度比 2005 年降低 48.4%，比 2015 年降低 18.8%。《中国应对气候变化的政策与行动》指出我国超过了向国际社会承诺的 40%～50% 的减排目标，碳排放快速增长的局面得到有效控制。

虽然过去的一系列降碳减排工作取得显著成效，但气候变化和温室气体排放问题仍然严峻。2020 年 9 月 22 日，习近平总书记在第七十五届联合国大会一般性辩论上的讲话中提出碳达峰、碳中和目标，宣布："中国将提高国家自主贡献力度，采取更加有力的政策和措施，二氧化碳排放力争于 2030 年前达到峰值，努力争取 2060 年前实现碳中和。"① 中国是全球环境治理问题的重要力量，"双碳"目标的提出，标志着中国全面进入绿色低碳时代。党的二十大报告进一步指出，推动经济社会发展绿色化、低碳化是实现高质量发展的关键环节。经济高质量发展与碳中和相结合，加速了我国经济社会绿色低碳转型的步伐，推动高质量发展取得新成效。实现高质量发展是中国式现代化的本质要求之一，党的二十大报告还强调"中国式现代化是人与自然和谐共生的现代化"，我们要坚持节约优先、保护优先以及自然恢复为主的方针，坚定不移走生产发展、生活富裕、生态良好的文明发展道路，坚持可持续发展，以高质量发展推动实现中国式现代化。

实现"双碳"目标、保持高质量发展离不开创新，创新是引领经济发

---

① 习近平在第七十五届联合国大会一般性辩论上发表重要讲话 [N]. 人民日报，2020 - 09 - 23.

展的第一动力，是实现"双碳"目标的重要途径。2012 年，党的十八大报告明确指出"科技创新是提高社会生产力和综合国力的战略支撑，必须摆在国家发展全局的核心位置"，这标志着我国创新战略上升为国家核心战略。2015 年 10 月，党的十八届五中全会审议并通过了《中共中央关于制定国民经济和社会发展第十三个五年规划的建议》，系统提出创新发展、协调发展、绿色发展、开放发展、共享发展五大发展理念，进一步明确了发展依靠谁、为谁而发展、如何发展的问题，其中，创新发展注重的是解决发展动力问题，绿色发展注重的是解决人与自然和谐问题。习近平总书记强调："新时代新阶段的发展必须贯彻新发展理念，必须是高质量发展。"① 2021 年中共中央、国务院发布《关于完整准确全面贯彻新发展理念做好碳达峰碳中和工作的意见》，明确了科技创新对"双碳"战略的支撑作用，2022 年科技部等九部门发布《科技支撑碳达峰碳中和实施方案（2022—2030 年）》，标志着以科技创新推动"双碳"战略进入实施阶段。创新在"双碳"目标实现过程中发挥了引领和支撑作用，而"双碳"目标对创新提出了更高的要求，实现绿色转型升级、发展绿色低碳产业离不开技术创新的支持。党的二十大报告进一步指出，"必须坚持科技是第一生产力、人才是第一资源、创新是第一动力，深入实施科教兴国战略、人才强国战略、创新驱动发展战略，开辟发展新领域新赛道，不断塑造发展新动能新优势"。科技创新是我国迈向创新型国家前列和建设科技强国的基础前提，是中国式现代化建设过程中的重要推动力。

在国家政策的推动下，我国总体创新水平发展迅速，取得了优异的成绩。世界知识产权组织发布的《全球创新指数报告》显示，我国的创新指数排名从 2017 年的第 22 位提升至 2021 年的第 12 位，稳居中等收入经济体之首，是世界上进步最快的国家之一。另外，中国国家统计局数据显示，2022 年中国 R&D 经费投入强度（R&D 经费与 GDP 之比）达到 2.55%，在世界主要国家中排名第 12 位，接近经济合作与发展组织

---

① 习近平. 关于《中共中央关于制定国民经济和社会发展第十四个五年规划和二〇三五年远景目标的建议》的说明［N］. 人民日报，2020－11－04.

（OECD）国家平均水平（2.67%）。可见我国创新发展水平加速提升，创新环境得到了明显优化，创新投入稳步提高，创新产出也快速增长，为实现“双碳”目标、推进高质量发展提供了支撑。但也应清醒地认识到，我国总体创新研发水平与德美日等发达国家还有较大差距，《中国科技统计年鉴2022》数据显示，2020年我国研发投入强度为2.41%，而同期德国、美国和日本的研发投入强度分别为3.13%、3.45%、3.27%，均显著高于我国，韩国更是高达4.81%。《中国科技统计年鉴2021》数据显示，我国的科技进步贡献率在2015～2020年首次突破60%，而发达国家已达80%左右。此外，我国在大量关键领域的关键技术上还没有实现国际领先，原创性科技成果相对较少，一些“卡脖子”技术有待突破。自主创新能力不足仍然是制约我国国际竞争力的主要因素，绿色创新能力更是有待提高，一方面，由于市场机制不够完善，绿色创新资源难以在创新主体之间实现有效的流通，导致绿色创新体系发展不平衡（龚敏，2022）[1]；另一方面，很多企业绿色创新的意愿低、动机不强，参与积极性较低，而且企业在绿色创新活动中所需的创新资源和资助不足，导致绿色创新效率较低。

我国创新战略的有效实施离不开企业的努力。进入2000年以来企业的创新主体地位被反复强调，2016年颁布的《“十三五”国家科技创新规划》提出培养充满活力的创新主体，并强化企业的主体地位。在“双碳”背景下，加快构建以国内大循环为主体、国内国际双循环相互促进的新发展格局，为中国经济持续健康发展不断增添新活力、新动力，离不开企业的快速发展，尤其离不开企业创新发展。现阶段，我国多项政策围绕企业创新开展，企业在我国创新驱动发展战略中占有不可忽视的关键地位。其中，上市公司是实体经济的“基本盘”，也是资本市场的基石。目前，我国A股上市公司已超过5000家，在科技创新、吸纳就业、稳定经济等方面发挥着“压舱石”作用。2022年上市公司实现增加值18.23万亿元，占GDP的15.1%；合计贡献税收4.79万亿元，占全国税收总额的28.7%；提供就业岗位超过2900万人，支付员工薪酬6.24万亿元；研发投入达1.66万亿元，占全国研发支出的五成；高技术制造业上市公司研发强度达6.71%，大幅领先全国平均水平；累计披露专利数量占全国专利数量的近三分之一。① 上市公司作为科技创新的重要平台，其自身的创新能力强、研发投入大、科技含量高，正在成为原始创新和新兴技术的重要发源地，引领经济转型升级。

　　企业创新一方面需要大量的资金投入，资金充足是企业创新研发活动顺利进行的保障，另一方面需要提高资金的产出效率，提高创新绩效。因此，本书以我国 A 股上市公司为研究样本，立足中国特色社会主义新时代发展要求和"双碳"目标，从企业内部和外部两方面研究影响创新投入的因素，并进一步分析创新投入对创新绩效的影响及其作用机理，从驱动因素和调节因素两方面研究企业创新投入和创新绩效的影响机制，从而提出促进企业创新投入、提高创新绩效的政策建议，为增强我国企业的创新能力、实现"双碳"目标提供帮助，也为其他企业的创新提供有价值的借鉴。

1.2　研究目的与意义

1.2.1　研究目的

　　在我国创新战略驱动下，提高企业创新能力已经成为社会各界关注的焦点，尤其是当前面临复杂的国内外形势和"双碳"目标的迫切要求，如何加大企业的创新投入，提高创新绩效尤其是绿色创新绩效值得学术界和实务界深入研究。本书研究的主要目的包括以下几点。

　　第一，分别从企业内、外部视角理论分析和实证检验影响创新投入的因素，为促进企业创新投入提供依据。

　　第二，构建探究创新投入与创新绩效关系的固定效应模型，实证检验

---

　　① 加快壮大反映我国高质量发展的上市公司群体——王建军副主席在中国上市公司协会年会暨 2023 中国上市公司峰会上的讲话［EB/OL］．（2023－05－27）．http：//www. csrc. gov. cn/csrc/c100028/c7411078/content. shtml.

我国企业创新投入对创新绩效以及绿色创新绩效的作用，并进一步区分企业类型进行深入研究，以了解不同企业创新投入产出效率。

第三，构建调节效应模型，实证检验促进或抑制创新投入对创新绩效作用的因素，以探究创新投入对创新绩效和绿色创新绩效的作用机理，为提高创新投入产出效率提供有价值的思路。

1.2.2 研究意义

本书以我国 A 股上市公司为研究对象，在全面分析企业创新能力的基础上实证检验影响创新投入和创新绩效的因素及其作用机理，提出提高我国企业创新能力的政策建议，其理论意义包括以下几点。

第一，从内部和外部两方面全面分析创新投入的影响因素及其作用机理，丰富了创新投入影响因素的理论和实证研究，有助于拓展创新理论的内涵。

第二，实证检验不同类型企业创新投入对创新绩效以及绿色创新绩效的影响，对现有相关创新研究成果进行有效补充，为我国创新投入产出研究提供新的证据。

第三，分析和检验促进或抑制创新投入对创新绩效作用的因素，为提高创新投入产出效率提供理论和数据支持。

其实践意义又包括以下几点。

第一，为企业科学识别和充分利用不同因素提高创新投入和创新绩效以及绿色创新绩效提供理论依据和方法支持。本书立足中国实际，深入剖析新时代影响企业创新投入和产出绩效的内外部因素，为企业加强管理，更好地利用内外部环境提高创新能力提供启示，也为实现"双碳"目标提供帮助。

第二，为政府制定监管和激励政策提供有价值的参考。通过剖析外部监管制度、知识产权保护、政府补助、税收优惠等政策对创新投入和创新绩效的影响，为政府制定企业监管和创新激励政策提供参考，有助于提高政府监管和激励效果。

1.3 研究内容

本书在分析我国企业整体创新能力的基础上，以 A 股上市公司为研究样本，根据 2011～2021 年相关数据，研究影响企业创新投入的因素，在此基础上分析创新投入对创新绩效及绿色创新绩效的作用，并深入探究促进或抑制这一作用的因素，从而分析企业创新能力的影响机制，探索促进企业创新投入、提升创新绩效的政策措施。具体共分为 8 章，内容如下。

第 1 章　绪论。本章主要介绍研究背景、研究目的、研究意义、研究内容、研究方法和主要创新点等。

第 2 章　文献综述与理论基础。本章回顾了国内外有关"双碳"目标、创新投入、创新绩效、绿色创新绩效等方面的研究内容和研究脉络，阐述了创新理论、可持续发展理论、外部性理论、资源基础理论和信息不对称理论的主要内容，为后续研究提供基础和思路。

第 3 章　中国科技创新战略演进与创新现状。本章在梳理我国科技创新战略演进历程的基础上，运用统计年鉴数据对我国总体创新水平和企业创新能力进行分析。

第 4 章　企业内部因素对创新投入的影响研究。本章通过理论分析和实证检验，探究内部控制、数字化转型、高管团队异质性和环保投资等内部因素对创新投入的影响。

第 5 章　企业外部因素对创新投入的影响研究。本章通过理论分析和实证检验，探究融资约束、政府补助和年报问询函监管等外部因素对创新投入的影响。

第 6 章　创新投入对创新绩效的影响研究。本章通过理论分析和实证检验，探究创新投入对创新绩效以及绿色创新绩效的促进作用，并进一步从所有制形式、是否为高科技企业、是否为重污染企业和所在地区等几方面分析不同企业创新投入对创新绩效以及绿色创新绩效的差异化影响。

第 7 章　创新投入与创新绩效关系的调节因素研究。本章从财务冗余、

ESG 表现、税收优惠、知识产权保护、产品市场竞争、环境不确定性等方面探究促进或抑制创新投入对创新绩效作用的因素，分析其作用机制。

第 8 章　研究结论与政策建议。本章总结影响创新投入和创新绩效的因素及其作用机理，在此基础上，从企业、政府和金融机构三方面提出促进企业创新投入、提升创新绩效的政策建议。

本书的整体结构框架如图 1-1 所示。

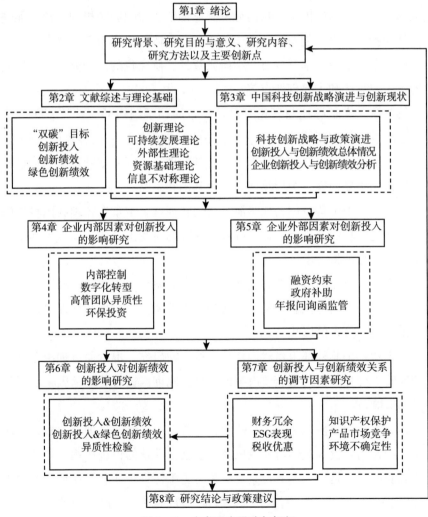

图 1-1　本书研究思路与框架

1.4　研　究　方　法

1.4.1　文献研究法

本书利用国内外文献库，收集、整理和分析与"双碳"目标、企业创新投入、创新绩效等领域相关的研究文献，深入探讨创新理论、可持续发展理论、外部性理论、资源基础理论以及信息不对称理论的形成与发展脉络，厘清创新投入和创新绩效的理论内涵和研究现状，分析和总结相关领域的最新研究方向和成果，结合我国市场经济发展情况，明确自己的研究方向并提炼出研究思路。最后，根据现有研究构建关键变量之间的总体研究框架，为后续的实证研究奠定基础。

1.4.2　实证研究法

本书运用中国上市公司数据，采用实证研究范式验证内外部因素对企业创新投入的影响以及创新投入对企业创新绩效、绿色创新绩效的影响。根据自变量的不同特征，选用固定效应模型和调节效应模型等，运用 Stata 15.0 软件和 Excel 处理和分析相关数据，揭示各变量之间的因果关系，探究其内在的影响机理和作用路径。最后，对回归结果进行稳健性检验，通过 PSM 倾向评分匹配方法、Heckman 两阶段评估法、工具变量法以及替换变量法等方法，保证实证结果稳健可靠。

1.4.3　对比分析法

本书将所有研究置于同一情景和同一样本中，在检验创新投入对创新绩效、绿色创新绩效影响的同时，将创新绩效分为发明专利、实用新型专利以及外观设计专利三项，绿色创新绩效分为发明专利和实用新型专利两项，分别对比分析创新投入对创新绩效、绿色创新绩效具体项目的影响。进一步的，针对不同产权性质企业、是否为高科技企业、是否为重污染企业以及不同地区企业，对比分析和考察创新投入对创新绩效、绿色创新绩效的影响，从而得到更具有指导意义的数据。

1.5　主要创新点

本书的创新之处在于：一是从内外部两方面对影响创新投入的要素进行全面梳理和实证检验，为促进企业创新投入提供数据支持，丰富了创新投入影响因素的相关研究；二是从所有制形式、是否为高科技企业、是否为重污染企业以及所在地区等方面深入剖析不同类型企业创新投入对创新绩效以及绿色创新绩效的影响，丰富了我国企业创新尤其是绿色创新能力的理论和实证研究；三是探究对创新投入绩效具有促进或抑制作用的要素，剖析创新投入对创新绩效的作用机制，为企业提高创新效率提供参考，丰富了创新绩效影响机制的研究。

第 2 章 　 文献综述与理论基础

本章回顾了国内外有关"双碳"目标、创新投入、创新绩效、绿色创新等方面的研究内容和研究脉络，阐述了创新理论、可持续发展理论、外部性理论、资源基础理论和信息不对称理论的主要内容，为后续研究提供基础和思路。

2.1　文 献 综 述

2.1.1　"双碳"目标对企业创新的要求

"双碳"目标的提出体现了我国为应对全球气候变化、实现绿色低碳发展所做出的努力，是我国为构建人类命运共同体所担当的责任，同时也是我国为实现可持续发展做出的重大战略决策。"双碳"目标的实现要求国家进行绿色低碳转型，而创新是关键出路。

已有学者从多个方面证实了"双碳"目标和创新的关系。清华大学气候变化与可持续发展研究院项目综合报告编写组（2020）[2]在《中国长期低碳发展战略与转型路径研究》综合报告中指出实现绿色低碳转型升级要坚持创新驱动的新发展理念，聚集人才、资本、技术和数据等创新要素，调整经济结构，促进产业结构转型升级。任晓莉（2021）[3]对我国区域创新发展不平衡现状进行了分析，指出"双碳"行动对我国区域创新发展不平衡问题的形成有一定的影响，促进符合"双碳"目标要求的区域创新协调发展就要挖掘区域特有的优势，形成符合区域特点的创新发展和合作模式，制定符合区域发展的政策，实现创新资源合理配置，构建跨区域的协同创新体系。刘宝增（2022）[4]指出推动"双碳"目标的实现要利用技术创新驱动低碳转型，强化全产业链低碳发展引领。冯东等（Feng Dong et al.，2022）[5]以32个提出碳中和目标的发达国家为研究样本，运用空间计量模型分析了绿色技术创新对碳排放效率的影响，研究发现提高绿色技术创新水平是提高碳排放效率的途径之一，要实现碳中和并降低碳排放，就要充分发挥技术创新在碳减排工作中的作用。谭显春等（2022）[6]指出创新政策侧重以科技进步促进经济增长，而"双碳"目标对社会经济发展提出了新的生产生活模式，产业结构调整不足以支撑"双碳"目标的实现，需要创新政策更关注可持续发展的系统转型。李勃昕等（2023）[7]在"波特假说"的基础上剖析降碳减排工作对创新驱动作用的双重影响机制，得出适度合理的二氧化碳排放约束能激发技术创新的最佳外延驱动力，而对创新驱动产业结构升级的调节效应具有边际递减的规律。

现有大量文献探讨了绿色创新驱动"双碳"目标实现的路径。张贤等（2021）[8]研究指出我国碳排放总量大、强度高，碳中和目标实现周期短、难度大，因此需要科技发展提供更多的帮助，在碳排放趋势的达峰期、平台期、下降期以及中和期四个不同阶段，依据碳排放的特征，部署针对不同阶段的减排技术，从而为降低碳排放及实现碳中和目标提供切实可行的技术支撑。刘仁厚等（2021）[9]对中国碳排放现状进行了分析，研究指出要全面发挥科技创新的支撑作用，推进绿色低碳科技创新，强化科技创新推动能源结构优化和产业结构调整的作用，推动低碳技术开发与应用，从而更快实现"双碳"目标。刘燕华等（2021）[10]研究指出在进行低碳转型的过程中面临一定的困难，而这需要技术进步作为支撑，核能、氢能、水能等技术都需要创新进步，另外中国碳市场对绿色技术创新具有促进作用，能够降低全社会的减排成本，而碳市场技术创新功能的充分发挥对实现"双碳"目标具有重大作用。何京东等（2022）[11]提出实现"双碳"目标要对能源生产、能源消费和固碳三个方面进行升级，以科技创新为核心关键，构建绿色低碳循环发展的经济体系和清洁低碳安全高效的能源体系。孟韬等（2022）[12]以制造业企业冰山集团作为案例研究对象，采用单案例研究方法得出制造业企业意义导向创新生态系统的理论模型，强调"双碳"目标的提出对传统制造业进行绿色技术创新提出了高要求，指出制造业企业应围绕绿色创新实现资源利用率和资源使用率的提高。王波等（2022）[13]对国外典型国家和区域绿色技术创新发展态势进行分析，提出了"双碳"目标背景下我国绿色技术创新发展路径，指出要加强"双碳"目标下绿色技术创新战略设计，推进绿色技术创新驱动发展，培育绿色技术创新新兴产业，强化绿色技术创新主体协同，从而充分发挥绿色技术创新对实现"双碳"目标的保障作用。刘仁厚等（2022）[14]指出实现碳达峰、碳中和，绿色低碳技术是核心关键技术，强调要构建绿色低碳技术体系，就要自上而下构建绿色低碳技术体系长期发展的理论支撑、自下而上构建绿色低碳技术体系思路，并以不同发展需求构建绿色低碳技术体系。于法稳和林珊（2022）[15]研究指出企业绿色转型发展需要技术创新，通过采用绿色低碳技术，充分考虑企业全产业链绿色化转型，在产品原材料采购、生产、消费以及回收利用环节着力提高能源资源的利用率，降低全产业链过程中的污染物排放力度，从而能有效助力碳达峰、碳中和目标的实现。

2.1.2　创新投入的影响因素研究

创新投入作为驱动创新的重要力量，是企业研发创新的关键，高水平的创新投入有助于提高企业市场价值（王晓红等，2022）[16]。在对创新投入的积极影响研究中，有学者发现企业在资金冗余（Voss et al.，2008）[17]、产品市场竞争激烈（Song et al.，2020）[18]的情况下，更愿意开展创新活动，也有学者从政策制度、政府监管角度开展研究，发现较高的政府效能、健全的法治体系有助于企业进行研发投资（Alam et al.，2019）[19]。薛晴等（2022）[20]以省级面板数据和沪深 A 股上市公司的匹配数据为样本，研究发现科技金融能够通过缓解企业融资约束和降低企业的杠杆效应进而促进企业创新投入，数字技术通过提高金融服务水平和效率提高科技金融对企业创新投入的正向影响。刘晨等（2022）[21]基于沪深 A 股上市公司的企业—客户关系数据，研究发现客户风险与企业创新投入存在显著正相关关系，客户风险越大，企业创新投入越多，并且当企业融资约束越低、客户相对议价能力越强、地区市场化程度越高以及企业高管具有研发背景时，两者的正相关关系越显著。郝盼盼等（2022）[22]以研发创新具有代表性的制造业、信息技术业与科学研究和技术服务业民营企业为研究样本，发现拥有多元文化经历的民营企业家更愿意提高企业创新投入，多元文化经历广度和文化距离均会正向促进企业创新投入，且多元地域、多元企业及多元教育文化经历均对企业创新投入产生积极影响。此外，还有学者研究发现可用冗余、金融科技的发展、政府支持、内控缺陷修复信息披露、增值税减税等均显著促进了企业创新投入（朱芳芳等，2022；何涌等，2022；姚金海等，2022；郭飞等，2022；谷成等，2021）[23,24,25,26,27]。

关于对创新投入的消极影响中，有学者认为当资源较为匮乏时，特别是融资约束程度较高的情况下（Xu et al.，2020）[28]，企业更愿意采取保守的创新策略。较高的政治不确定性、腐败则会抑制企业开展研发创新活动（Alam et al.，2019）[19]；马百超等（2021）[29]发现"遵守或解释"股利监管政策会通过降低自由现金流代理成本的形式抑制企业创新投入，并降低企业的创新产出。还有不少学者认为监管除了会抑制企业创新外（Rothwell et al.，1980）[30]，还会影响增量创新，具体表现为减少研发增量（Aghion et al.，2021）[31]。当企业受到 SEC 调查时，即使最终没有受到处罚，仍会导致企业研发支出下降（Blackburne et al.，2020）[32]。此外，有学者发现较近的监管距离（凌鸿程等，2022）[33]能激发企业创新投入的积极性，但也有学者研究发现政府监管对创新活动具有抑制作用（Rothwell，1980）[34]。乐菲菲等（2022）[35]以创业板上市公司为样本，发现控股股东股权质押会抑制企业的创新投入，但是数字技术背景有助于削弱二者之间的负相关关系，且相较于信息服务业，数字技术更能显著抑制其他行业中股权质押对创新投入的挤出效应。陈泽艺等（2022）[36]从创新资源和创新意愿两个维度展开研究，发现对外担保显著降低了企业创新投入，且对外担保可以通过提高债务融资成本、增强融资约束、提高大股东代理成本和降低股权激励力度等削弱大股东和高管的创新意愿，最终减少企业创新投入。

此外，在探究与创新投入的非线性关系中，周菲等（2019）[37]以 A 股中小板高新技术企业为研究样本，研究发现薪资激励与股权激励均与 R&D 投入存在倒"U"型关系。王佳等（2022）[38]研究表明高管—员工薪酬差距与企业创新投入的关系存在阈值，两者之间存在倒"U"型关系，且大部分高股权激励企业、市场竞争激烈企业以及高新技术企业的高管—员工薪酬差距没有超过阈值，可以通过扩大高管—员工薪酬差距来激励企业增加创新投入，而高融资约束的企业扩大高管—员工薪酬差距则会限制企业的创新投入。王立平等（2023）[39]研究发现企业金融化对创新投入具有挤出效应，企业的金融渠道获利能力发挥了显著的门槛效应，企业社会责任有效弱化了短期金融资产配置对创新投入的挤出效应。还有学者发现企业金融化对创新投入存在倒"U"型的非线性关系，具体的，融资约束较小的企业，金融化与创新投入之间具有显著倒"U"型关系，而融资约束较大的企业，金融化对创新投入表现出显著的拉动效应（安昀亚等，2022）[40]。熊凯军（2023）[41]基于信号理论，研究发现政府研发补贴与企业研发投入之间存在倒"U"型关系，而政府非研发补贴会对企业研发投入产生积极影响。王晓燕等（2023）[42]研究发现高管多变型职业路径对企业创新投入产生正向或正"U"型影响，而专一传统型职业路径对企业创新投入的负向影响不显著，异质性分析中，国有产权性质会减弱高管"多变"型职业路径对企业创新投入的积极影响，增强"多变"型职业路径对原创性创新产出的促进作用，但会削弱"专一"型职业路径对企业创新产出的积极作用。

2.1.3　创新绩效的影响因素研究

长期以来，创新一直被视为决定企业价值、绩效和生存的关键因素（Graciela et al.，2019）[43]。人们普遍认为，要实现创新和经济增长，技术进步是不可或缺的必要条件，因此企业需要不断努力开发、获取和推出新的先进技术以避免在激烈的市场竞争中被淘汰（Coluccia et al.，2020；Chistov et al.，2021）[44,45]。当前已有诸多文献对企业创新绩效的影响因素进行研究，大体可分类为宏观和微观两个层面。

基于宏观层面，阳镇等（2021）[46]研究认为经济政策的不确定性对企业的风险承担水平提升具有促进作用，同时企业更愿意承担社会责任从而获取政府更多资源支持，以进一步开展创新活动增长研发绩效，从而面对外部环境动荡更具核心竞争力。曾江洪等（2020）[47]以信息技术行业的创业板上市公司 2014～2018 年数据为样本，实证研究了财税政策对企业开放式创新绩效的影响效果及作用机制，研究结果表明财税政策中的事前创新补贴具有信号传递作用，有利于通过增加企业的研发合作广度提升开放式创新绩效，事后税收优惠具有一定的资源补充作用，有利于激励企业加大研发投入进而提升开放式创新绩效；此外，其在进一步研究中指出大规模企业依据自身条件优势，事前创新补贴对企业创新绩效的提升更显著，而小规模企业由于受到较强的融资约束，事后税收优惠政策对企业创新绩效的提升更显著。李辉（2019）[48]以 312 家知识密集型服务企业为样本，通过对组织学习能力、开放式创新和创新绩效的关系进行实证分析，发现探索式学习能力正向影响内向型开放式创新，利用式学习能力正向影响外向型开放式创新；此外，高探索—低利用式的组合对内向型开放式创新具有促进作用，低探索—高利用的组合更有助于外向型开放式创新的实现，而低探索—低利用和高探索—高利用的组合均不利于两种开放式创新。林素娇（2023）[49]以 2011～2020 年我国 A 股上市流通企业为研究对象，引入跨界搜索与政策不确定性探讨了共享经济对流通企业创新绩效的影响，研究发现共享经济对创新绩效具有显著的促进作用，其中跨界搜索对二者之间的关系为正向调节，政策不确定性为负向调节。罗锋等（2022）[50]考察了区域创新政策如何影响企业创新绩效，研究认为政策力度和政策数量都对企业创新绩效起到促进作用，但作用不大；在区域创新政策影响企业创新绩效过程中，企业研发投入起到明显的部分中介作用，区域创新政策对企业创新活动具有明显的信号传递效应；区域创新环境和政府补贴都能强化区域创新政策对企业创新绩效的正向影响，但区域创新环境的作用更为明显；区域创新政策的效应表现出较强的异质性，对非国有企业、成长型企业、中小型企业以及高新技术企业创新的促进作用明显；区域创新政策仅带动了企业策略性创新，并没有促进企业进行实质性创新，且政策时滞效应表现为挤出效应。

基于微观层面，现有研究主要从组织个体的属性与特征以及管理者个人异质性等角度出发研究其对创新绩效的作用与影响。

一是组织个体的属性与特征，张玉娟和汤湘希（2018）[51]为研究国有企业和民营企业中股权结构、高管激励对创新投入和创新产出的差异影响，以我国 A 股上市公司 2010～2015 年相关数据为样本进行实证分析，研究发现相较于国有企业，民营企业的研发创新活动更多，且股权集中度对企业创新的抑制作用更显著，但是就股权制衡度和高管股权激励而言，其对企业创新的促进作用在国有企业中更显著。易靖韬等（2014）[52]在研究中提出规模较大的公司获取资源的途径更多样、拥有的机器与生产设施更先进，因此对创新资源的消化能力更强，创新效率更高，但是由于企业规模较大，所以财务扩张性企业资产替代和投资扭曲行为也更严重，其在创新活动的选择上更容易表现盲目，从而导致低质量水平的创新。高传贵和辛杰（2018）[53]将企业文化划分为四个维度，并且研究发现每个维度的企业文化对员工具有差异化影响，其中强调团结互助的是宗族式文化，强调制度划分及控制程序的是等级式文化，强调产品开发必须具备市场适应能力的是灵活式文化，强调外部市场十分重要的是市场式文化，以上文化均会对企业创新产生有利影响。符加林等（2022）[54]采用问卷调查法，以华中地区 56 家科技型小微企业的顾客—员工配对数据为样本，探索顾客契合对科技型小微企业创新绩效的影响，研究结果表明顾客契合对企业创新绩效有显著促进作用；其中价值共创行为在上述影响过程中具有部分中介作用，创新氛围在顾客契合和价值共创之间具有正向调节作用，即当企业创新氛围较强时，顾客契合对价值共创行为的促进作用更强。除此之外，还有学者研究指出具有其他国家背景的风险投资和联合投资更加有利于促进企业创新，以及企业战略会通过风险管理促进企业创新绩效提升（Li Xiwen et al.，2023；Li Rui et al.，2021）[55,56]。

二是管理者个人异质性角度,孙彬等(2022)[57]根据30位企业高层领导的访谈资料进行扎根理论分析,研究结果表明企业高层领导跨界学习能力会通过新思维引入、本位跨越等提升组织双元学习水平,并对企业持续创新和管理创新绩效产生影响。朱德胜等(2016)[58]通过对管理层持股与企业创新绩效的研究发现,适度的高管持股可以促使管理者与企业利益保持一致,从而提高企业创新效率;但是若高管持股过高容易导致管理者权力过大,不利于董事会和监事会对其进行良好监督,致使其为谋取个人私利而损害公司利益的概率增加,对企业提升创新效率产生不利影响。此外,还有学者研究表明高管团队异质性的不同维度与企业创新之间的关系存在显著差异,例如,职业背景异质性、任期异质性与企业创新之间存在正相关关系,而性别异质性与企业创新之间则存在显著负相关关系(李敏和夏思宇,2022)[59]。唐纳森(Donaldson,1997)[60]研究认为拥有多样化知识基础和职业经验的高层管理团队可以在动态和不断变化的环境中更有效地做出决策,更有创造力,能够解决特定问题,从而提高创新绩效。而另一些研究人员则认为由于个体更倾向于与相似的人交往,因此异质性会影响高层管理团队成员的信息交流,抑制团队内专业技能的分享(Alexiev et al.,2010)[61],增加冲突的可能性,并在制定战略的过程中产生更大的分歧,从而不利于企业创新(Ndofor et al.,2014)[62]。

2.1.4 创新投入与创新绩效的关系研究

创新投入与创新绩效之间的关系是国内外学者一直关注的问题,大量研究关注创新投入与创新绩效之间的关系,但并没有得到一致性的研究结论。有学者研究发现创新投入正向促进企业创新绩效(Feng et al.,2013)[63],但也有研究表明研发投入与创新绩效显著负相关(贺新闻等,2021)[64],还有研究无法明确说明R&D补贴是否对企业自主创新具有显著的激励作用(王俊,2010)[65],甚至企业研发经费投入并未有效转化为发明专利技术(卫平等,2021)[66]。国外学者杰斐逊等(Jefferson et al.,2006)[67]研究发现,即使考虑到不同的行业特征和产权结构的影响,企业创新投入和产业创新绩效之间的正向关系也是显著的。作为创新活动的 R&D 投资对企业有价值贡献,罗默(Romer,1986)[68] 通过 CD 生产函数,以美国 1000 家大型制造企业为样本,研究发现 R&D 支出能有效地提高企业生产力及绩效。舍勒等(Scherer et al.,1965)[69] 以美国 500 强企业面板数据为研究对象,在控制企业规模和市场势力等影响因素后,发现企业研发投入对其创新绩效有显著正向影响。余泳等(2015)[70] 以省市高技术产业面板数据为研究样本,利用结构方程模型(SEM)对中国高技术产业创新绩效及其影响因素进行研究发现,R&D 经费投入贡献大于 R&D 人员投入,R&D 投入对技术创新绩效中的科研产出和新产品产出均具有正向影响,且 R&D 投入对中国高技术产业科研产出的影响强于新产品产出。张凤兵等(2019)[71] 以省级认定高新技术企业为研究对象,发现企业 R&D 人员投入对专利产出存在显著的正效应,R&D 经费投入的正效应不显著但对发明专利存在显著正向影响。马克和等(2019)[72] 基于创业板上市公司的数据,研究发现研发投入对企业创新绩效具有促进作用,李静怡等(2020)[73] 选取西部地区 59 家上市高新技术企业的面板数据,研究发现企业研发投入对创新绩效产生显著的正向激励效果。张永安等(2020)[74] 以我国 31 省份的数据为样本,利用面板向量自回归(PVAR)模型分析企业研发投入与创新绩效之间的关系,结果表明政府研发资助和企业研发投入均对创新绩效具有促进作用,且创新绩效对企业研发投入的响应更迅速。宋广蕊等(2022)[75] 以 A 股上市公司为研究样本,结果表明研发投入同群效应能够增加企业创新数量并提高创新质量,还有学者基于产权的视角分析研发投入结构对企业创新能力的影响,发现研发投入强度的提高对企业创新能力具有积极的促进作用(卢现祥等,2022)[76]。

也有学者认为创新投入与创新绩效之间存在非线性关系,洛斯和维斯帕根(Los and Verspagen,2000)[77] 指出 R&D 投入对创新绩效作用的显著程度受 R&D 溢出效应的制约,石丽静(2017)[78] 以创新型制造业企业为样本,结果表明研发强度与企业创新绩效之间呈倒"U"型关系,而政府资源能够削弱研发创新对创新绩效的作用,地区知识产权保护水平则会增强其影响。王康等(2017)[79] 以中关村海淀科技园企业微观数据集为基础，研究发现随着 R&D 强度或企业规模的增大，持续的 R&D 投入与技术创新绩效之间存在"负向—正向—负向"的变化趋势。张洁（2018）[80]基于资源基础观，以创业板为样本开展泊松回归分析，研究发现 R&D 投入与创新绩效存在倒"U"型关系，资产流动性能够正向调节 R&D 投入与创新绩效的关系，而技术积累程度则负向调节二者的关系，资产流动性与技术积累程度提高均会促进研发投入与创新绩效关系的阈值提高，促进更多研发投入有效转化。杨武等（2019）[81]研究发现资本投入、人员投入和研发机构数量对技术创新绩效均具有促进作用，而技术获取及改造则负向影响技术创新绩效。资本投入存在单一门限，对技术创新绩效的影响先促进后抑制，人员投入存在双重门限，对技术创新绩效的促进作用先降后升。杜雯秦等（2021）[82]结合广义倾向得分匹配法（GPS）考察企业研发投入与创新绩效的关系，研究显示研发投入与创新绩效具有先促进、后抑制、再促进的"N"型关系特征，研发投入的创新促进效应随时间推移逐渐得以释放。此外，陈洪玮等（2021）[83]将高技术产业创新过程划分为技术研发和技术商业化两个阶段进行研究，研究表明研发投入对创新绩效的影响为先促进后抑制的非线性关系。在技术研发阶段，研发投入能够促进创新绩效的提升，但是这个促进作用存在单一门槛，越过门槛值的研发投入对创新绩效的促进作用将会减小；在技术商业化阶段，创新投入对高技术产业创新绩效的边际效应递减，存在着最优的研发投入区间。在知识产权保护强度的门槛条件下，研发投入对技术研发和技术商业化两个阶段的创新绩效均有显著促进作用；政府科技扶持力度在技术研发阶段存在单一门槛，随着政府科技资金增加，企业的研发投入对创新绩效的促进作用将会减小。

还有学者们从产权性质、是否为高科技企业、是否为重污染企业以及企业所在地角度对创新投入与创新绩效的关系进行了异质性分析。在产权性质方面，国外学者研究发现国有企业和非国有企业的创新投入与专利产出之间的关系存在显著差异（Boardman et al.，1989）[84]。与国有企业相比，非国有企业进行创新投入更倾向于以市场需求为导向，主要目标是实现利润最大化，产权性质的激励机制使得非国有企业创新投入更注重企业技术的积累和创新能力的提升（Lin et al.，2011）[85]。由于获得的政府支持相对较少，非国有企业一般选择与自身创新能力相匹配的创新投入水平，实现以较少的创新投入获得最大的创新绩效，保证所有者最终能够获得所有权带来的收益（孙早等，2012）[86]。金豪等（2017）[87]认为，与非国有企业的管理者相比，国有企业的管理者可能比较缺乏承担创新风险的勇气，对研发创新的动力不足，难以提高企业的创新绩效。但也有学者发现，国有企业样本的创新产出显著优于民营企业（杜雯秦等，2021）[82]，国有企业创新投入强度对创新绩效的正向影响高于非国有企业。刘和旺等（2015）[88]认为，得益于优渥的创新环境与混合所有制改革，国有企业创新投入和专利产出均显著高于民营企业，非国有企业对创新资源集聚和运用还不能做到游刃有余，难以破除"创新是找死，不创新是等死"的魔咒（王素莲，2018）[89]。

根据是否为高科技企业分组研究发现，高科技企业研发难度与风险较高，加之政府政策与宏观环境不确定，致使创新绩效并未达到期望值，而非高新技术企业创新投入水平普遍较低，反而导致创新边际产出更大，整体创新水平表现更优，创新投入显著提升企业创新绩效（杜雯秦等，2021）[82]。但也有学者认为高新技术企业创新投入对创新绩效的正向影响大于传统企业，创新投入产出效果更好（马克和等，2019）[72]。

根据是否为重污染企业进行分组的研究中，田红娜等（2020）[90]将中国 27 个制造行业按污染程度划分为轻、中、重度三组，发现企业研发资金投入对轻度污染行业绿色产品创新能力和绿色技术创新能力影响最大，短期内对重度污染行业的影响大于中度污染行业，长期则相反，污染程度越低的行业，其绿色工艺创新能力受企业研发资金投入影响越大。

企业所在地区的异质性检验中，吕忠伟等（2008）把创新吸收能力作为区域差异的代理变量，发现东部地区的企业创新投入正向促进产业创新绩效，而中部地区和西部地区这一促进作用不显著。刘文琦（2019）[91]发现高技术产业绿色创新效率排名靠前的省域基本都处于东部或南部沿海经济发达地区，中西部地区相对落后。此外，有学者发现东部地区企业创新投入对绿色技术创新的积极影响明显高于中西部地区（王欣欣等，

2021）[92]。还有学者发现东部地区和西部地区企业创新投入对创新绩效具有促进作用，而中部地区则为抑制作用（张永安等，2020）[74]。

还有学者探究了其他因素对创新投入与创新绩效关系的影响，王素莲（2018）[89]以沪深两市中小企业板上市公司为研究样本，结果表明企业家冒险倾向是 R&D 投资与公司创新绩效关系的半调节变量，可以正向调节 R&D 投资与公司创新绩效的关系，高学历企业家的理性冒险倾向对 R&D 投资与创新绩效关系的调节效应更强。刘志强等（2018）[93]基于规模以上制造业企业面板数据，研究发现研发投入对企业创新绩效有显著正向影响，地区市场规模在研发投入对创新绩效的影响关系上有显著负向调节作用，地区市场竞争程度也有显著负向调节作用。此外，税收优惠的存在降低了企业研发投入对创新绩效的激励程度，即企业享受到的税收优惠越多，反而抑制研发投入对于创新绩效的促进作用，而财政补贴则显著激励了企业研发投入对创新绩效的影响程度（李静怡等，2020）[73]。赵晓阳（2022）[94]研究发现研发投入与企业专利申请决策存在显著正相关关系，研发投入与财务冗余（调节作用）交互显著负向影响企业专利申请决策，行政制度保护和市场化水平在研发投入与专利申请决策间起正向调节作用。此外，王曦等（2022）[95]以 A 股市场制造业上市公司为研究对象，发现政府补助和研发投入均与企业创新绩效存在正相关关系，制造业企业研发投入能够对政府补助和企业创新绩效发挥正向调节效应。但也有学者发现政府补助负向调节研发投入和企业创新绩效之间的关系，政府补助对研发投入和企业创新绩效之间关系的负向调节作用在国有企业中更为显著（巴曙松等，2022）[96]。

2.1.5　绿色创新绩效的相关研究

绿色创新绩效的研究一直是学术界研究的热点话题，学者们较多研究绿色创新绩效的影响因素，通过对以往文献的整理，发现可以将绿色创新绩效的影响因素分为内部因素和外部因素两个方面来研究。

从内部因素看，一些学者认为前瞻性环境战略的制定、组织学习、数字化程度、知识产权保护、高管团队异质性、盈利能力等因素对企业绿色创新绩效产生影响。潘楚林和田虹（2016）[97]以长三角地区 249 家制造业企业为研究样本，基于自然资源基础观理论、知识管理理论和吸收能力理论，实证研究前瞻性环境战略对绿色创新绩效的作用机理，认为制定前瞻性环境战略的企业能够积累绿色智力资本并提高吸收能力，从而促进企业绿色创新绩效的提升，绿色智力资本对吸收能力也有积极影响，且二者在前瞻性环境战略和绿色创新绩效的关系之间存在链式中介作用。胡石其和熊磊（2018）[98]对我国 193 家制造型企业数据实证分析，并借鉴双元理论对组织学习进行了研究，发现双元平衡积极影响制造业企业的创新架构能力和创新要素能力，并且这两种能力显著促进绿色创新绩效水平的提升，而双元互动对制造业企业的创新架构能力和创新文化能力产生了积极影响，创新文化能力对绿色创新绩效的作用不明显。李杜康奇（Dukangqi Li，2021）[99]以 2012～2018 年沪深两市 A 股上市公司数据为研究样本，实证分析了企业数字化对绿色创新的影响程度，研究结果显示企业数字化转型可以提高绿色创新水平，该促进作用在内部控制薄弱和机构所有权较低的企业中更为明显，数字化转型能够有效弥补内部控制的缺陷，促进企业绿色创新发展。肖振红和李炎（2022）[100]构建二维绿色创新绩效评价体系，运用 Super-SBM 与面板数据回归模型探究了中国区域绿色创新绩效的影响因素，结果显示增加知识产权保护能够通过影响 R&D 投入来正向影响区域绿色创新的效益和效率两个维度。齐丽云等（2023）[101]基于 A 股 927 家制造业上市公司 2016～2020 年的面板数据，实证检验了高管团队异质性对企业绿色创新绩效的影响机制，结果表明高管团队任期异质性和职能背景异质性对企业绿色管理创新具有正向促进作用，高管团队职能背景异质性还对企业绿色技术创新产生正向影响，企业环境战略在上述正向影响中存在部分中介作用。

　　从外部因素看，外部监管压力、客户压力、利益相关者的合法性压力、环境税、环境规制、政府研发资助、碳排放权交易和投资者关注是影响企业绿色创新绩效的外部因素。黄晓兴等（Xiaoxing Huang et al.，2016）[102]以中部六省 427 家制造业企业为样本，采用结构方程模型进行检验，结果表明监管压力和客户压力能促进绿色组织响应，从而提高绿色创新绩效，而这两种压力形式对具体组织反应的影响不同，监管压力对组织培训有正向促进作用，而客户压力能正向促进研发投资和协作网络，从而对绿色创新绩效产生正向影响。李大元等（Dayuan Li et al.，2017）[103]以中国百强上市公司为研究样本，验证了来自利益相关者的合法性压力会对企业绿色产品创新和流程创新产生显著正向影响，且盈利能力这一内部因素会对合法性压力和绿色产品创新之间的关系产生正向调节作用，企业盈利能力本身能够促进绿色产品创新，而对绿色工艺创新无显著影响。于连超等（2019）[104]基于2007~2015年中国沪深A股工业上市公司数据，研究了环境税对企业绿色创新的影响，实证结果表明环境税能显著促进企业绿色创新水平的提升，并存在滞后性，该促进作用在国有企业、大规模企业、低融资约束企业更为明显。郭捷和杨立成（2020）[105]以我国内地31个省（区、市）2009~2017年面板数据为样本，实证检验了环境规制和政府研发资助对绿色技术创新的影响，结果显示环境规制和政府研发资助均对绿色技术创新有显著正向影响，政府研发资助的影响更大，环境规制能推动生产工艺流程变革并促进生产技术绿色创新，政府研发资助能够缓解融资约束问题，从而促进绿色技术创新发展。魏丽莉和任丽源（2021）[106]基于碳交易试点地区上市企业的绿色专利数据，以中国碳排放权交易试点为准自然实验，运用双重差分模型研究了碳排放权交易对绿色技术创新的影响，发现碳排放权交易对企业绿色技术创新有促进作用，且促进作用随着碳价格的升高而增强，异质性讨论发现，碳交易对民营企业、非高新技术行业、清洁行业的绿色创新激励作用更强。韩国文和甘雨田（2023）[107]以2011~2020年中国A股上市公司面板数据为研究样本，实证探讨了投资者关注对绿色创新绩效的正向影响，结果表明投资者关注能够提高信息透明度，缓解融资约束从而拓宽企业绿色创新的资金来源渠道，进一步提高绿色创新绩效水平，而环境规制对投资者关注与绿色创新绩效的关系具有正向调节作用，从关注属性来看，投资者负面关注对绿色创新绩效具有更为显著的正向影响，异质性检验还发现，在东部地区企业和非高污染企业中该促进作用更加显著。

2.1.6　文献述评

综上所述，近年来国内外学者对企业创新进行了大量研究，提出"双碳"目标对创新尤其是绿色创新的要求，探讨了绿色创新对"双碳"目标实现的驱动作用，从资金冗余、产品市场竞争、政府监管、科技金融、政治不确定性等方面分析了促进或抑制创新投入的因素，研究了薪资激励、股权激励、企业金融化等因素与创新投入之间的非线性关系，并从宏观和微观、内部和外部等方面探索了创新绩效和绿色创新绩效的影响因素，对创新投入和创新绩效的关系也进行了总体研究和异质性分析，得出一系列有价值的结论和建议。但是，目前的研究大多针对个别因素，尚缺乏全面系统的分析，且没有形成一致性的研究结论。此外，创新投入对创新绩效作用的影响机制方面还存在较大的研究空间。因此，本书在梳理前人研究的基础上，立足"双碳"目标要求和我国企业实际，从内外部两方面深入研究影响企业创新投入的因素，并进一步探索创新投入对创新绩效以及绿色创新绩效的作用及其影响机制，以期为促进我国企业创新投入、提升创新能力提供有价值的理论和数据支持。

2.2　理 论 基 础

2.2.1　创新理论

企业创新理论可追溯到 1912 年美国哈佛大学教授约瑟夫·阿罗斯·熊彼特（Joseph A. Schumpeter）[108] 的《经济发展概论》一书，他指出，经济发展的本质在于创新，打破了当时传统的静态分析方法，强调企业家和创新者的重要性。熊彼特提出创新的本质就是建立一种新的生产函数，是指把一种新的生产要素和生产条件的"新组合"投入到新的生产体系中。

他认为这些"新组合"会实现五种形式的创新：第一种是产品创新，即提供新的产品或者提高现有产品的质量，即产品创新；第二种是技术创新，指采用新的生产方法，也就是生产领域没有使用过的制造方法；第三种是市场创新，通过开拓新的市场进入一个从未涉及的领域；第四种是材料创新，指引进新的原材料，开发新的资源；第五种是组织创新，指形成新的组织形式，打破或者形成垄断地位。在深入分析了资本主义经济后，熊彼特发现经济增长的内在驱动力以及引起经济周期波动的关键因素是"技术创新"。熊彼特还特别强调创新不是发明，创新需要资金，社会发展离不开创新，企业作为社会的组成部分，要保证自身的持续繁荣，就必须将创新放在关键位置，持续不断地进行创新活动，用创新创造新的价值，获取更多利润。创新需要企业加大创新投入力度，需要国家相应的政策支持，需要良好的创新环境。

此后，国内外学者不断对"技术创新"理论进行补充和完善，并取得了丰硕的成果。1942 年，熊彼特[109]在《资本主义、社会主义和民主》一书中对创新模型进行了改进，突出强调企业作为整体而非企业家个人的创新主体地位。熊彼特认为企业的技术创新来自企业内部，是内部进行的集体研发对技术创新产生了影响。1957 年，罗伯特·默顿·索洛（Robert Merton Solow）[110]提出"技术"作为外生条件，与"劳动""资本"共同作用于经济增长，并由此建立了新古典主义经济增长模型，这一模型强调了技术进步对经济增长的重要性。1960 年，美国经济学家华尔特·惠特曼·罗斯托（Walt Whitman Rostow）[111]在《经济成长的阶段》一书中提出"起飞"六阶段理论，将"技术创新"定义为企业创新行为的主要内容，此后，"技术创新"在创新活动中的地位日益凸显。保罗·罗默（Paul Romer）[68]在 1986 年提出了内生经济增长模型，将知识积累视作技术进步和经济增长的动力，强调技术进步在经济发展中的关键影响。1987 年，弗里曼（Freeman）[112]提出国家创新系统理论，该理论强调：在国家制度的引导下，创新主体共同推进知识的积累和创新，在多方合作以及市场带动下推动知识的应用和传播，最终在国家范围内形成创新互动、技术进步的良好局面。国家创新系统理论的出现，给政府制订工作计划、出台政策带来了积极的影响，鼓励并引导各大创新主体相互影响、相互带动，使得技术创新取得更好的成效。1998 年，国内学者傅家骥[113]在其著作《技术创新学》中，将始于研究开发而终于市场实现的技术创新称为狭义的技术创新，将始于研究创造而终于技术扩散的技术创新称为广义的技术创新，并指出我们通常理解的创新主要是指狭义的技术创新。技术创新的发展依赖于知识的积累，创新活动的复杂性提高，使技术创新逐渐成为高知识积累群体才能完成的工作，随后在无形之中形成了创新与应用之间的壁垒。进入 21 世纪，信息技术推动下知识社会的形成及其对创新的影响进一步被认识。2003 年，由美国总统科技顾问委员会（PCAST）提出创新生态系统概念，旨在以生态学的基本原理和概念为基础来描述创新的环境和创新网络。创新生态系统是一个具有共生关系的经济共同体，也是一个基于长期信任关系形成的松散而又相互关联的网络。科学界进一步反思对技术创新的认识，科技创新被认为是各创新主体、创新要素复杂交互作用下涌现出来的，是技术进步与应用创新的"双螺旋结构"共同演进催生的产物。[314]关注价值实现、关注用户参与的以人为本的创新 2.0 模式也成为 21 世纪对创新重新认识的探索和实践。

至今，技术创新仍具有很强的不确定性，但由于市场的优胜劣汰法则，企业还是纷纷在市场中争取创新优先权。企业通过积极的研发活动推动技术创新的发展，整合各种生产要素，使生产技术得到充分利用，从而降低生产成本，优化生产流程并提高生产效率，充分研发新产品，提高产品的技术含量，提升企业核心竞争力。另外，企业通过创新能够不断发掘新的经济增长点，扩大自身的市场份额，保证经济可持续增长循环发展。抓住创新带给企业以及社会的机遇，这有利于提高社会的总体创新效率，对推动经济增长和社会进步具有重要意义。

2.2.2　可持续发展理论

可持续发展理论的形成经历了相当长的历史过程。20 世纪五六十年代，在经济增长、城市化、人口、资源等形成的环境压力下，人们开始质疑传统发展模式。1962 年，美国生物学家莱切尔·卡逊（Rachel Carson）[114]发表环境科普著作《寂静的春天》，描绘了一幅由农药污染造成的可怕景象，引发人们对环境的思考。10 年后，美国学者巴巴拉·沃德（Barbara Ward）和雷内·杜博斯（Rene Dubos）[115]的著作《只有一个地球》问世，引发了人类对生存与环境的深刻认识和反思。同年，罗马俱乐部发表研究报告《增长的极限》（The Limits to Growth）[116]，明确提出"持续增长"和"合理的持久的均衡发展"的概念。环境问题从一个边缘问题逐渐走向全球政治、经济议程的中心。此后，随着环境污染的加剧和能源危机的出现，人们逐渐认识到把经济、社会和环境割裂开来谋求发展，只能给地球和人类社会带来毁灭性的灾难。源于这种危机感，可持续发展的思想在 20 世纪 80 年代逐步形成。"可持续发展"一词最早见于 1980 年由国际自然保护同盟制定的《世界自然保护大纲》，其概念最初源于生态学，指的是对于资源的一种管理战略，其后被广泛应用于经济学和社会学范畴，内涵不断扩大，成为一个涉及经济、社会、文化、技术和自然环境的综合的动态概念。[315]1983 年 11 月，联合国成立世界环境与发展委员会（WECD）。1987 年，受联合国委托，WECD 向联合国大会提交研究报告——《我们共同的未来》（Our Common Future），正式提出了"可持续发展"（sustainable development）的概念和模式，并以此为主题对人类共同关心的环境与发展问题进行了全面论述，受到世界各国组织和舆论的极大重视。1992 年 6 月，在巴西里约热内卢举行联合国环境与发展大会，来自世界 178 个国家和地区的领导人通过了《21 世纪议程》《气候变化框架公约》等一系列文件，明确把发展与环境密切联系在一起，可持续发展不再仅仅停留在理论探讨阶段，而是成为全球发展战略，并逐渐付诸行动。

可持续发展是指既满足当代人的需要，又不对后代人满足其需要的能力构成危害的发展。可持续发展应遵循公平性、持续性和共同性三个基本原则。其中，公平性指机会选择的平等性，包括两个方面：一方面是本代人的公平即横向的代内公平，另一方面是指代际公平性，即世代之间的纵向公平；持续性是指生态系统受到某种干扰时能保持其生产力的能力，要求经济社会的发展不能超过环境、资源自身承受力，要保证后续的持续发展能力；共同性指可持续发展问题是全球共同的问题，人类共同生活在同一个地球，不仅要促进人与自然的协调，也要保证人与人之间的协调，每个人都应该兼顾他人利益，协同发展。可持续发展的核心思想是经济发展，保护资源和保护生态环境协调一致，让子孙后代能够享受充分的资源和良好的资源环境，这意味着健康的经济发展应建立在生态可持续能力、社会公正和人民积极参与自身发展决策的基础上；它所追求的目标是：既要使人类的各种需要得到满足，个人得到充分发展；又要保护资源和生态环境，不对后代人的生存和发展构成威胁，最终达到共同、协调、公平、高效、多维的发展。

可持续发展需要健全的管理体系、法治体系、科技体系、教育体系等，其中科学技术是可持续发展的主要基础之一。没有较高水平的科学技术支持，可持续发展的目标就不能实现。科学技术对可持续发展的作用是多方面的，它可以有效地为可持续发展的决策提供依据与手段，促进可持续发展管理水平的提高，加深人类对人与自然关系的理解，扩大自然资源的可供给范围，提高资源利用效率和经济效益，提供保护生态环境和控制环境污染的有效手段。

可持续发展的思想是人类社会发展的产物。它体现着对人类自身进步与自然环境关系的反思。这种反思反映了人类对以前走过的发展道路的质疑，也反映了人类对今后选择的发展道路和发展目标的憧憬。[316]我国作为一个发展中国家，追求自身进步与发展、提高居民生活水平的权利不可剥夺。但是，发展是否沿袭发达国家以占用和奢侈消费自然资源、造成大量污染为代价的发展模式成为每一个国家需要思考的问题。

在此情况下，我国基于大国的责任担当，1994 年 3 月，国务院常务会议批准了第一个国家级可持续发展战略——《中国 21 世纪议程——中国 21 世纪人口、环境与发展白皮书》，系统地提出了解决人口与发展问题的目标与原则，详细规划了解决人口和发展问题的行动计划和保障措施。2012 年 6 月 1 日，我国对外正式发布《中华人民共和国可持续发展国家报告》，提出当前和今后一个时期，我国进一步深入推进可持续发展战略的总体思路，其中强调把科技创新作为推进可持续发展的不竭动力，指出很多不可持续问题的根本解决要靠科技的突破、科技的创新。为进一步解决环境问题，2020年9月22日，习近平总书记在第七十五届联合国大会一般性辩论上的讲话中提出碳达峰、碳中和目标，标志着中国全面进入绿色低碳时代。

可持续发展并不否定经济发展，而是要求改变传统的以"高投入、高消耗、高污染"为特征的生产模式和消费模式，实施清洁生产和文明消费。高污染并不是工业活动不可避免的结果，在很大程度上是技术差、效益低的表现。因此，以创新作为支持的高质量发展才是可持续发展的根本保证。

2.2.3 外部性理论

外部性又称为溢出效应、外部效应或外部经济，其含义多样，归结起来不外乎两类定义：一类是从外部性的产生主体角度来定义；另一类是从外部性的接受主体来定义。前者如萨缪尔森和诺德豪斯（Samuelson and Nordhaus）的定义：外部性是指那些生产或消费对其他团体强征了不可补偿的成本或给予了无需补偿的收益的情形。后者如兰德尔（Randall）的定义：外部性是用来表示当一个行动的某些效益或成本不在决策者的考虑范围内的时候所产生的一些低效率现象，也就是某些效益被给予，或某些成本被强加给没有参加这一决策的人。上述两种不同的定义，本质上是一致的，主要指一个人或一群人的行动和决策使另一个人或一群人受损或受益的情况。

经济外部性是经济主体（包括厂商或个人）的经济活动对他人和社会造成的非市场化的影响，即社会成员（包括组织和个人）从事经济活动时其成本与后果不完全由该行为人承担。外部性分为正外部性（positive externality）和负外部性（negative externality）。正外部性是指某个经济行为主体的活动使他人或社会受益，而受益者无须花费成本；负外部性是某个经济行为主体的活动使他人或社会受损，而造成负外部性的主体却没有为此承担代价。

"外部性"与市场垄断、公共物品与不完全信息一样，被公认为是导致市场在资源配置中失效的重要原因。外部性的存在会造成社会脱离最有效的生产状态，使市场经济体制不能很好地实现其优化资源配置的基本功能。

1890 年，阿尔弗雷德·马歇尔（Alfred Marshall）[117]在其出版的经典著作《经济学原理》一书中首次提出了外部经济的概念，书中将企业生产规模扩大的原因分为两类，一类是该企业所在产业的普遍发展，另一类是单个企业自身资源组织和管理效率的提高，他将前一类称为"外部经济"，后一类称为"内部经济"。1920 年，庇古（Pigou）[118]在《福利经济学》一书的"社会净边际产品与私人净边际产品的背离"一章中首次从福利经济学的角度系统研究了外部性问题，在马歇尔提出的"外部经济"概念基础上扩充了"外部不经济"的概念和内容，将外部性问题的研究从外部因素对企业的影响效果转向企业或居民对其他企业或居民的影响效果。庇古运用边际分析方法，提出了社会净边际产品与私人净边际产品、社会边际成本和私人边际成本的概念，从社会资源最优配置出发，正式提出和建立了外部性理论，并且指出既然在边际私人收益与边际社会收益、边际私人成本与边际社会成本相背离的情况下，依靠自由竞争不可能达到社会福利最大化，就应由政府采取适当的经济政策，消除这种背离。政府应采取的经济政策是：对边际私人成本小于边际社会成本的部门实施征税，即存在外部不经济效应时，向企业征税；对边际私人收益小于边际社会收益的部门给予奖励和津贴，即存在外部经济效应时，给企业以补贴。[317]庇古认为，通过这种征税和补贴，就可以实现外部效应的内部化，这种政策建议后来被称为"庇古税"。

其后，科斯（Coase）[119]在《社会成本问题》一书中，针对庇古税理论提出：如果交易费用为零，无论权利如何界定，都可以通过市场交易和自愿协商达到资源的最优配置；如果交易费用不为零，制度安排与选择是重要的，即解决外部性问题可以用市场交易形式即自愿协商替代庇古税手段。随着 20 世纪 70 年代环境问题的日益加剧，各个国家开始积极探索实现外部性内部化的具体途径，科斯理论随之被投入到实际应用之中。在环境保护领域实施排污权交易制度就是科斯理论的一个具体运用。科斯理论的成功实践进一步表明，政府干预并不一定是解决"市场失灵"的唯一方法。[318] 但是科斯理论的应用要求有较高的市场化程度，交易费用低于社会净收益，产权有明确的界定，如果不具备这些前提，尤其像环境资源这样的公共物品产权往往难以界定或者界定成本很高的情况下，依靠自愿协商往往难以起到预期效果，在这种情况下，政府税收或补贴依然是重要的调节手段。

企业的技术创新活动客观上普遍存在外部性，主要体现在几个方面：第一，一项成果的推广应用能够为其他成果的研究、开发和应用开辟道路，提供借鉴；第二，可能使得其他企业"搭便车"，不需要进行自主创新而通过抄袭其他企业的研发成果享受创新带来的收益。企业进行创新活动所生产的产品通常会为企业带来经济效益并对社会产生积极影响，而企业进行创新活动需要大量的资金投入，耗费大量的人力和物力，对企业来说承担着很大压力。这种正外部性使得部分企业没有支付相应成本却获得技术创新带来的收益，而开展创新活动的企业私人成本大于社会成本，私人收益小于社会收益，导致其积极性受损。

与创新的正外部性相反，环境污染具有典型的负外部性，表现为：企业在生产活动中对环境造成的损害通常会对社会产生不良影响，而企业自身并不需承担相应的责任。例如，空气、水、生态环境等公共资源不属于个人或企业组织所拥有，当市场主体的生产行为对这些公共产品造成污染时，提高了社会成本。由于公共产品的所属权不明确，而企业往往更注重个体利益而不关注社会利益，只考虑私人成本而不考虑社会成本，导致企业会将对公共产品造成的污染转嫁给整个社会，由全社会承担，而自身并没有付出相应代价或做出补偿。在此情况下，政府有必要以征税和法律等强制性手段对负外部性的制造者进行管控，以税收优惠或补贴等方式对积极进行污染治理、实施绿色生产的企业进行激励，从而有效解决外部性问题，促进企业公平、高质量发展。

2.2.4　资源基础理论

资源基础概念的提出最早可追溯到 20 世纪中叶，随着第二次世界大战的结束，全球经济逐步复苏，各类企业开始蓬勃发展，如何塑造并维持企业竞争优势成为社会各界关注的焦点。在此背景下，1959 年，潘洛斯（Penrose）[120] 在《企业成长理论》一书中聚焦组织内部成长，创造性地将企业看作资源的集合，指出企业对包括人力资源、实物资源等在内的异质性资源的有效获取和科学配置，可以助力绩效提升并进一步塑造区别于其他企业的竞争优势，从而促进自身稳步成长。该理论率先开启了资源异质性的研究，肯定了异质性资源对塑造企业竞争优势的重要作用，为资源基础理论的诞生奠定了基础。1984 年，沃纳菲尔特（Wernerfelt）[121]《企业的资源基础论》的发表意味着资源基础论的诞生，在其关于企业差异化战略的研究中提出资源基础观（resource-based view），指出对资源的关注是企业进行战略选择的逻辑起点，并强调企业依托异质性资源、知识及能力构建资源地位壁垒（resource position barriers）是解释企业获取高额利润的关键，这一 "资源—知识—能力" 视角在为企业资源分配及战略发展提供依据的同时也为后续研究指明了方向。在此基础上，1991 年，巴尼（Barney）[122] 聚焦资源特性提出 "拥有具备价值性、稀缺性、不可模仿性和不可替代性的资源是企业获取竞争优势的重要基础" 的 VRIN 框架，指出企业战略选择依赖于对自身独特资源与能力的分析，认为组织所掌握信息充分与否对战略资源获取有重要影响。企业的战略资源不仅包括其所拥有的资产、设备等物力资本资源，还包括组织结构、品牌、声誉、信息、知识、能力、员工综合素质等在内的组织资本资源与人力资本资源，它们不仅可以帮助管理者制定和实施企业战略，还可以助力企业构建隔离机制，进而通过异质性资源构建、事前竞争限制、资源非完全移动以及事后竞争限制四种资源竞争战略实现企业交易成本的降低与利润的维持，最终促进企业战略目标实现。[319]

其后，学界引入动态能力并融合管理者认知、组织行为等理论，聚焦特定情境下企业资源行动，围绕资源管理影响因素、过程机制及作用结果展开深入研究，促使资源基础理论在实践性与科学性上取得了长足进展，形成两个方向：一是基于复杂多变的外部情境下企业突破核心能力刚性的一致诉求，引入动态能力理论并构建动态资源基础观，通过深入剖析组织资源存量与能力形成之间的内在关系，研究企业如何动态匹配外部环境以获取持续竞争优势；二是在动态能力理论的基础上聚焦组织对内外部资源采取的有效行动，建立资源行动观，并形成了资源拼凑与资源编排两类代表性理论分野。

根据资源基础理论，企业本质上是一个资源的集合体，资源具备有价值、稀缺、难以完全模仿和难以替代四个特征，其主要内容包括：第一，企业竞争优势来源于特殊的异质资源。企业的经营决策就是指定各种资源的特定用途，且决策一旦实施就不可还原。因此，在任何一个时点上，企业都会拥有基于先前资源配置基础上进行决策后带来的资源储备，这种资源储备将限制、影响企业下一步的决策，即资源的开发过程倾向于降低企业灵活性。企业的决策具有不确定性、复杂性和组织内部冲突等特点。第二，竞争优势的持续性依赖资源的不可模仿性。企业竞争优势根源于企业的特殊资源，这种特殊资源能够给企业带来经济租金。在经济利益的驱动下，没有获得经济租金的企业肯定会模仿优势企业，其结果则是企业趋同，租金消散。但是由于因果关系模糊、路径依赖性和模仿成本等，竞争优势被完全模仿也是一件非常困难的事。

资源基础理论为企业的长远发展指明了方向，即培育、获取能给企业带来竞争优势的特殊资源。这一理论在价值创造、组织惯例、战略联盟等领域进行了广泛应用。创新是企业获取异质性资源的重要基础，同时企业创新活动本身又是一项资源行动，是资源决策的结果。

2.2.5　信息不对称理论

信息，指音讯、消息、通信系统传输和处理的对象，泛指人类社会传播的一切内容。1948 年，数学家香农（Shannon）[123]在题为《通讯的数学

理论》的论文中指出：信息是用来消除随机不定性的东西。信息不对称
（asymmetric information）是指在市场经济活动中，各类人员对有关信息的
了解是有差异的：掌握信息比较充分的人员，往往处于比较有利的地位；
而信息贫乏的人员，则处于比较不利的地位，其根源在于私有信息的存
在。信息不对称理论是由三位美国经济学家——约瑟夫·斯蒂格利茨
（J. E. Stigliz）、乔治·阿克尔洛夫（G. Akerlof）和迈克尔·斯彭斯
（M. Spence）提出的。该理论认为：市场中卖方比买方更了解有关商品的
各种信息；掌握更多信息的一方可以通过向信息贫乏的一方传递可靠信息
而在市场中获益；买卖双方中拥有信息较少的一方会努力从另一方获取信
息；市场信号显示在一定程度上可以弥补信息不对称的问题；信息不对称
是市场经济的弊病，要想减少信息不对称对经济产生的危害，政府应在市
场体系中发挥强有力的作用。

　　现代企业是一系列契约关系的集合体，普遍存在委托代理关系，其中
委托方处于信息的劣势一方，而代理方处于信息的优势一方。委托代理关
系的概念最早由罗斯（Rose）于 1973 年提出，泛指任何一种涉及不对称
信息的交易，委托人与代理人之间的信息不对称，以及委托人与代理人目
标函数的不一致是委托代理问题产生的一般原因。委托人要想达成自己的
目标就要考虑设计一种激励机制，促使代理人自愿为委托人积极工作，选
择与委托人目标相一致的行动。在委托代理框架下逆向选择与道德风险是
信息不对称导致市场失灵的两种典型形式。

　　逆向选择（adverse selection）是指由于交易双方信息不对称，市场价
格下降导致劣质品驱逐优质品，最终造成参与市场交易产品平均质量下降
的现象，所谓"恶性竞争"即是其中的一种典型现象。对逆向选择开创性
的研究产生于乔治·阿克尔洛夫（Akerlof）的"柠檬理论"（lemon theory）。
1970 年，阿克洛夫[124]在美国《经济学（季刊）》上发表《柠檬市场：质
量不确定性与市场机制》一文，在这篇信息经济学的经典之作里，他从分
析二手车市场入手，揭开了逆向选择发生的真相。契约订立之前存在不对
称信息时，容易产生逆向选择问题。

　　道德风险（moral hazard）也称作败德行为，是指在存在隐藏行动的

情况下，合同中拥有信息优势的一方为追求自身的利益，不遵守合同中承诺，欺诈合同的另一方，致使后者蒙受损失。道德风险的概念最早源于保险行业。经济学家经常用道德风险概括人们"偷懒""搭便车"和机会主义行为。道德风险问题通常发生于契约订立之后。

真实的市场信号能够改善信息不对称的程度，具有提高市场效率的作用。市场信号与信息既有联系又有区别。市场信号既是一种概率分布，也是一项具体行动，它可以帮助人们降低经济活动过程中的不确定性。品牌、信用、广告、学历证书等都是典型的市场信号。市场信号理论主要包括信号传递和信号甄别两大方面。信号传递是指处于信息优势的一方主动向处于信息劣势的一方传递或显示自身的私有信息。关于信号传递最著名的模型就是斯彭斯（Spence，1973）[125] 在 1973 年发表的文章《劳动力市场的信号传递》中提出的劳动力市场信号模型。信号甄别是指处于信息劣势的一方通过制定不同的策略或者合同来区分信息优势方的类型，从而获取信息优势方的私有信息。罗斯查尔德和斯蒂格利茨（Rothschild and Stiglitz）在 1976 年通过对保险市场的分析最先提出了信号甄别模型。信号传递与信号甄别的重要差别在于行动顺序的不同。在信号传递模型中，信息优势者率先行动，将自己的私有信息主动传递给信息劣势者；而在信号甄别模型中，信息劣势者主动出击，制定不同的策略或合同供信息优势者来选择，从而判别出他们的类型，掌握他们的私有信息。[320]

信息经济学认为，信息不对称造成了市场交易双方的利益失衡，影响社会公平、公正的原则以及市场配置资源的效率，信息和资本、土地一样，是一种需要进行经济核算和科学配置的生产要素。创新作为企业的一项重要战略决策和行动，必然受到企业内外部各类信息的影响。同时，创新投入和产出本身又是企业的一项重要信息，对外传递关于企业未来发展的信号。

第3章 中国科技创新战略 演进与创新现状

本章在梳理我国科技创新战略演进历程的基础上，运用统计年鉴数据对我国总体创新水平和企业创新能力进行分析。

3.1 科技创新战略与政策演进

改革开放以来，我国在科技创新方面取得了举世瞩目的成就，创新在经济发展全局中起到越来越重要的作用，形成了我国独特的科技创新战略体系。近十年以来，我国全面实施创新驱动发展战略，坚定不移走中国特色自主创新道路，创新软实力显著增强，科技事业发生历史性、整体性、格局性的重大变化，在多个创新领域实现突破，成功跻身创新型国家行列，正处于迈向创新型国家前列的关键时期。

纵观我国改革开放以来的科技创新发展，可以分为五个阶段。

第一阶段（1978～1994 年）：科技是第一生产力。1978 年 3 月，邓小平同志在全国科学大会开幕式上提出了"科学技术是生产力"的重要论断，长期束缚科技发展的重大理论是非问题得以拨乱反正，我国的科技教育事业得以恢复和重建。同年 12 月召开的党的十一届三中全会提出把全党的工作重心转移到经济建设上来，进一步为科技事业的发展提供制度保障，我国的科技事业迎来了"科学的春天"。在科技创新方面，国家制定实施《1978—1985 年全国科学技术发展规划纲要》，提出"全面安排，突出重点"的指导方针，运用科技发展规划工具指导科技创新工作，在高新技术产业方面取得重大成就。1982年，中共中央提出"科学技术工作必须面向经济建设，而经济建设必须依靠科学技术"的战略思想（即"面向、依靠"方针）。1985年，中共中央作出《关于科学技术体制改革的决定》，进一步强调科技和经济相结合，改善了二者脱节的局面，标志着科技体制改革进入有领导、有步骤、有组织的全面开展阶段。1988年，邓小平同志进一步提出"科学技术是第一生产力"的论断，强调科学技术对现代社会发展具有不可替代的作用。1991年制定的《1991—2000年科学技术发展十年规划和"八五"计划纲要》根据全局性、紧迫性和方向性的要求，选出27个领域或行业，详细分析了它们的中长期重大科技任务，使其目标和任务更加明确，并指出企业是国民经济的主体，也是科技与经济的结合部。

第二阶段（1995～2005年）：科教兴国。1995年5月，在"科学技术是第一生产力"的战略指导下，中共中央、国务院提出《关于加速科学技术进步的决定》，将我国科技工作的基本方针明确表述为：坚持科学技术是第一生产力的思想，经济建设必须依靠科学技术，科学技术工作必须面向经济发展，努力攀登科学技术高峰。该方针在"面向、依靠"方针的基础上增加了"攀高峰"，提出"稳住一头，放开一片"的科技体制改革方针，科教兴国战略也由此开始实施。同年9月在党的十四届五中全会上，《中共中央关于制定国民经济和社会发展"九五"计划和2010年远景目标的建议》提出"可持续发展"战略，将经济建设转移到依靠科技进步的轨道上，使经济和社会进步良性发展。1999年发布《关于加强技术创新，发展高科技，实现产业化的决定》，核心是全面落实邓小平同志关于"科学技术是第一生产力"等重要思想，从机制、体制等各方面，进一步促进科技与经济的紧密结合，把我国的科技实力变成现实的第一生产力，提升我国总体实力，追赶国际先进水平。该决定还强调要促进企业成为技术创新的主体，全面提高企业技术创新能力，加强技术研发和科技成果的转化与应用。2001年5月，由国家计委和科技部联合发布的《国民经济和社会发展第十个五年计划科技教育发展专项规划（科技发展规划）》以"促进产业技术升级"和"提高科技持续创新能力"两个层面为指导展开战略部署工作，2001～2005 年的"十五"期间，实施了国际科技合作重点项目计划、国家科技支撑计划等科技发展专项计划，进一步深化科技体制改革，对国家创新体系建设起到了推进作用。

第三阶段（2006～2010 年）：建设创新型国家。2006 年，我国提出自主创新战略，制定建设创新型国家的奋斗目标，并部署实施《国家中长期科学和技术发展规划纲要（2006—2020 年）》，提出"自主创新，重点跨越，支撑发展，引领未来"的十六字指导方针，是对之前提出的"面向、依靠"方针的进一步发展，是新时期开展科学技术工作和建设创新型国家的战略指导。该纲要对我国未来十五年的科学技术发展作出了全面规划和战略部署，明确到 2020 年使我国步入创新型国家行列，开启了全面国家创新体系构建的新征程，并将"建设以企业为主体、市场为导向、产学研结合的技术创新体系"作为国家创新体系建设的突破口。与此同时，环境问题越来越受到重视，科技创新与环境保护和可持续发展紧密相连。2006 年底，科技部、中国气象局、发改委、国家环保总局等六部委联合发布了我国第一部《气候变化国家评估报告》。2007 年 4 月，低碳经济和中国能源与环境政策研讨会在北京举行；同年 6 月，中国政府发布了《中国应对气候变化国家方案》，确定了中国长期应对气候变化的框架，同时科技部等 14 个部门联合发布了《中国应对气候变化科技专项行动》，以落实国家方案；同年 9 月，亚太经合组织第十五次领导人非正式会议在澳大利亚悉尼召开，中国提出四项建议应对全球气候变化，包括应该加强研发和推广节能技术、环保技术、低碳能源技术，并建议建立"亚太森林恢复与可持续管理网络"，共同促进亚太地区森林恢复和增长，增加碳汇，减缓气候变化。同年，科学技术部部长万钢在中国科协年会上呼吁大力发展低碳经济。2008 年 4 月，国合会（中国环境与发展国际合作委员会）首次圆桌会议在北京凯宾斯基饭店召开，发展低碳经济，建设低碳社会已经成为我国的战略重点和全民教育重要方向。2008 年 10 月 29 日，国务院新闻办公室发表了《中国应对气候变化政策与行动》白皮书。2009 年 4 月，国家发改委宣布，国家已着手制定"推进低碳经济发展的指导意见"。在 2010 年的十一届全国人大三次会议第四次全体会议中"低碳"成为大家讨论的热点，并在同年举办的上海世博会上进行了精彩展现。

第四阶段（2011 年至今）：创新驱动发展。2011 年是我国"十二五"建设的开局之年，"十二五"规划纲要第一篇即提出"转变方式，开创科学发展新局面"，第六篇提出"绿色发展，建设资源节约型、环境友好型社会"，第七篇提出"创新驱动，实施科教兴国战略和人才强国战略"，确立了创新发展的战略地位。为充分发挥科技创新对加快转变经济发展方式的重要支撑作用，科技部于 2011 年 7 月发布了《国家"十二五"科学和技术发展规划》，指出"十二五"时期是提高自主创新能力，建设创新型国家的攻坚时期。该规划强调要把实现创新驱动发展作为根本任务，大幅提升我国自主创新能力，在重点领域核心关键技术方面取得重要突破，要求基本建成结构合理、功能明确、良性互动和运行高效的国家创新体系。在创新型国家建设阶段，各创新主体的自主创新能力得到有效提高，企业的技术创新投入强度也得到提升。

2012 年，全国科技创新大会发布《中共中央　国务院关于深化科技体制改革加快国家创新体系建设的意见》，充分认识到深化科技体制改革、加快构建创新型国家的紧迫性和重要性，强调要将科技体制改革与建设国家创新体系紧密联系。同年 11 月，党的十八大报告提出了创新驱动发展战略，强调"科技创新是提高社会生产力和综合国力的战略支撑，必须摆在国家发展全局的核心位置"。为了创新驱动发展战略的顺利实施，国家科技体制改革政策密集出台。其中，针对企业尚未成为创新主体等问题，国务院办公厅颁布《关于强化企业技术创新主体地位全面提升企业创新能力的意见》，突出强化企业的创新主体地位。2015 年 10 月，习近平总书记在党的十八届五中全会上系统论述了创新、协调、绿色、开放、共享五大发展理念，指出在五大发展理念中，创新发展理念是方向、是钥匙，要瞄准世界科技前沿，全面提升自主创新能力，力争在基础科技领域作出大的创新、在关键核心技术领域取得大的突破，创新发展居于首要位置。2016 年，《国家创新驱动发展战略纲要》颁布，强调"创新驱动就是创新成为引领发展的第一动力"，提出"三步走"的战略目标，对创新驱动发展进行全方面顶层设计和整体部署，明确了到 2050 年中国创新驱动发的目标、方向和重点任务，标志着我国科技创新战略已经进入新的历史阶段，以企业为主体、市场为导向以及产学研深度融合的新型国家创新体系初步形成。同年发布的《"十三五"国家科技创新规划》是国家在科技创新领域的重点专项规划，也是我国迈进创新型国家行列的行动指南。该规划遵循建设国家创新体系的基本要求，再次强调了企业的创新主体地位，提出要培养充满活力的创新主体，将需求驱动与创新驱动紧密结合，为构建创新型国家和建设科技强国奠定扎实的基础。2017 年 10 月，党的十九大作出加快建设创新型国家的战略部署，强调要加强国家创新体系建设、深化科技体制改革、倡导创新文化、培养造就科技人才。此外，2020 年 9 月，中国在第七十五届联合国大会上正式提出"双碳"目标，即二氧化碳排放力争于 2030 年达到峰值，努力争取 2060 年实现碳中和。在此背景下，企业科技创新成为推动新旧动能转换、绿色转型升级的重要力量，是建设科技强国和实现"双碳"战略的共同驱动力。

2021 年，中国开启第十四个五年规划，习近平总书记指出，"十四五"时期是我国开启全面建设社会主义现代化国家新征程的第一个五年，谋划好"十四五"时期发展十分重要。当今世界正经历百年未有之大变局，我国发展的内部条件和外部环境正在发生深刻复杂的变化。2021 年 3 月 11 日，十三届全国人大四次会议表决通过了《中华人民共和国国民经济和社会发展第十四个五年规划和 2035 年远景目标纲要》，明确提出，坚持创新驱动发展，全面塑造发展新优势。2021 年 7 月，在中国共产党与世界政党领导人峰会上，习近平总书记指出中国共产党将团结带领中国人民深入推进中国式现代化，为人类对现代化道路的探索作出新贡献。同年 11 月，党的十九届六中全会审议通过的《中共中央关于党的百年奋斗重大成就和历史经验的决议》进一步指出："党领导人民成功走出中国式现代化道路"。中国式现代化是中国共产党领导的社会主义现代化，是人口规模巨大的现代化，是全体人民共同富裕的现代化，是物质文明和精神文明相协调的现代化，是人与自然和谐共生的现代化，是走和平发展道路的现代化。2022 年 10 月，党的二十大在北京开幕，习近平总书记在讲话中宣告："中国共产党的中心任务就是团结带领全国各族人民全面建成社会主义现代化强国、实现第二个百年奋斗目标，以中国式现代化全面推进中华民族伟大复兴。"① 中国式现代化提出的要求之一是实现高质量发展，而实现高质量发展要坚持创新为第一动力，充分发挥科技创新在高质量发展中的引领作用。党的二十大报告进一步提出"推动经济社会发展绿色化、低碳化是实现高质量发展的关键环节"，实现碳达峰、碳中和是一场广泛而深刻的经济社会系统性变革，绿色创新起到关键作用。党的二十大报告中还强调："加强企业主导的产学研深度融合，强化目标导向，提高科技成果转化和产业化水平"，进一步强化了企业科技创新主体地位，这是实现高质量发展的内在要求。

中国科技创新政策演进如图 3-1 所示。

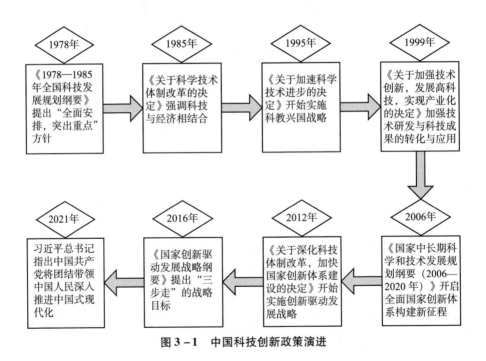

图 3-1 中国科技创新政策演进

① 习近平. 高举中国特色社会主义伟大旗帜 为全面建设社会主义现代化国家而团结奋斗——在中国共产党第二十次全国代表大会上的报告 [M]. 北京：人民出版社，2022：21.

3.2　创新投入与创新绩效总体情况

随着创新战略的推进，我国创新投入与创新绩效也日益增多，成为我国高质量发展的强大保障。

3.2.1　研发经费支出

研发经费支出是科技创新的基础，近年来我国研发经费支出和研发投入强度（研发经费支出与国内生产总值之比）均呈现持续上涨趋势。2011年我国研发经费支出总额为 8687 亿元，研发投入强度为 1.78%；2014 年研发经费支出总额增长至 13015.6 亿元，研发投入强度首次突破 2%；至2021 年，我国研发支出总额增加至 27956.3 亿元，是 2011 年的 3 倍有余，研发投入强度达 2.44%，如图 3 - 2 所示。

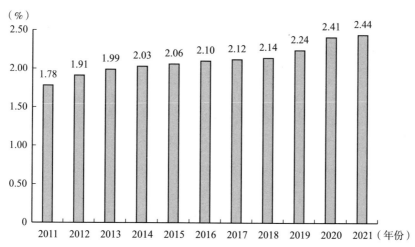

图 3 - 2　2011 ~ 2021 年中国研发经费支出占国内生产总值的比重

资料来源：根据 2012 ~ 2022 年《中国统计年鉴》整理。

3.2.2 专利申请数量

随着研发经费的增加,专利申请数量也在逐渐提升。2011 年我国专利申请量为 1633347 件,其后持续增多,2021 年达到 5243592 件,是 2011 年的 3 倍有余,一方面反映了研发经费支出有良好的产出成果,我国自主创新能力在不断提升;另一方面,也反映了国民知识产权意识的增强,我国科技创新实力在逐渐增强。具体专利申请数量如图 3 – 3 所示。

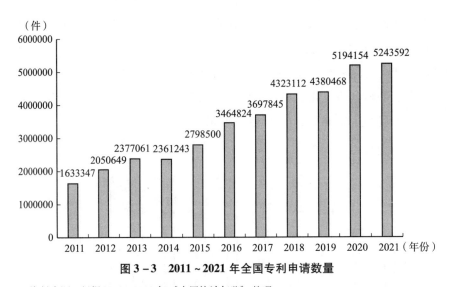

图 3 – 3 2011 ~ 2021 年全国专利申请数量

资料来源:根据 2012 ~ 2022 年《中国统计年鉴》整理。

3.2.3 科技进步贡献率

随着创新能力的不断增强,我国的科技进步贡献率显著提高。科技进步贡献率指的是科技进步所带来的贡献在各种生产要素贡献的代数和中所占的比重,是衡量科技竞争实力和科技转化为现实生产力的综合指标,反映了科技对社会经济发展的作用效果。我国科技进步贡献率在 2006 ~ 2011

年间为 51.7%，其后持续上涨，在 2015～2020 年间首次突破 60%，反映出科技实力的增强，如表 3-1 所示。

表 3-1　　　　　　　　　　全国科技进步贡献率

项目	2006～2011 年	2007～2012 年	2008～2013 年	2009～2014 年	2010～2015 年	2011～2016 年	2012～2017 年	2013～2018 年	2014～2019 年	2015～2020 年
科技进步贡献率（%）	51.7	52.2	53.1	54.2	55.3	56.4	57.8	58.7	59.5	60.2

资料来源：根据 2012～2021 年《中国科技统计年鉴》整理。

3.2.4　研发经费支出部门结构

在发展过程中，我国的科技创新战略及相关政策多次强调企业创新的主导作用，企业作为科技创新活动的主要参与者和组织者，其研发经费支出占全国研发经费支出的 75% 以上，且相对比较稳定，波动幅度不大。国家统计局公布的数据显示，2011 年企业研发经费支出为 6579.33 亿元，占全国研发经费支出的比重为 75.74%；研究与开发机构的研发经费支出为 1306.71 亿元，占比为 15.04%；高等学校研发经费支出仅有 688.85 亿元，占比为 7.93%；其他执行部门研发经费支出最少，仅为 112.12 亿元，占比为 1.29%。到 2021 年，企业研发经费支出增长到 21504.06 亿元，大约是 2011 年的 3.3 倍，占比增加至 76.92%，整体上看变动幅度趋于平稳；研究与开发机构的经费支出增加到 3717.93 亿元，为 2011 年的 2.8 倍，占比略有下降，为 13.30%；高等学校的研发经费支出增加到 2180.49 亿元，为 2011 年的 3.2 倍，占比为 7.80%，略有下降；其他执行部门的研发经费支出也逐年增多，但所占比重较低且波动不大，如图 3-4 所示。可见，我国十分重视企业的创新主体地位，企业的创新投入力度较大。

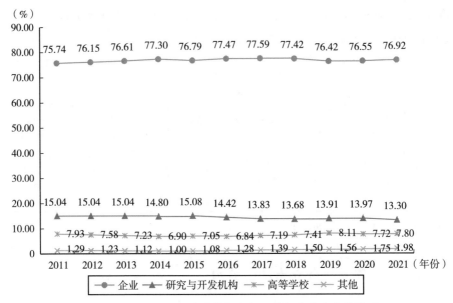

图 3 - 4   2011～2021 年各执行部门研发经费支出占比情况

资料来源：根据 2012～2022 年《中国科技统计年鉴》整理。

3.2.5   全国研发经费支出用途结构

　　研发经费支出一般投资于基础研究、应用研究和试验发展。基础研究指的是不以任何专门或特定的应用为目的，而是为了获得有关某些现象和可观察事实的基本原理的新知识而进行的实验性或理论性的研究，其成果形式表现为科学论文或科学专著，反映知识的原始创新能力。应用研究是指为了确定基础研究成果可能的用途或为了达成预定的目标而进行的创造性研究，其成果形式以科学论文、科学专著、原理性模型或发明专利为主，用来反映对基础研究成果应用途径的探索。试验发展则是指利用从基础研究、应用研究中获得的知识以及积累的实际经验，为生产新产品，建立新工艺，以及对已产生的产品、材料、装置和已建立的工艺、系统、服务作出实质性的改进而进行的系统性工作。其成果形式主要以专利、具有新产品基本特征的产品原型或具有新装置基本特征的原始样机等为主，反映的是将科研成果转化为产品和技术的能力。由图 3 - 5 可以看出，我国投资于试验发展的研发经费支出由 2011 年的 7246.81 亿元增加到 2021 年的 22995.88 亿元，增长了 2.17 倍，在所有支出中数额最多，占比连续保持在 80% 以上。其次是应用研究的研发经费支出，由 2011 年的 1028.39 亿元上涨到 2021 年的 3145.37 亿元，增长了 2.06 倍，占比稳定在 11% 左右。投资于基础研究的研发经费支出每年也呈上涨趋势，由 2011 年的 411.81 亿元增加到 2021 年的 1817.03 亿元，增长了 3.41 倍，其在全部研发经费支出的占比中虽然最低，但近年来呈增长趋势，由 2011 年的 4.74% 上涨至 2021 年的 6.50%，其增长率明显高于其他两类投资，说明国家近年来加大了对基础研究的投入力度。

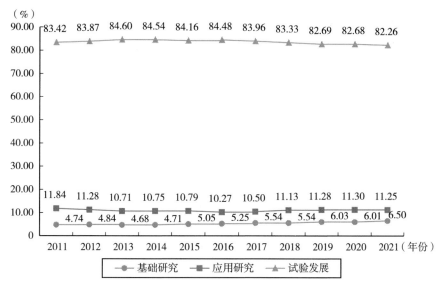

图 3 - 5　2011 ~ 2021 年各投资项目研发经费支出占比情况

资料来源：根据 2012 ~ 2022 年《中国科技统计年鉴》整理。

3.2.6　企业研发经费支出用途结构

由图 3 - 6 可知，在企业进行的创新活动中，研发经费支出绝大部分用于进行试验发展。2011 年用于基础研究的研发经费支出仅为 7.27 亿元，2021 年增加到 166.79 亿元，是 2011 年的 22.9 倍左右，增长速度很快，但其占企业研发经费总支出的比重很低，虽占比有所增加，但仍不到1%。2011年用于应用研究的研发经费支出为190.97亿元，持续增加到2021年的706.19亿元，每年用于应用研究的研发经费支出也仅占企业研发经费总支出的3%左右。2011年用于试验发展的研发经费支出为6381.09亿元，2021年增加到20631.08亿元，增长2倍以上，2011～2021年用于试验发展的研发经费支出占总研发经费支出的比重均高达95%以上。可见企业的研发经费主要用于试验发展活动的开展，且每年的投入力度均很大，而对基础研究和应用研究的投入力度很小。

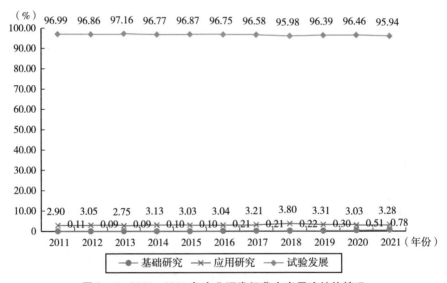

图3-6 2011～2021年企业研发经费支出用途结构情况

资料来源：根据2012～2022年《中国科技统计年鉴》整理。

3.2.7 研究与开发机构研发经费支出用途结构

由图3-7可知，研究与开发机构的研发经费支出一半以上用于试验发展，应用研究其次，基础研究较少。2011年研究与开发机构用于基础研究的研发经费为160.15亿元，2021年，该研发经费支出为646.11亿元，大约是2011年的4倍，在总研发经费支出中的比重也呈逐年上涨趋势，该比重由 2011 年的 12.26% 变为 2021 年的 17.38%，可见研究与开发机构对基础研究的重视程度提高。用于应用研究的研发经费支出占研究与开发机构研发经费总支出的比重在 30% 左右，其研发经费由 2011 年的 417.24 亿元提高到 2021 年的 1196.35 亿元。2011 年，研究与开发机构投资于试验发展的费用为 729.32 亿元，该费用逐年提高，2021 年达到 1877.44 亿元。用于试验发展的研发经费支出最多，占比在 50% 以上，但整体上看呈缓慢下降趋势，可见近年来研究与开发机构对试验发展的投入减少，转而提高了对基础研究的重视。

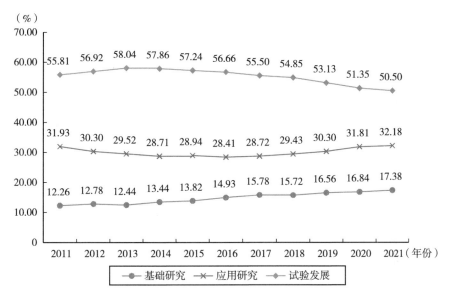

图 3 - 7　2011 ~ 2021 年研究与开发机构研发经费支出用途结构情况

资料来源：根据 2012 ~ 2022 年《中国科技统计年鉴》整理。

3.2.8　高等学校研发经费支出用途结构

由图 3 - 8 可知，高等学校最为重视对应用研究的投入，其次是基础研究，投资于试验发展的费用较低。2011 年，高等学校投资于基础研究的费用为 226.67 亿元，该费用逐年上涨，达到 2021 年的 904.52 亿元，大约是 2011 年的 4 倍，其占高等学校研发经费总支出的比重在 2011 ~ 2017 年逐年上升，2017 年达到最高为 41.95% ，而此后直到 2020 年呈下降趋势，2021 年又升高到 41.48% 。不同于企业和研究与开发机构，高等学校的应用研究所花费的研发经费支出占比最高，比重在 50% 左右，其研发经费支出也是逐年上涨，由 2011 年的 372.42 亿元增加到 2021 年的 1054.06 亿元。高等学校投资于试验发展的费用最低，2011 年仅投入了 89.76 亿元的研发经费，直到 2021 年也仅有 221.91 亿元。可见高等学校更为注重创造性的应用研究。

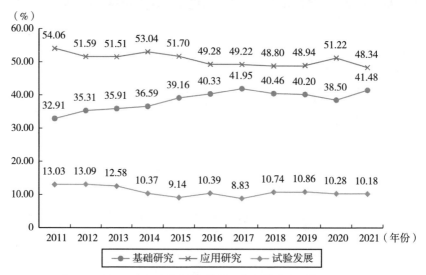

图 3 - 8　2011 ~ 2021 年高等学校研发经费支出用途结构情况

资料来源：根据 2012 ~ 2022 年《中国科技统计年鉴》整理。

3.3　企业创新投入与创新绩效分析

企业在我国的创新中居于主体地位，其研发经费支出占研发经费支出总额的 80% 以上。

3.3.1　企业创新总体情况

企业在我国创新中居于主体地位，近年来在国家政策的激励下持续加大研发力度。图 3 - 9 和图 3 - 10 列示了我国全部企业 2016～2021 年研发经费内部支出和研发人员全时当量的数据，从中可以看出，2016 年，我国全部企业研发经费内部支出为 12130.9 亿元，其后逐年增长，增幅大多在 10% 左右，2021 年较 2020 年更是增长了 15.11%，首次突破 20000 亿元，达 21130.6 亿元，相较 2016 年几乎翻了一番。全部企业的研发人员全时当量也呈现连续增长的趋势，2016 年为 300.4 万人年，到 2021 年已达到 445.6 万人年，增长了 48.34%，说明我国企业的创新意识不断增强，投入了大量的人力、物力和财力进行研发创新。

与此同时，创新投入也取得了良好的效果，图 3 - 11 和图 3 - 12 列示了我国全部企业 2016～2021 年专利申请数以及有效发明专利的情况。从图中可以看出，我国全部企业专利申请数量在逐年增加，2016 年为 832538 件，2021 年增加至 1809485 件，是 2016 年的 2.17 倍；全部企业在 2016 年的有效发明专利数为 894750 件，到 2021 年突破两百万件，增长至 2173424 件。由此可见，企业在加大研发投入的同时，创新绩效水平也在提升，总体创新能力不断增强。

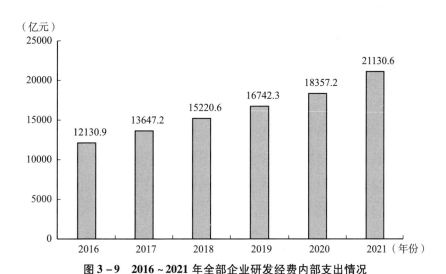

图 3 - 9　2016～2021 年全部企业研发经费内部支出情况

资料来源：根据《中国科技统计年鉴 2022》整理。

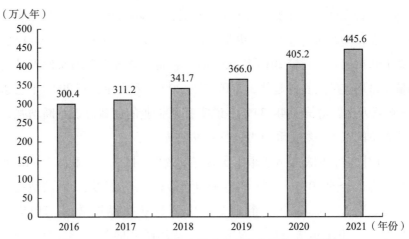

图 3 – 10　2016～2021 年全部企业研发人员全时当量情况

资料来源：根据《中国科技统计年鉴 2022》整理。

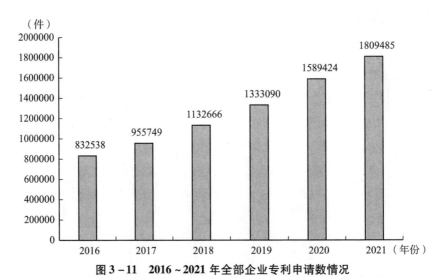

图 3 – 11　2016～2021 年全部企业专利申请数情况

资料来源：根据《中国科技统计年鉴 2022》整理。

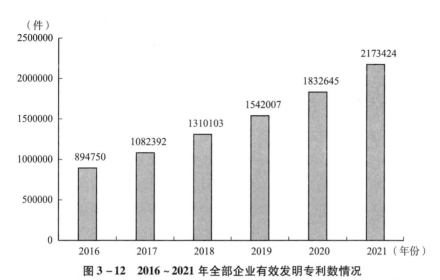

图 3 - 12　2016～2021 年全部企业有效发明专利数情况

资料来源：根据《中国科技统计年鉴 2022》整理。

3.3.2　规模以上工业企业创新情况

3.3.2.1　规模以上工业企业创新总体情况

规模以上工业企业指的是以年主营业务收入作为企业规模的标准，年主营业务收入达到 2000 万元及以上的法人工业企业。对规模以上工业企业创新费用支出进行分析，能够了解其总体创新能力，为提高企业创新水平提供经验证据。2017 年，国家统计局社会科技和文化产业统计司对《中国科技统计年鉴》进行了修订，增加了"企业创新活动"这一部分，对 2016 年规模以上工业企业创新费用支出合计进行了统计分析，并将创新费用支出依据内部研发经费支出、外部研发经费支出、获得机器设备和软件经费支出以及从外部获取相关技术经费支出四个部分进行统计。

近年来，我国规模以上工业企业创新投入和产出规模持续增长，在创新投入方面，2016 年创新费用支出合计为 17479.2 亿元，2021 年达到 28789.5 亿元，始终呈上涨趋势，如图 3 - 13 所示。研发经费支出 2011 年为 5993.8 亿元，2021 年增加至 17514.2 亿元，约是 2011 年的 2.9 倍；研发人员全时当量由 2011 年的 193.9 万人年上升到 2021 年的 382.7 万人年，翻了接近 1 倍。创新产出方面，从 2011 年到 2021 年，规模以上工业企业的新产品销售收入由 100582.7 亿元增至 295566.7 亿元，增长 1.9 倍；专利申请数从 386075 件增加到 1403611 件，增长 2.6 倍，如图 3 - 14 至图 3 - 17 所示。

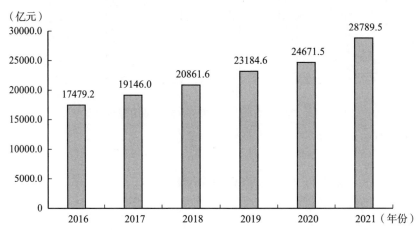

图 3 - 13　2016 ~ 2021 年规模以上工业企业创新费用支出情况

资料来源：根据 2017 ~ 2022 年《中国科技统计年鉴》整理。

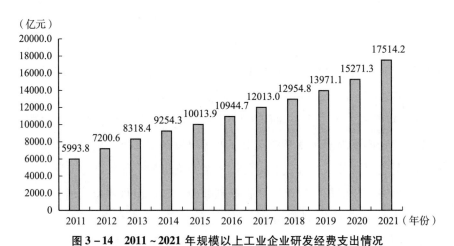

图 3 - 14　2011 ~ 2021 年规模以上工业企业研发经费支出情况

资料来源：根据 2012 ~ 2022 年《中国统计年鉴》整理。

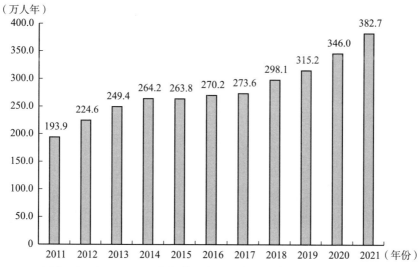

图 3 - 15　2011 ~ 2021 年规模以上工业企业研发人员全时当量情况

资料来源：根据 2012 ~ 2022 年《中国统计年鉴》整理。

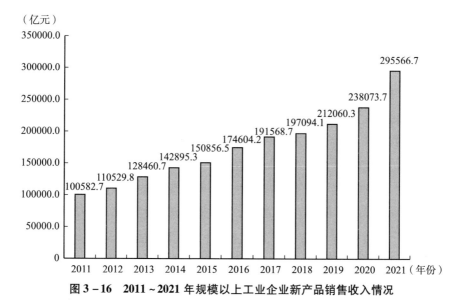

图 3 - 16　2011 ~ 2021 年规模以上工业企业新产品销售收入情况

资料来源：根据 2012 ~ 2022 年《中国统计年鉴》整理。

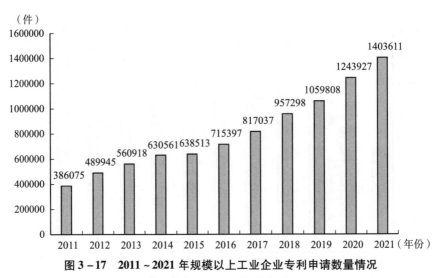

图 3 - 17   2011 ~ 2021 年规模以上工业企业专利申请数量情况

资料来源：根据 2012 ~ 2022 年《中国统计年鉴》整理。

3.3.2.2   不同登记注册类型企业创新费用支出情况

规模以上工业企业按照登记注册类型分为内资企业，港、澳、台商投资企业和外商投资企业，其中，内资企业按照产权性质又分为国有企业和非国有企业，不同类型企业 2021 年创新费用支出情况如表 3 - 2 所示。由表中数据可知，非国有企业在企业创新活动中占有重要地位，创新费用支出高达 22748.6 亿元，约占创新费用支出总额的 80%。各类企业创新费用支出主要以内部研发经费支出以及获得机器设备和软件支出为主，其中，内部研发经费支出占比最高，在国有企业、非国有企业和外商投资企业中占比分别达到 47.2%、61.2% 和 58.3%，在港、澳、台商投资企业中占比更大，为 63.8%。国有企业，非国有企业，港、澳、台商投资企业，外商投资企业获得机器设备和软件支出在创新费用支出总额中占比分别为 38.9%、32.1%、30.9%、25.3%。由此可见，我国规模以上工业企业创新主要依靠内部研发经费，外部研发经费支出和从外部获取相关技术支出占比较小。

表 3-2　2021 年按登记注册类型划分的规模以上工业企业创新费用支出情况

企业类型	创新费用支出合计（亿元）	内部研发经费支出所占比重（%）	外部研发经费支出所占比重（%）	获得机器设备和软件支出所占比重（%）	从外部获取相关技术支出所占比重（%）
内资企业	23211.2	60.9	4.4	32.2	2.5
国有企业	462.6	47.2	6.4	38.9	7.5
非国有企业	22748.6	61.2	4.3	32.1	2.4
港、澳、台商投资企业	2270.2	63.8	4.2	30.9	1.2
外商投资企业	3308.3	58.3	5.1	25.3	11.3

资料来源：根据《中国科技统计年鉴 2022》整理。

3.3.2.3　不同规模企业创新费用支出情况

在规模以上工业企业中，其研发经费支出的具体比例以及按照不同规模划分的具体情况如表 3-3 所示。2021 年，大型企业、中型企业、小型企业以及微型企业创新费用支出分别约占规模以上工业企业创新支出总和的 51.2%、21.5%、26.2%、1.1%，可见大型企业在我国企业创新活动中的主导地位，而中小型企业进行的创新活动也占有一席之地。

表 3-3　2021 年按规模划分的规模以上工业企业创新费用支出情况

按规模划分的企业类型	创新费用支出合计（亿元）	内部研发经费支出所占比重（%）	外部研发经费支出所占比重（%）	获得机器设备和软件支出所占比重（%）	从外部获取相关技术支出所占比重（%）
大型企业	14730.8	56.1	6.0	32.6	5.4
中型企业	6191.9	65.0	3.8	29.7	1.6
小型企业	7545.2	67.1	2.1	30.2	0.7
微型企业	321.9	53.2	3.7	34.8	8.4

资料来源：根据《中国科技统计年鉴 2022》整理。

在大、中、小、微型企业中创新费用支出也是主要以内部研发经费支出和获得机器设备和软件支出为主，内部研发经费支出在四种规模的企业创新费用支出中占比分别为56.1%、65.0%、67.1%、53.2%，可见中小企业创新费用支出更多用于内部研发经费。四种规模的企业获得机器设备和软件支出在创新费用支出中占比分别为32.6%、29.7%、30.2%、34.8%，可见工业企业将更多的资金投入购进机器设备和软件方面，从而更好地提升自身的创新能力。

3.3.2.4 不同行业企业创新费用支出情况

规模以上工业企业主要包括采矿业、制造业以及电力、热力、燃气、水生产和供应业三类，其2021年创新费用支出分别为648.2亿元、27526.7亿元、614.7亿元。制造业是实体经济的重要基础，其创新费用占总创新费用支出的95.6%，研发投入强度明显大于其他两个行业，规模以上工业企业中的创新费用也主要用于制造业的创新活动。由表3-4可知，采矿业和制造业的创新费用支出主要投资于内部研发，其次投资于获得机器设备和软件；而电力、热力、燃气及水生产和供应业将更多的创新费用使用在获得机器设备和软件上，其次是内部研发；三个行业均在外部研发和从外部获取相关技术方面支出的费用很低。

表3-4　2021年按行业划分的规模以上工业企业创新费用支出情况

按行业划分的企业类型	创新费用支出合计（亿元）	内部研发经费支出所占比重（%）	外部研发经费支出所占比重（%）	获得机器设备和软件支出所占比重（%）	从外部获取相关技术支出所占比重（%）
采矿业	648.2	57.2	6.5	36.2	0.1
制造业	27526.7	61.4	4.4	30.7	3.5
电力、热力、燃气及水生产和供应业	614.7	37.3	6.8	53.3	2.6

资料来源：根据《中国科技统计年鉴2022》整理。

3.3.2.5 不同地区企业创新费用支出情况

我国为科学反映不同区域的社会经济发展状况，根据《中共中央、国务院关于促进中部地区崛起的若干意见》和《国务院发布关于西部大开发若干政策措施的实施意见》，将我国区域分为东部、中部、西部以及东北地区。由表 3-5 可知，东部、中部、西部以及东北地区将更多的精力和费用投入创新活动中的内部研发及获得机器设备和软件方面，外部研发以及从外部获取相关技术的意愿低。在四大地区中，东部地区更加注重创新，2021 年，创新费用占总创新费用的 64.4%，其他地区创新费用相对较少，占比分别为 19.7%、12.1% 和 3.8%，创新投入亟待加强。

表 3-5　2021 年按地区划分的规模以上工业企业创新费用支出情况

按地区划分的企业类型	创新费用支出合计（亿元）	内部研发经费支出所占比重（%）	外部研发经费支出所占比重（%）	获得机器设备和软件支出所占比重（%）	从外部获取相关技术支出所占比重（%）
东部地区	18544.4	61.4	5.0	29.7	3.8
中部地区	5672.8	63.1	2.8	32.9	1.2
西部地区	3487.0	57.4	4.0	36.2	2.5
东北地区	1085.3	49.9	4.9	35.8	9.4

资料来源：根据《中国科技统计年鉴 2022》整理。

3.4　本章小结

本章在梳理改革开放以来我国科技创新政策的基础上，从五个阶段分析了我国的科技创新战略演进历程，进而根据统计年鉴数据分析了我国整体创新投入和产出情况以及企业具体的科技创新情况。研究发现：我国对科技创新日益重视，近年来我国研发经费支出和研发投入强度均呈现持续上涨趋势，专利数量稳步上升，研发经费支出主要用于基础研究、应用研究和试验发展，近年来在重视应用研究和试验发展的同时，对基础研究的投入力度有所增长。企业始终居于创新主体地位，其研发经费支出占全国研发经费支出的 75% 以上。规模以上工业企业的自主创新意识较强，但在不同产权性质、不同规模、不同行业及不同地区之间存在一定差距。

总体来看，我国科技研发能力不断提升，2023 年《政府工作报告》指出过去五年我国全社会研发经费投入强度从 2.1% 提高到 2.5% 以上，科技进步贡献率提高到 60% 以上，创新支撑发展能力不断增强。在世界知识产权组织（WIPO）发布的《2022 年全球创新指数》（GII）中，中国排名升至第 11 位，连续 10 年稳步提升。但同时也应清晰地认识到，我国目前的创新能力与发达国家相比仍存在较大差距，《中国科技统计年鉴2022》数据显示，2020 年美国的研发投入强度达到 3.45%，日本为3.27%，而韩国更高达 4.81%。因此，我国有必要进一步贯彻实施创新驱动发展战略，提高整体创新能力尤其是提高企业创新投入和创新绩效，这不仅关系到我国企业的国际竞争力，也是实现中国式现代化和中华民族伟大复兴的关键所在。

第4章 企业内部因素对创新
投入的影响研究

创新理论强调创新需要资金。企业创新首先应保证一定的创新投入，而创新活动作为企业的一项重要战略安排，需要对资源进行重新配置，必然受到内外部各种因素的影响。本章首先从企业内部考察影响创新投入的因素，第5章将着眼于外部视角研究影响创新投入的因素，从而寻找促进企业创新投入以提高企业创新能力的路径。

4.1 内部控制与创新投入

4.1.1 理论分析与研究假设

内部控制是由企业董事会、监事会、经理层和全体员工实施的，旨在实现控制目标的过程。它是企业内部重要的管理机制，对企业技术创新具有重要作用。目前，关于内部控制与创新投入的研究发现，有效的内部控制能够对研发项目进行科学评估，在降低研发风险的同时，减少债权人对企业创新活动的负面评价，降低外部融资成本（Ashbaugh – Skaife et al.，2009）[126]。菲利波（Filippo，2012）[127] 在对公司治理与投资的关系研究中指出，企业良好的内部控制治理机制决定企业内部人力、物力等资源的合理分配，从而规范技术创新投入。还有学者认为内部控制对企业创新具有促进作用（钟凤玲等，2022；郭军等，2022）[128,129]，高质量的内部控制有助于实现创新目标（Ma et al.，2022）[130]，识别潜在研发风险，提高管理层的风险承担水平（易颜新等，2020）[131]，使管理层的创新意愿得到加强，R&D 效率得到加强。创新活动是提高企业内部管理效率的重要途径，良好的内部控制为企业创新活动提供了保障。

内部控制的目标是合理保证企业经营管理合法合规、资产安全、财务报告及相关信息真实完整，提高经营效率和效果，促进企业实现发展战略。企业建立与实施有效的内部控制包括内部环境、风险评估、控制活动、信息与沟通和内部监督五个要素。

首先，有效的内部控制意味着企业拥有良好的治理结构、机构设置及权责分配、内部审计、人力资源政策、企业文化等内部环境，可以为创新活动的开展提供良好的基础。作为公司内部治理机制的重要内容，内部控制是一项实现利益相关者权力制衡、保护投资者利益、指导决策制定和实施的监督机制，对公司创新战略决策具有正向影响。高质量的内部控制不仅能够优化组织结构，使得企业内部职能权责明确，在一定程度上缓解代理问题，还能通过一系列规章制度约束管理层的自利行为，使得企业将更多的资金投入到研发项目中，提高企业创新发展水平。在内部控制薄弱的情况下，企业容易产生代理冲突，经营者为了满足自身利益而忽视企业的整体利益，使得企业投入创新活动的资金减少，企业的创新活动受到抑制。此外，对于特定规模的企业而言，创新往往不是随机的过程，是在战略目标引导和结构化支撑下展开的，内部控制旨在实现企业的长期发展战略目标，具有"鼓励创新想法"的作用，与创新驱动发展战略不谋而合，对提高企业创新投入具有促进作用。

其次，企业的创新活动具有高风险、周期长的特性，这使得企业的管理者往往不愿将过多的资金投入到创新活动中，最终导致企业创新投入不足，而内部控制可以通过风险评估的方法，对创新风险进行事前估计，从而有效规避和防范创新活动中可能存在的风险。此外，高质量的内部控制机制可以重点把握创新项目的细分归类，有助于企业财务采取有效的应对措施来降低创新活动存在的风险和不确定性（张晓红等，2017）[132]，从而提高创新资金的成果转化率，使企业的创新活动形成一种良性循环模式。

再其次，有效的内部控制可以通过对企业的创新活动进行全过程监督，规范管理层的决策行为，增强自身的风险管控能力。例如，我国《企业内部控制应用指引第 10 号——研究与开发》针对研发项目立项、研发过程管理、结题验收、研发成果的开发与保护等系列技术创新活动作出了明确规定，能够有效规避技术研发过程中的风险，从而实现创新资源的高效配置。内部控制还能够通过强化控制活动，缓解委托代理矛盾，从而增强管理者对创新投入与投资机会之间的敏感性（周中胜和罗正英等，2017）[133]，这也将有助于企业扩大创新投入，开展研发创新活动。

最后，内部控制中的信息与沟通可以实现及时有效的内外部信息传递，改善信息不对称问题，形成内外部之间良好的沟通渠道，从而确保企业创新资源合理利用。另外，高质量的内部控制能够提高企业财务报告质量，保证财务报告信息的完整有效性，提高对外信息披露质量和信息透明度，减少因信息不对称而存在的逆向选择和道德风险等问题。这将有助于保护投资者的合法权益，增强投资者的信赖和热情，降低投资者对资本成本的要求，从而缓解融资约束带来的投资不足（董育军和丁白杨，2015）[134]。因此，良好的内部控制能够提高信息披露质量、降低融资成本，使得企业有足够的资金投入到研发创新活动中，缓解研发投资不足问题，推动企业可持续发展。

综上所述，高质量的内部控制能够通过优化企业内部治理结构、降低信息不对称、加强风险评估及和管理等提高创新投入水平，推动企业创新活动朝着健康有序的方向发展。基于上述理论分析，提出假设 4 - 1。

H4 - 1：内部控制有效性可以显著提升企业创新投入。

4.1.2　研究设计

4.1.2.1　样本选择与数据来源

上市企业应监管层要求自 2007 年开始披露创新投入信息，但 2009 年之前企业披露的创新投入数据质量较低，缺失较为严重，又考虑到《企业内部控制规范 2010》自 2011 年起在中国上市公司开始推广施行，因此，基于上市公司年报信息披露的完整性与统一性，选取 2011～2021 年 A 股上市公司为研究对象，为了保证数据的稳定性、代表性及可获取性，对初始样本进行了以下处理：（1）剔除 ST、*ST、PT 等经营异常的上市公司样本；（2）剔除金融保险行业公司数据；（3）剔除在研究区间内相关财务数据缺失的上市公司样本。经筛选最终得到 1586 个公司在 11 年的研究期间内 17446 个研究样本的平衡面板数据。

创新投入的数据根据 CSMAR 数据库整理，有缺失的部分从企业年报中逐一收集补充，内部控制的数据来自迪博数据库，选取迪博内部控制综合指数来衡量。其他变量如公司财务数据、公司治理特征等数据均来源于 CSMAR 数据库、Wind 数据库以及中国研究数据服务平台（CNRDS）。主要运用 Excel 和 Stata 15.0 软件进行数据处理和统计分析，并对所有连续变量均在上下 1% 进行缩尾处理以消除极端值影响。

4.1.2.2 变量定义

（1）被解释变量：创新投入（*R&D*）。当前学者们对企业研发创新投入的测量方法主要分为两类：一类采用企业所支出的研发投入金额来衡量企业研发创新投入，另一类采用企业所拥有的研发人员数量衡量企业的创新投入。本书参考王曦和杨博旭（2022）[135] 的做法，采用企业当年研发支出加 1 取对数衡量企业创新投入水平（*R&D*）。

（2）解释变量：内部控制有效性（*IC*）。国内外学者对内部控制有效性的度量大致分为两种方法：一种方法是运用公司所披露的内部控制信息进行自行考量；另一种方法则为直接或间接利用具有代表性的内部控制综合指数。目前，国内比较权威的内部控制指数主要有用于衡量内部控制制度健全性的厦门大学内部控制指数以及由深圳市迪博企业风险管理有限公司发布的侧重反映内部控制运行有效性的迪博内部控制指数。本书借鉴陈红等（2018）[136] 的做法，选取迪博 2011～2021 年内部控制综合指数作为内部控制有效性的衡量指标，并对其加 1 取自然对数。该指数涵盖了企业内部控制目标的主要内容，数值越大，表明企业内部控制质量越高，内部控制有效性越强。

（3）控制变量。本书借鉴阳镇等（2021）[46] 和翟淑萍等（2020）[137] 的研究，选取企业年龄（*Age*）、企业规模（*Size*）、资产负债率（*Lev*）、盈利能力（*ROA*）、成长性（*Growth*）、第一大股东持股比例（*Top*1）作为控制变量。

企业年龄（*Age*）：企业为了开拓市场，建立口碑，提高竞争力，有动机进行研发创新，有着固定战略模式和成熟产品服务的企业极有可能凭借自身底蕴加大创新投入，也有可能固步自封从而减少创新项目投资。

企业规模（*Size*）：一方面，企业规模增加表明企业存在较多的可利用资源，能够为企业研发项目提供更多的资金支持；但另一方面，企业规模的增大也会增加管理企业的难度，带来的信息不对称问题会阻碍创新，可能对企业创新活动产生不利影响。

资产负债率（*Lev*）：反映了公司的财务风险水平，创新活动会增加公司的经营风险，在公司总体风险承受水平一定的情况下，不同的资产负债率将对公司创新活动的选择产生不同的影响。

盈利能力（*ROA*）：总资产收益率代表公司的盈利能力，盈利能力强的公司能够有更充分的资金支持从事创新活动，并且较强的盈利水平能够为创新活动提供更强的风险抵御能力，从事创新活动更加有选择权。

成长性（*Growth*）：成长性强的公司表明其内部业务具有较强的增长性，强大的增长潜力能够为企业开展创新活动提供充足的资金，减少企业创新压力。此外，增长潜力较好的公司更容易获得外部投资者的信赖，降低外部融资成本。

第一大股东持股比例（*Top*1）：公司高层的决策对于公司创新活动至关重要，但是委托代理问题的存在使得管理层不完全以实现股东利益最大化为目标进行管理创新决策，股东所持股权比例越大，对管理层决策的监督动机和能力越强，能够督促管理层制定有利于公司未来发展的决策，从而增加创新投入。但由于创新投入具有高风险性，股东对风险存在规避心理，也有可能会导致股东对创新投入的意愿下降。

此外，由于本书选用面板数据进行回归，为了避免变量之间的年份差异和行业差异使最终结果有偏，还同时控制了行业固定效应和年度固定效应，具体变量定义情况见表 4 - 1。

表 4 - 1   变量定义

变量类型	变量名称	变量符号	定义
被解释变量	创新投入	*R&D*	ln（企业当年研发投入 + 1）
解释变量	内部控制有效性	*IC*	ln（迪博公司内部控制指数 + 1）
控制变量	企业年龄	*Age*	ln（观测值年份 - 公司 IPO 年份）
	企业规模	*Size*	ln（资产总额 + 1）
	资产负债率	*Lev*	负债总额/资产总额
	盈利能力	*ROA*	净利润/总资产
	成长性	*Growth*	（本期营业收入 - 上期营业收入）/上期营业收入
	第一大股东持股比例	*Top*1	第一大股东持股比例
	年度	*Year*	年度虚拟变量
	行业	*Industry*	行业虚拟变量

4.1.2.3 模型构建

为检验研究假设 4 - 1，建立固定效应模型，即式（4.1），探究内部控制有效性对企业创新投入的影响：

$$R\&D_{i,t} = \alpha_0 + \alpha_1 IC_{i,t} + \gamma Control_{i,t} + \sum Year + \sum Industry + \varepsilon_{i,t}$$

（4.1）

其中，被解释变量为企业创新投入（*R&D*），解释变量为企业内部控制有效性（*IC*），*Control* 为控制变量，具体包括企业年龄（*Age*）、企业规模（*Size*）、资产负债率（*Lev*）、盈利能力（*ROA*）、成长性（*Growth*）、第一大股东持股比例（*Top*1），*Year* 和 *Industry* 分别为年份固定效应和行业固定效应，α_0 为常数项，α_1 可以度量内部控制有效性对创新投入的影响，$\varepsilon_{i,t}$ 是随机误差项。

4.1.3 实证结果分析

4.1.3.1 描述性统计

主要变量的描述性统计结果如表 4 - 2 所示。

表 4 - 2　　　　　　　　　主要变量描述性统计

变量	样本	均值	标准差	最小值	最大值
R&D	17446	17. 870	1. 608	12. 930	22. 030
IC	17446	6. 165	1. 391	0	6. 734
Age	17446	2. 339	0. 694	0	3. 466
Size	17446	22. 300	1. 243	19. 690	26. 270
Lev	17446	0. 427	0. 203	0. 045	0. 942
Top1	17446	0. 316	0. 153	0	0. 722
ROA	17446	0. 033	0. 059	- 0. 326	0. 197
Growth	17446	0. 003	0. 060	- 0. 007	0. 044

表 4 - 2 的描述性统计结果显示：在选取的各上市公司样本中，创新投入（R&D）的最小值为 12.93，最大值为 22.03，均值为 17.87，标准差为 1.608，样本企业创新投入程度的均值较高，但不同企业之间存在较大差距。解释变量内部控制指标（IC）显示，最小值为 0，最大值为 6.734，均值为 6.165，存在一定右偏性，说明样本企业内部控制总体处于较高水平，但不同企业间内部控制有效性情况参差不齐。在控制变量方面，由于存在 2011 年刚上市的企业，在进行对数处理后企业年龄（Age）的最小值为 0，最大值为 3.466，均值为 2.339，表明样本企业之间的年龄差别较大。企业规模（Size）的均值为 22.30，最小值为 19.69，最大值为 26.27，样本企业规模存在一定差异。资产负债率（Lev）的均值为 0.427，最大值为 0.942，最小值为 0.045，说明不同样本企业之间负债水平差异较大。盈利能力（ROA）的均值为 0.033，最小值为 - 0.326，最大值为 0.197，

表明样本企业整体盈利水平存在右偏性，且不同企业的盈利能力差异较大。成长性（*Growth*）的均值为 0.003，最小值为 - 0.007，最大值为 0.044，样本企业整体盈利水平存在左偏性且存在一定差异。第一大股东持股（*Top*1）的均值为 0.316，最小值为 0，最大值为 0.722，表明样本企业间第一大股东持股比例存在较大差异。

4.1.3.2 相关性分析

对创新投入（*R&D*）、内部控制有效性（*IC*）以及主要控制变量进行 Pearson 相关检验。表 4 - 3 列示了主要变量的相关系数矩阵。表 4 - 3 显示，创新投入（*R&D*）与内部控制效性（*IC*）的 Pearson 系数为 0.140，且在 1% 的水平上显著为正，该分析结果初步表明内部控制质量可以促进企业创新投入的增加，提高技术创新发展，初步验证了假设 4 - 1。创新投入（*R&D*）与大部分控制变量之间都在 1% 显著性水平上呈现相关关系，且变量之间的相关系数绝对值大部分低于 0.5，证明所选取的控制变量具有一定的科学合理性。为排查模型中的多重共线性问题，对式（4.1）进行了 VIF 检验，VIF 检验均值为 1.29，最大值为 1.63，最小值为 1.01，远远小于合理值 10，因此回归分析中模型不存在严重的多重共线性问题。

表 4 - 3　　　　　　　　　　　主要变量相关性分析矩阵

变量	R&D	IC	Age	Size	Lev	Top1	ROA	Growth
R&D	1							
IC	0.140 ***	1						
Age	0.167 ***	- 0.119 ***	1					
Size	0.554 ***	0.093 ***	0.412 ***	1				
Lev	0.148 ***	- 0.160 ***	0.366 ***	0.472 ***	1			
*Top*1	- 0.002	0.080 ***	- 0.121 ***	0.129 ***	0.033 ***	1		
ROA	0.144 ***	0.262 ***	- 0.132 ***	0.047 ***	- 0.345 ***	0.124 ***	1	
Growth	- 0.013 *	- 0.001	- 0.030 ***	- 0.069 ***	- 0.014 *	- 0.027 ***	- 0.003	1

注：* 、** 、*** 分别表示在 10% 、5% 和 1% 的水平上显著。

4.1.3.3　基准回归分析

（1）内部控制有效性与创新投入。内部控制有效性与企业创新投入关系的回归结果如表 4 - 4 所示。根据式（4.1）回归结果可知，内部控制对创新投入的相关系数为 0.020，且通过了 1% 的显著性水平检验，内部控制有效性（IC）对创新投入（R&D）具有显著的正向影响，说明企业内部控制质量越高，有效性越好，企业创新投入越高，从而支持了假设 4 - 1，即内部控制有效性可以显著提升企业创新投入。一方面，高质量的内部控制能够改善信息不对称问题，减少由此带来的逆向选择和道德风险问题，提高信息披露质量，增强投资者信任和热情，降低融资成本，使得企业有足够的资金开展研发投资项目，缓解研发资金不足问题；另一方面，高质量内部控制可以优化组织结构，有效约束管理层自利行为，还能降低研发风险，提高创新资源配置效率，在增强管理者对创新投入与投资机会之间敏感性的同时，进一步扩大创新投入，由此支持了假设 4 - 1。

表 4 - 4　　　　　　　　　　内部控制与创新投入

变量	R&D
IC	0.020 *** (5.01)
Age	- 0.103 *** (- 4.45)
Size	0.798 *** (65.66)
Lev	- 0.260 *** (- 5.20)
Top1	- 0.043 (- 0.68)
ROA	0.586 *** (5.64)

续表

变量	R&D
Growth	−4.840 *** (−4.48)
Year	Yes
Industry	Yes
Constant	−0.365 (−1.22)
Observations	17446
R − squared	0.498
F	475.7

注：*、**、***分别表示在10%、5%和1%的水平上显著，括号内为异方差稳健的t值。

（2）稳健性检验。为了检验实证回归结果的稳定性，进行变更创新投入代理变量的稳健性检验。借鉴张凤兵和王会宗（2019）[71]、德马尔基（De Marchi，2012）[138]的研究，选择研发人员数量加1取对数（Person）作为企业创新投入的替换变量，对式（4.1）进行回归，具体回归结果如表4-5所示。内部控制有效性（IC）与研发人员数量（Person）的相关系数为0.019，在1%的水平上显著为正，回归结果与前文一致，验证了假设4-1的稳健性，即内部控制有效性可以显著提升企业创新投入。

表4-5　　　　　　　　　　　稳健性检验

变量	Person
IC	0.019 *** (6.79)
Age	−0.046 *** (−2.76)
Size	0.444 *** (51.07)

变量	Person
Lev	-0.165^{***} (-4.62)
*Top*1	0.097^{**} (2.15)
ROA	0.183^{**} (2.46)
Growth	1.142 (1.48)
Year	Yes
Industry	Yes
Constant	-4.520^{***} (-21.22)
Observations	17446
R – squared	0.259
F	167.2

注：*、**、*** 分别表示在10%、5%和1%的水平上显著，括号内为异方差稳健的 *t* 值。

4.2　数字化转型与创新投入

4.2.1　理论分析与研究假设

数字化转型（digital transformation）是建立在数字化转换（digital conversion）、数字化升级（digital upgrade）基础上，进一步触及公司核心业务，以新建一种商业模式为目标的高层次转型。数字化转型不仅是企业适应数字经济时代的一种重要变革手段，也是企业培育发展新动能的重要抓手，能够向市场传递企业发展前景广阔的积极信号。随着数字技术与企业的深度和全面融合，数字化转型通过革新原有的生产、经营及管理方式为企业技术创新发展带来了重大机遇（陈剑等，2020）[139]。目前，关于数字化转型与创新投入的研究，姜英兵等（2022）[140]发现数字化转型能够显著提高企业探索式创新和开发式创新的投入水平，且对探索式创新投入的提升作用更大。数字技术嵌入增强了企业重组、利用和获取资源的能力，使得企业技术创新在配置资源方面产生优势，提高了企业创新水平（杨洁等，2022）[141]。李寿喜和王袁晗（2022）[142]以电子制造企业为研究样本，发现企业数字化转型有助于促进企业创新。杨水利等（2022）[143]的研究也发现数字化转型能显著促进制造业企业创新效率提升，还有学者认为数字化转型只能促进企业技术创新"增量"，无法促进企业技术创新"提质"（张国胜等，2022）[144]。

从资源配置效率来看，企业数字化转型有助于提升筛选、识别、消化以及利用外部数据和知识的吸收能力，优化了业务模式和商业模式，可以在技术层面上为研发创新提供支撑，降低员工交流和信息搜寻的成本，有效提高企业的资源配置效率、研发人员知识获取效率（Goldfarb and Tucker，2019）[145]以及管理效率（张庆龙，2020）[146]，使得企业能够充分利用创新资源，降低企业创新失败的概率，从而激励企业将研发资金真实投入到更多的创新项目中。

从信息效应角度考虑，数字化转型能帮助企业通过互联网、大数据等新兴技术进行数据挖掘、整合和分析，是当下政策和投资热点之一，这意味着开展数字化转型的企业将受到更多的政策倾斜和投资者关注。一方面，数字化转型不仅能够提高企业的信息透明度，使内外部利益相关者更加了解企业丰富多样的信息，还能提高外界与企业的沟通效率（祝合良和王春娟，2021）[147]，有助于缓解企业部门之间、企业与投资者之间的信息不对称，从整体上减轻企业的融资约束。另一方面，数字技术有助于企业重新整合碎片化的创新资源，向外部市场主体释放积极信号，提高外部投资者的投资热情，进而提高企业资金流通效率，降低企业的融资成本（李春涛等，2020）[148]，从而为企业创新活动提供充足的资金支持。

从风险承担角度考虑，创新活动具有高风险、高不确定性等特点，企业可能会出于规避风险、降低成本等考虑减少创新投入，而企业数字化转型中对大数据、人工智能技术的深入应用，不仅能帮助公司管理层及时获取研发创新过程中的详尽信息，为开展研发项目制定战略和进行风险预测（Brynjolfsson et al.，2011）[149]，还能激发数据潜能，向资本市场传递丰富的研发决策信息，降低企业的融资成本、提高风险承担水平，使得企业对创新活动的失败容忍度更强，更愿意将资金投入到企业研发创新活动中（García - Granero et al.，2015）[150]。

从客户产品需求角度来看，随着数字经济的发展，消费者的消费偏好发生显著变化。数字化转型能够帮助企业获取更全面的顾客消费数据，利用数字分析技术对消费者行为数据进行获取、整合、分析，拓展新技术的实践与应用，推动企业经营业务在技术、资源、产品、客户等方面深度融合，这将有助于企业精准定位客户产品需求，激励企业为促进产品技术升级、生产更多高质量的产品而加大创新投入力度。此外，企业产品创新离不开对资本市场前沿需求的把控，数字终端可以帮助企业提高创新项目开发的精确度，不仅能降低企业创新决策过程中不必要的成本，适时调整研发投资策略和方向（祁怀锦等，2020）[151]，还可以规避研发操纵行为（董松柯等，2023）[152]，使得真正应用于创新研发的资金更多。

综上所述，数字化转型能促使企业优化资源配置、降低信息不对称、提高风险承担水平、精准定位客户需求，进而影响企业的创新活动，提高企业创新投入水平。为此，基于上述理论分析，提出假设 4 - 2。

H4 - 2：数字化转型正向激励企业的创新投入。

4.2.2　研究设计

4.2.2.1　样本选择与数据来源

考虑到中国的数字技术高速发展与应用的趋势主要自 2011 年开始，因此样本选取同前文一致，选取 2011 ~ 2021 年 A 股上市公司为研究对象，为了保证数据的稳定性、代表性及可获取性，对初始样本进行处理，具体处理方式与 4.1 小节保持一致，经筛选最终得到 1586 个公司在 11 年的研究期间内 17446 个研究样本的平衡面板数据。企业数字化转型数据主要依据我国 A 股上市公司年度报告，利用 Python 爬虫技术以及 Java PDFBox 文档协作类库等，通过一系列处理得到有关数字化转型的关键词，并利用词频数量来衡量企业数字化转型程度，其他变量来源均与 4.1 小节保持一致。此外，对所有连续变量均在上下 1% 进行缩尾处理以消除极端值影响。

4.2.2.2　变量定义

（1）被解释变量：创新投入（R&D）。参考王曦和杨博旭（2022）[135] 的做法，采用企业当年研发支出加 1 取对数衡量企业创新投入水平（R&D）。

（2）解释变量：数字化转型（Digital）。参考吴非等（2021）[153] 的思路方法，首先利用 Python 爬虫技术对我国 A 股上市公司年度报告进行归整，其次通过 Java PDFBox 文档协作类库对其中所有文本内容进行提取，并查找匹配文本中与企业数字化转型相关的关键词。其中，关键词的选取主要包括数字化转型的"底层技术运用"与"技术实践运用"两类。前者为数字化转型的四种典型底层技术，即人工智能技术、大数据技术、云计算技术、区块链技术；后者为这类技术在具体实践中的运用表现即数字技术运用的词条归类。最后，在上述基础上，将相关关键词与我国 A 股上市企业进行匹配加总，由此得到数字化转型的初始指标。鉴于该初始数据具有典型的"右偏性"特征，因此进一步将该数据加 1 后取自然对数进行对数化处理，最终得到企业数字化转型的指标数据。

（3）控制变量。与前文相同，选取企业年龄（Age）、企业规模（Size）、资产负债率（Lev）、盈利能力（ROA）、成长性（Growth）、第一大股东持股比例（Top1）作为该部分研究的控制变量。此外，还同时控制了行业固定效应和年度固定效应，具体定义情况见表 4 - 6。

表 4 - 6　　　　　　　　　　　　　　变量定义

变量类型	变量名称	变量符号	定义
被解释变量	创新投入	R&D	ln（企业当年研发投入 + 1）
解释变量	数字化转型	Digital	ln（年报中数字化转型相关词汇的词频 + 1）

变量类型	变量名称	变量符号	定义
控制变量	企业年龄	Age	ln（观测值年份 – 公司 IPO 年份）
	企业规模	$Size$	ln（资产总额 + 1）
	资产负债率	Lev	负债总额/资产总额
	盈利能力	ROA	净利润/总资产
	成长性	$Growth$	（本期营业收入 – 上期营业收入）/上期营业收入
	第一大股东持股比例	$Top1$	第一大股东持股比例
	年度	$Year$	年度虚拟变量
	行业	$Industry$	行业虚拟变量

4.2.2.3 模型构建

为检验研究假设 4 – 2，建立固定效应模型，即式（4.2），探究数字化转型对企业创新投入的影响：

$$R\&D_{i,t} = \alpha_0 + \alpha_1 Digital_{i,t} + \gamma Control_{i,t} + \sum Year + \sum Industry + \varepsilon_{i,t}$$

$$(4.2)$$

其中，被解释变量为企业创新投入（$R\&D$），解释变量为企业数字化转型（$Digital$），$Control$ 为控制变量，具体包括企业年龄（Age）、企业规模（$Size$）、资产负债率（Lev）、盈利能力（ROA）、成长性（$Growth$）、第一大股东持股比例（$Top1$），$Year$ 和 $Industry$ 分别为年份固定效应和行业固定效应，α_0 为常数项，α_1 可以度量数字化转型对创新投入的影响，$\varepsilon_{i,t}$ 是随机误差项。

4.2.3 实证结果分析

4.2.3.1 描述性统计

该部分研究主要变量的描述性统计结果如表 4 – 7 所示。

表4-7 主要变量描述性统计

变量	样本	均值	标准差	最小值	最大值
R&D	17446	17.870	1.608	12.930	22.030
Digital	17446	1.109	1.359	0	6.301
Age	17446	2.339	0.694	0	3.466
Size	17446	22.300	1.243	19.690	26.270
Lev	17446	0.427	0.203	0.045	0.942
Top1	17446	0.316	0.153	0	0.722
ROA	17446	0.033	0.059	-0.326	0.197
Growth	17446	0.003	0.060	-0.007	0.044

表4-7是主要变量的描述性统计结果。数字化转型（Digital）的最大值为6.301，最小值为0，均值为1.109，经过计算可以得到样本企业中，"数字化转型"词频的最高次为544，最低次为0，均值为11.465，反映出当前中国在数字化转型方面的进展仍较为缓慢，企业实施数字化转型程度还有待提高且不同企业间存在较大差异。

4.2.3.2 相关性分析

对创新投入（R&D）、数字化转型（Digital）以及主要控制变量进行Pearson相关检验。表4-8为主要变量的相关性分析，根据Pearson相关系数以及显著性水平可以看出解释变量与被解释变量之间呈现了显著的相关性，其中数字化转型与创新投入在1%的水平上显著正相关，说明数字化转型正向激励企业的创新投入，初步验证了假设4-2。为排查模型中的多重共线性问题，对式（4.2）进行了VIF检验，VIF检验均值为1.29，最大值为1.63，最小值为1.03，远远小于合理值10，因此回归分析中模型不存在严重的多重共线性问题。

表4-8 主要变量相关性分析矩阵

变量	R&D	Digital	Age	Size	Lev	Top1	ROA	Growth
R&D	1							
Digital	0.236 ***	1						
Age	0.167 ***	0.172 ***	1					
Size	0.554 ***	0.139 ***	0.412 ***	1				
Lev	0.148 ***	−0.013 *	0.366 ***	0.472 ***	1			
Top1	−0.002	−0.142 ***	−0.121 ***	0.129 ***	0.033 ***	1		
ROA	0.144 ***	0.004	−0.132 ***	0.047 ***	−0.345 ***	0.124 ***	1	
Growth	−0.013 *	0.130 ***	−0.030 ***	−0.069 ***	−0.014 *	−0.027 ***	−0.003	1

注：＊、＊＊、＊＊＊分别表示在10%、5%和1%的水平上显著。

4.2.3.3 基准回归分析

（1）数字化转型与企业创新投入。数字化转型与企业创新投入关系的回归结果如表4-9所示。根据式（4.2）的回归结果可知，数字化转型（Digital）与创新投入（R&D）的相关系数为0.144，在1%的水平上显著为正，表明企业数字化转型对创新投入具有促进作用，从而支持了假设4-2，主要原因是：一方面，数字化转型可以在技术层面为研发创新提供支撑，提高企业创新资源配置效率，还能通过整合分析数据，提高企业的信息透明度、外界与企业的沟通效率，缓解信息不对称问题，从整体上减轻企业的融资约束，从而为企业创新活动提供充足的资金支持，提高企业创新投入。另一方面，企业可以利用数字技术对研发项目进行战略制定和风险预测，向外界传递研发决策信息，这将有助于降低研发创新风险，提高企业风险承担水平和失败容忍度，使企业更愿意将资源投入到研发活动中，从而促进企业提高创新投入强度。此外，数字技术还可以对消费者行为数据进行分析，不仅有助于企业精准确定客户产品需求，还能帮助企业降低创新决策过程中不必要的成本，适时调整研发投资策略和方向，这将激励企业为促进产品技术升级和把控资本市场前沿需求，生产更多高质量的产品而加大创新投入力度，由此支持了假设4-2。

表4-9   数字化转型与企业创新投入

变量	R&D
Digital	0.144 *** (20.24)
Age	-0.281 *** (-17.84)
Size	0.854 *** (95.99)
Lev	-0.199 *** (-3.64)
*Top*1	-0.100 * (-1.67)
ROA	2.456 *** (15.44)
Growth	2.552 * (1.66)
Year	Yes
Industry	Yes
Constant	-2.249 *** (-11.80)
Observations	17446
R - squared	0.537
F	613.2

注：*、**、*** 分别表示在10%、5%和1%的水平上显著，括号内为异方差稳健的 *t* 值。

（2）稳健性检验。为了检验实证回归结果的稳定性，进行如下的稳健性检验。

第一，变更创新投入代理变量的稳健性检验。选择研发人员数量加1

取对数（*Person*）作为企业创新投入的替换变量，对式（4.2）进行回归，具体回归结果见表 4 – 10。数字化转型（*Digital*）与研发人员数量（*Person*）的相关系数为 0.189，在 1% 的水平上显著为正，回归结果与前文一致，验证了假设 4 – 2 的稳健性。

表 4 – 10　　　　　　　　　　　稳健性检验

变量	*Person*
Digital	0.189 *** (25.51)
Age	– 0.243 *** (– 14.80)
Size	0.667 *** (72.03)
Lev	– 0.196 *** (– 3.46)
*Top*1	0.009 (0.15)
ROA	1.557 *** (9.41)
Growth	7.073 *** (4.43)
Year	Yes
Industry	Yes
Constant	– 9.734 *** (– 49.08)
Observations	17446
R – squared	0.393
F	341.4

注：*、**、*** 分别表示在 10%、5% 和 1% 的水平上显著，括号内为异方差稳健的 *t* 值。

第二，内生性检验。由于模型中企业创新投入与数字化转型可能存在反向因果关系即内生性问题，因此参考段华友等（2022）[154] 的方法，选用相同行业、相同时间的其他企业数字化转型均值（$Digital_{mean}$）作为工具变量，使用两阶段最小二乘法（2SLS）进行内生性检验。第一阶段采用内生解释变量对工具变量进行回归，得到拟合值，结果显示，$Digital_{mean}$的相关系数为 0.880，在 1% 的水平上显著为正；第二阶段采用被解释变量企业创新投入（R&D）对第一阶段的拟合值进行回归，回归系数为 0.314，依然在 1% 水平上显著为正，因此假设 4 - 2 不具有内生性问题，具体回归结果如表 4 - 11 所示。

表 4 - 11　　　　　　　　　　内生性检验结果

变量	第一阶段回归 Digital	第二阶段回归 R&D
$Digital_{mean}$	0.880 *** (62.31)	
Digital		0.314 *** (17.72)
Age	0.058 *** (3.89)	− 0.218 *** (− 12.98)
Size	0.144 *** (16.11)	0.760 *** (72.58)
Lev	− 0.458 *** (− 8.16)	− 0.444 *** (− 6.98)
Top1	− 0.439 *** (− 7.19)	− 0.657 *** (− 9.46)
ROA	0.102 (0.58)	2.668 *** (13.71)
Growth	20.823 *** (12.21)	− 3.289 * (− 1.66)

变量	第一阶段回归 *Digital*	第二阶段回归 *R&D*
Year	Yes	Yes
Industry	Yes	Yes
Constant	- 2. 947 *** (- 16. 52)	1. 405 *** (6. 84)
Observations	17446	17446
R - squared	0. 256	0. 351

注：* 、 ** 、 *** 分别表示在 10% 、5% 和 1% 的水平上显著，括号内为异方差稳健的 *t* 值。

4.3　高管团队异质性与创新投入

4.3.1　理论分析与研究假设

高管团队异质性是指高层管理人员在年龄、性别、教育背景、职业背景以及海外背景等方面所呈现的差异化程度。这一概念源自汉布里克（Hambrick，1984）[155] 提出的"高阶理论"，该理论认为高管团队可度量人口特征与其个体认知度、价值观和判断力紧密相连，从而通过信息处理、资源利用以及决策制定等对企业行为产生重要影响。

首先，从信息处理角度，异质性高的管理团队社会网络更复杂，信息获取渠道更广泛（邓新明等，2021）[156]，在信息处理中可以利用不同的认知和分析视角，提供多种组合方案。相较于同质性团队较为统一的信息来源和思维模式，异质性团队不同个体的天赋、想法、见解和经验的相互作用所提供的差异化信息互补性更强，容易产生技术创新所需的突破性思维（孟晓娜等，2022）[157]。具体而言，高管团队职业、教育、海外背景等异质性水平越高，差异化信息的互补性越强，企业越容易制定高水平的创新战略。有学者研究指出高管团队教育背景、职业背景等异质性越大，技术创新程度越强，创新作为现有知识和要素的新组合需要多元化的思想氛围，异质性的存在意味着高层管理团队成员可以在差异化认知的基础上实现信息源、信息收集和信息加工方式的多元化（郭军等，2022）[158]，其综合智力和丰富的信息资源可以让企业在较短的时间内感受到外部市场环境的变化，及时实施创新活动风险评估并调整创新策略，进而有利于企业抓住创新机会并增加研发投入。

其次，从资源利用角度，研究表明长期处于某种特定经营模式之下的企业，其所拥有的资源、对资源的利用和管理机制，以及对上述两者进行自觉调整的能力将固化（顾慧君和杨忠，2012）[159]，而创新作为一项资源密集型活动，需要企业不断尝试获取新的外部资源（蔡俊亚和党兴华，2015）[160]，并在此基础上形成、调试新的资源利用和管理机制。与同质性较强的高管团队相比，异质性团队拥有更多样化的社会资本和社会阅历，有助于直接或间接帮助企业"融入"社会网络，在研发时获取不同类别的内外部资源（Sarto et al.，2019）[161]，从而帮助企业形成新的资源利用和管理机制。这些内外部资源中既包括资金、材料、设备等物质资源，也包括知识、技术、能力等无形资源。除此之外，研究认为较高的高管团队异质性能够增加企业的包容性，从而更好地吸引创新型人才，丰富企业的人才资源（孟晓娜等，2022）[157]。因此可以说高管团队作为企业内部最重要的人力资本之一，其异质性程度越高，获取资源的能力便越强，进而可以在一定程度上缓解企业的融资约束，提高当期可利用资源的使用效率（高春梅，2023）[162]，为企业持续性提高研发投入提供更多的资源保障，最终有利于提高企业的创新投入。

最后，对于企业决策制定，一方面，研究认为异质性程度高的高管成员由于其积累的工作经验和看问题的角度各不相同，有助于从多维度视角对决策信息进行甄别和筛选，同时异质性高的团队拥有多样的人生阅历和市场经验，其更高水平的创造力，使得行动策略制定的复杂程度也更高，有利于制定出更周全、更高水平的战略决策（邓新明等，2021）[156]。另一方面，研究表明高管成员的高同质化容易使团队决策走向极端（乐云等，2021)[163]，而异质性较高的团队成员由于其知识、思想、技能更丰富，所以思考问题的角度和关注点各有不同，在制定决策时不会过分依赖原有路径，更能够打破思维定式（郭天娇等，2020)[164]，也因此在制定创新投入决策时可以具备更高的市场判断力以及更加多元化的决策水平。为此，基于上述理论分析，提出假设 4 – 3。

H4 – 3：高管团队异质性正向影响企业创新投入。

4.3.2　研究设计

4.3.2.1　样本选择与数据来源

样本选取同前文一致，选取 2011 ~ 2021 年 A 股上市公司为研究对象，为了保证数据的稳定性、代表性及可获取性，对初始样本进行处理，具体处理方式与 4.1 小节保持一致，经筛选最终得到 1586 个公司在 11 年的研究期间内 17446 个研究样本的平衡面板数据。高管团队异质性数据来自 CSMAR 数据库，主要从六个方面测度高管团队异质性，分别通过各项计算处理后取平均值，最终得到高管团队异质性综合指标，其他变量来源均与 4.1 小节保持一致。此外，对所有连续变量均在上下 1% 进行缩尾处理以消除极端值影响。

4.3.2.2　变量定义

（1）被解释变量：创新投入（*R&D*）。参考王曦和杨博旭（2022)[135]的做法，采用企业当年研发支出加 1 取对数衡量企业创新投入水平（*R&D*）。

（2）解释变量：高管团队异质性（*TMT*）。参考张明等（2020)[165]的研究，从以下七个方面测度高管团队异质性：年龄、性别、教育背景、海外背景、职业背景、金融背景和技术背景。其中，年龄异质性采用变异系数法，即计算标准差与均值的比值；其他六个变量均采用 Blau 分类指数进行计算，即通过不同特质高管在团队中所占比例的平方和，衡量其离散程度。其中，高管总人数为企业年报中披露的高级管理人员总人数，具体计算方法如下：

$$H = 1 - \sum_{i=1}^{n} P_{ijt}^2 \qquad (4.3)$$

H 指数代表高管团队异质性，当分类变量越分散，异质性水平越大，该指数越接近于 1；反之，则越接近于 0。P_{ijt} 代表 j 公司第 t 年高管团队中第 i 类成员占团队总人数的比重，n 为性别、教育、海外、职业、金融、技术背景类别。具体测度方法如下：（1）性别异质性：赋值男性 = 1，女性 = 0。（2）教育背景异质性：对高管受教育水平划分为五个等级：高中及以下、专科、本科、硕士、博士及以上，并分别取值 1、2、3、4、5。（3）海外背景异质性：高管成员分类为海外求学、海外任职、二者兼有或无海外背景，分别取值为 1、2、3、4。（4）职业背景异质性：其赋值方法为 1 = 生产，2 = 研发，3 = 设计，4 = 人力资源，5 = 管理，6 = 市场，7 = 金融，8 = 财务，9 = 法律。（5）金融背景异质性：按照高管人员是否曾在银行、保险公司、证券、期货、基金管理公司、交易所等地方的任职经历进行划分，有金融背景 = 1，无金融背景 = 0。（6）技术背景异质性：以高管人员是否具有技术或工科类学历背景、技术类岗位任职经历，以及是否曾获得技术类相关职称或曾获得专利进行划分，有技术背景 = 1，无技术背景 = 0。最后，将上述 7 个指标进行计算处理后取平均值，即可得到高管团队异质性综合指标 TMT。

（3）控制变量。与前文相同，选取企业年龄（Age）、企业规模（$Size$）、资产负债率（Lev）、盈利能力（ROA）、成长性（$Growth$）、第一大股东持股比例（$Top1$）作为该部分研究的控制变量。此外，还同时控制了行业固定效应和年度固定效应，具体定义情况见表 4 – 12。

表 4 – 12 变量定义

变量类型	变量名称	变量符号	定义
被解释变量	创新投入	$R\&D$	ln（企业当年研发投入 + 1）
解释变量	高管团队异质性	TMT	基于高管年龄、性别、教育背景、海外背景、职业背景、金融背景、技术背景等方面构建综合指数

变量类型	变量名称	变量符号	定义
控制变量	企业年龄	Age	ln（观测值年份 – 公司 IPO 年份）
	企业规模	$Size$	ln（资产总额 + 1）
	资产负债率	Lev	负债总额/资产总额
	盈利能力	ROA	净利润/总资产
	成长性	$Growth$	（本期营业收入 – 上期营业收入）/上期营业收入
	第一大股东持股比例	$Top1$	第一大股东持股比例
	年度	$Year$	年度虚拟变量
	行业	$Industry$	行业虚拟变量

4.3.2.3　模型构建

为检验研究假设 4 – 3，建立固定效应模型，即式（4.4），探究高管团队异质性对企业创新投入的影响。

$$R\&D_{i,t} = \alpha_0 + \alpha_1 TMT_{i,t} + \gamma Control_{i,t} + \sum Year + \sum Industry + \varepsilon_{i,t}$$

$$(4.4)$$

其中，被解释变量为企业创新投入（$R\&D$），解释变量为高管团队异质性（TMT），$Control$ 为控制变量，具体包括企业年龄（Age）、企业规模（$Size$）、资产负债率（Lev）、盈利能力（ROA）、成长性（$Growth$）、第一大股东持股比例（$Top1$），$Year$ 和 $Industry$ 分别为年份固定效应和行业固定效应，α_0 为常数项，α_1 可以度量高管团队异质性对创新投入的影响，$\varepsilon_{i,t}$ 是随机误差项。

4.3.3　实证结果分析

4.3.3.1　描述性统计

该部分研究主要变量的描述性统计结果如表 4 – 13 所示。

表4-13 主要变量描述性统计

变量	样本	均值	标准差	最小值	最大值
R&D	17446	17.870	1.608	12.930	22.030
TMT	17446	0.333	0.082	0.044	0.553
Age	17446	2.339	0.694	0	3.466
Size	17446	22.300	1.243	19.690	26.270
Lev	17446	0.427	0.203	0.045	0.942
Top1	17446	0.316	0.153	0	0.722
ROA	17446	0.033	0.059	-0.326	0.197
Growth	17446	0.003	0.060	-0.007	0.044

表4-13的描述性统计结果显示：在选取的各上市公司样本中，解释变量高管团队异质性（TMT）的最小值和最大值分别是0.044和0.553，说明各企业高管团队异质性程度存在较大差别，对高管异质性的重视程度具有一定差异，由于其均值为0.333，存在明显的右偏性特征，因此大部分企业的高管异质性水平处于较高位置。

4.3.3.2 相关性分析

对创新投入（R&D）、高管团队异质性（TMT）以及主要控制变量进行Pearson相关检验。表4-14列示了主要变量的相关系数矩阵。表4-14显示，创新投入（R&D）与高管团队异质性（TMT）的Pearson系数为0.110，且在1%的水平上显著为正，该分析结果初步表明高管团队异质性水平的提升，可以促进企业增加研发投入，即初步验证了假设4-3。同时，创新投入（R&D）与大部分控制变量之间都在1%显著性水平上呈现相关关系，且变量之间的相关系数绝对值大部分低于0.5，证明所选取的控制变量具有一定的科学合理性。为排查模型中的多重共线性问题，对式（4.4）进行了VIF检验，VIF检验均值为1.27，最大值为1.63，最小值为1.01，远远小于合理值10，因此回归分析中模型不存在严重的多重共线性问题。

表 4 – 14　　　　　　　　　　主要变量相关性分析矩阵

变量	R&D	TMT	Age	Size	Lev	Top1	ROA	Growth
R&D	1							
TMT	0. 110 ***	1						
Age	0. 167 ***	− 0. 023 ***	1					
Size	0. 554 ***	0. 026 ***	0. 412 ***	1				
Lev	0. 148 ***	− 0. 048 ***	0. 366 ***	0. 472 ***	1			
Top1	− 0. 002	0. 093 ***	− 0. 121 ***	0. 129 ***	0. 033 ***	1		
ROA	0. 144 ***	0. 010	− 0. 132 ***	0. 047 ***	− 0. 345 ***	0. 124 ***	1	
Growth	− 0. 013 *	0. 030 ***	− 0. 030 ***	− 0. 069 ***	− 0. 014 *	− 0. 027 ***	− 0. 003	1

注: *、**、***分别表示在10%、5%和1%的水平上显著。

4. 3. 3. 3　基准回归分析

（1）高管团队异质性与创新投入。高管团队异质性与企业创新投入关系的回归结果如表 4 – 15 所示。式（4.4）中高管团队异质性的相关系数为1.097，在1%水平上与创新投入显著正相关，说明高管团队的背景差异与企业研发创新资源投入具有密切关联，从经济意义上讲，高管团队异质性每提高1个单位，企业创新投入将提高1.097%。进一步证明异质性较高的管理团队可以帮助企业快速抓住创新机会，并综合利用自身优势为企业提供较多的资源保障，从而提高创新投入，回归结果与假设 4 – 3 相符。

表 4 – 15　　　　　　　　　　高管团队异质性与创新投入

变量	R&D
TMT	1. 097 *** (10. 73)
Age	− 0. 253 *** (− 16. 09)

续表

变量	R&D
Size	0. 870 *** (97. 53)
Lev	−0. 218 *** (−3. 98)
Top1	−0. 124 ** (−2. 06)
ROA	2. 710 *** (16. 16)
Growth	4. 964 *** (3. 01)
Year	Yes
Industry	Yes
Constant	−2. 933 *** (−15. 30)
Observations	17446
R − squared	0. 531
F	598. 0

注：*、**、***分别表示在10%、5%和1%的水平上显著，括号内为异方差稳健的 t 值。

（2）进一步分析。通过上述分析，可知高管团队异质性可以显著提高企业创新投入水平，但是具体哪些方面的高管背景异质性特征具有上述作用依然存有疑问，因此将进一步从年龄、性别、教育背景、海外背景、职业背景、金融背景和技术背景七个维度对原模型高管团队异质性综合指标进行替换，继续探讨其与创新投入的相关关系，表4-16列示了不同维度的回归结果。

表 4 – 16　　　　　高管团队异质性不同维度与创新投入

变量	（1）	（2）	（3）	（4）	（5）	（6）	（7）
	R&D	R&D	R&D	R&D	R&D	R&D	R&D
gage	-0.672 *** （-4.10）						
ggend		-0.085 * （-1.82）					
gedu			0.166 *** （4.30）				
gsea				0.637 *** （10.45）			
gfun					0.443 *** （5.33）		
gfin						-0.303 *** （-4.86）	
gtec							0.241 *** （11.29）
Age	-0.271 *** （-17.08）	-0.265 *** （-16.79）	-0.246 *** （-15.10）	-0.241 *** （-15.22）	-0.244 *** （-15.10）	-0.268 *** （-17.00）	-0.303 *** （-18.85）
Size	0.873 *** （97.36）	0.875 *** （97.80）	0.876 *** （98.12）	0.868 *** （97.23）	0.876 *** （98.21）	0.877 *** （98.30）	0.866 *** （96.91）
Lev	-0.251 *** （-4.57）	-0.252 *** （-4.59）	-0.245 *** （-4.45）	-0.230 *** （-4.21）	-0.252 *** （-4.60）	-0.247 *** （-4.49）	-0.225 *** （-4.10）
Top1	-0.189 *** （-3.13）	-0.180 *** （-2.99）	-0.152 ** （-2.51）	-0.135 ** （-2.25）	-0.178 *** （-2.96）	-0.193 *** （-3.20）	-0.171 *** （-2.85）
ROA	2.684 *** （15.95）	2.696 *** （16.02）	2.692 *** （16.00）	2.717 *** （16.19）	2.690 *** （15.99）	2.681 *** （15.94）	2.708 *** （16.14）
Growth	5.135 *** （3.10）	5.366 *** （3.24）	5.328 *** （3.22）	5.288 *** （3.21）	5.467 *** （3.31）	5.306 *** （3.21）	4.684 *** （2.84）
Year	Yes	Yes	Yes	Yes	Yes	Yes	Yes

续表

变量	(1)	(2)	(3)	(4)	(5)	(6)	(7)
	R&D	R&D	R&D	R&D	R&D	R&D	R&D
Industry	Yes	Yes	Yes	Yes	Yes	Yes	Yes
Constant	-2.497 *** (-12.73)	-2.633 *** (-13.66)	-2.760 *** (-14.41)	-2.579 *** (-13.54)	-2.963 *** (-14.99)	-2.642 *** (-13.84)	-2.599 *** (-13.66)
Observations	17446	17446	17446	17446	17446	17446	17446
R-squared	0.529	0.528	0.529	0.531	0.529	0.529	0.532
F	591.7	590.8	591.8	597.6	592.4	592.1	598.8

注：*、**、***分别表示在10%、5%和1%的水平上显著，括号内为异方差稳健的 t 值。

式（4.4）中高管团队年龄（gage）、性别（ggend）、金融背景异质性（gfin）的回归系数分别在1%、10%、1%水平上显著为负，说明其对企业创新投入存在抑制作用。可能原因在于男女思维差异较大，且不同年龄阶段高管的创新意愿、风险承担水平存在较大差距，容易产生代沟，加重群体之间的误解与偏见，不利于企业增加研发投入。与此同时，拥有金融背景的高管的专业技能与投资偏好会促进企业进行金融资产投资加速企业金融化进程，其在金融投资方面的套期逐利性也会加剧代理问题，从而抑制企业创新投入水平的提升。

高管团队教育（gedu）、海外（gsea）、职业（gfun）、技术（gtec）背景异质性的回归系数均在1%水平上显著为正，意味着这四个维度的异质性程度越高，越有助于促进企业创新投入水平提升。从经济意义上讲，其异质性每提高1个单位，企业创新投入分别提高0.166%、0.637%、0.443%、0.241%。分析原因可能在于，高学历高管的学习思维能力、高知识储备强度与低学历高管在晋升过程中拥有的丰富工作经验、职业技能相结合，在进行创新时目光更长远，更有利于制定符合公司利益的持续性研发投入决策；海外背景高管的国际视野与本土高管熟悉国内政策、环境的优势互补，有利于在企业研发创新与国际接轨的同时更好地获得政策和资金支持；而高管职业背景多元化意味着其成员具有不同领域的专业知识和人脉关系，能够在扩展企业认知范围的同时提供资源优势，从而增加创新投入；同时，具有技术背景的高管对创新所属领域具有一定的知识积累，其对创新技术发展趋势，以及不同研发项目的风险和收益有合理的判断和预期，因此有助于企业充分利用创新要素提高创新投入。

（3）稳健性检验。为进一步检验上述回归结果的稳健性，选择研发人员数量加 1 取对数（*Person*）对创新投入代理变量进行指标替换，表 4 – 17 列示了变量替换后高管团队异质性综合指标的回归结果，其相关系数在 1% 水平上显著为正，可以看出高管团队异质性对企业创新投入的正向影响依然成立，因此假设 4 – 3 再次得到验证。表 4 – 18 列示了替换指标后高管团队异质性不同维度的回归结果，其系数也均在 1% 水平上显著，因此各变量之间的关系并没有发生实质性改变，说明式（4.4）的回归结果具备良好的稳健性。

表 4 – 17　　　　　　　　　　　稳健性检验（1）

变量	R&D
TMT	1. 199 *** （11. 13）
Age	− 0. 206 *** （− 12. 45）
Size	0. 682 *** （72. 56）
Lev	− 0. 237 *** （− 4. 10）
*Top*1	− 0. 006 （− 0. 10）
ROA	1. 766 *** （9. 99）
Growth	11. 266 *** （6. 48）
Year	Yes
Industry	Yes
Constant	− 10. 452 *** （− 51. 76）

续表

变量	R&D
Observations	17446
R – squared	0.370
F	310.3

注：*、**、*** 分别表示在10%、5%和1%的水平上显著，括号内为异方差稳健的 t 值。

表 4 – 18　　　　　　　　　　稳健性检验（2）

变量	(1) R&D	(2) R&D	(3) R&D	(4) R&D	(5) R&D	(6) R&D	(7) R&D
gage	-1.002 *** (-5.79)						
ggend		-0.241 *** (-4.92)					
gedu			0.169 *** (4.16)				
gsea				0.479 *** (7.45)			
gfun					0.427 *** (4.88)		
gfin						-0.300 *** (-4.56)	
gtec							0.330 *** (14.70)
Age	-0.229 *** (-13.69)	-0.222 *** (-13.36)	-0.200 *** (-11.63)	-0.201 *** (-12.00)	-0.199 *** (-11.67)	-0.222 *** (-13.37)	-0.272 *** (-16.09)
Size	0.684 *** (72.40)	0.686 *** (72.73)	0.688 *** (73.18)	0.683 *** (72.46)	0.689 *** (73.25)	0.690 *** (73.34)	0.675 *** (71.85)
Lev	-0.273 *** (-4.73)	-0.282 *** (-4.86)	-0.266 *** (-4.59)	-0.256 *** (-4.42)	-0.273 *** (-4.72)	-0.268 *** (-4.63)	-0.237 *** (-4.12)

变量	(1)	(2)	(3)	(4)	(5)	(6)	(7)
	R&D	R&D	R&D	R&D	R&D	R&D	R&D
Top1	-0.081 (-1.28)	-0.072 (-1.13)	-0.038 (-0.60)	-0.033 (-0.52)	-0.066 (-1.03)	-0.080 (-1.26)	-0.056 (-0.89)
ROA	1.733*** (9.78)	1.754*** (9.89)	1.746*** (9.85)	1.765*** (9.96)	1.744*** (9.84)	1.735*** (9.79)	1.767*** (10.02)
Growth	11.368*** (6.52)	11.736*** (6.73)	11.666*** (6.69)	11.641*** (6.68)	11.801*** (6.77)	11.645*** (6.68)	10.776*** (6.21)
Year	Yes	Yes	Yes	Yes	Yes	Yes	Yes
Industry	Yes	Yes	Yes	Yes	Yes	Yes	Yes
Constant	-9.901*** (-47.90)	-10.036*** (-49.40)	-10.257*** (-50.80)	-10.102*** (-50.22)	-10.450*** (-50.12)	-10.139*** (-50.37)	-10.064*** (-50.30)
Observations	17446	17446	17446	17446	17446	17446	17446
R-squared	0.367	0.367	0.366	0.368	0.367	0.367	0.374
F	306.0	305.6	305.2	307.1	305.6	305.4	314.8

注：*、**、*** 分别表示在 10%、5% 和 1% 的水平上显著，括号内为异方差稳健的 t 值。

4.4　环保投资与创新投入

4.4.1　理论分析与研究假设

企业环保投资主要包括污染治理和减排、生态环境保护和修复、环境教育和宣传等方面的投入。"双碳"目标要求下，企业越来越重视环境保护、治理环境污染，通过增加环保投资实现可持续发展。根据资源基础理论，企业本质上是一个资源的集合体，环保投资和创新投入都有助于打造企业的异质资源，是引领企业绿色转型和经济高质量发展的动力之源，是建设现代化经济体系的战略支撑，但同时二者均需要消耗企业资金、持续性投入较多、周期较长，且不会立竿见影地为企业带来直接的利益回报。环保投资是会削弱还是促进企业的创新投入成为理论界研究的课题之一。目前，关于企业环保投资与创新投入的研究方面，张悦等（2022）[166]以工业企业为研究对象，发现环保投资对创新投入有正向影响且股权集中度在二者之间起正向调节作用。马红和侯贵生（2018）[167]认为，短期内环保投入对企业 R&D 投资的抑制效应明显，而长期中环保投入对企业 R&D 投资的影响则显示出一定的促进效应。蔡乌赶等（2019）[168]研究发现当政府的环境监管较为严格时，企业环保支出会促进绿色技术创新，新环保法的实施在一定程度上也能够激励企业技术创新投入（李百兴和王博，2019）[169]。杨哲（2018）[170]以沪深 A 股上市公司为研究对象，发现企业环保投入会对其技术研发创新产生促进作用，环保投入的增加有利于企业绿色生产技术的研发与应用，从而提高企业的市场价值。还有学者认为，狭义环保税能够提高企业技术创新数量，所得税优惠能够显著提升企业经营绩效和研发投入强度（王炳成等，2020）[171]，节能环保企业规模与技术创新投入呈倒"U"型关系，与技术创新产出之间则为正"U"型关系（刘志红和曹俊文，2018）[172]。

"波特假说"认为严格且适当的环境规制能够推动企业开展研发创新活动，有助于提升企业竞争优势，帮助企业获得较高的生产力。该假说被分为两部分，"弱波特假说"认为合理的环境规制可以促进企业研发创新，而"强波特假说"认为环境规制引发的企业创新活动可以通过创新产生的补偿效应和学习效应，部分或者完全补偿其进行污染防治所产生的成本损失。增加环保投入不仅可以提高企业环保创新动能，促进提升环保绩效，还能刺激企业进行技术创新，满足不断变化的社会需求。环保投入的增加使得企业在激烈竞争中获得先发优势，通过资源的优化配置与技术改进，获得"创新补偿"与"先动优势"，进而在抵消其成本损失的同时，提升核心竞争力（马红和侯贵生，2018）[167]，这对增强企业创新投入具有一定的促进作用。

系统资源约束理论认为资源均具有现实或潜在的利用价值，系统产出依赖于系统资源支持，但同时受其约束，不同的生产技术水平、资源利用程度、组织运行效率、学习知识能力等，对应不同的产出曲线。对企业而言资金是稀缺的，选择一项投资活动可能会对另一项投资活动产生挤占效应，但基于系统资源约束理论，企业在创新投资项目时虽然会面临资金不足的问题，但投资方向之间并不是完全互斥的，对于上市公司来说，环保投资并非一味地消耗企业资源，企业在环境保护方面的投入不仅能减少污染和废弃物的排放，提高资源利用率，还有助于企业塑造良好的声誉形象，吸引更多的客户，获得投资者的广泛关注和认可。因此，企业进行环保投入能够树立起绿色形象，提高企业的知名度和客户群体数量从而获得经济效益，进而在研发创新方面获得资金支持，最终提高企业创新投入。

此外，在信息传播速度倍增的时代，在市场中某一个企业注重环保投入，意味着可以生产出绿色可持续的产品，节约企业的生产成本和污染治理成本及部分人力成本。这一信息经由市场的广泛宣传后，会得到消费者和监管者的认可，提高品牌的信誉程度，在企业进行环保监管的申请时，由于得到了政府监管部门的认可，会在一定程度上降低监管成本，进而能够降低企业运营总成本，提高企业净利润（李欣，2022）[173]。因此，企业提高环保投入从中获得的经济效益和社会效益，能够为企业创新活动提供经济来源、政府支持等，有助于提高企业的创新投入水平。为此，基于上述理论分析，提出假设 4 - 4。

H4 - 4：企业环保投资对企业创新投入具有促进作用。

4.4.2　研究设计

4.4.2.1　样本选择与数据来源

样本选取同前文一致，选取 2011 ~ 2021 年 A 股上市公司为研究对象，为了保证数据的稳定性、代表性及可获取性，对初始样本数据进行处理，具体处理方式与 4.1 小节保持一致，经筛选最终得到 1586 个公司在 11 年的研究期间内 17446 个研究样本的平衡面板数据。环保投资数据来源于 CSMAR 数据库，其他变量来源均与 4.1 小节保持一致，并对所有连续变量均在上下1%进行缩尾处理以消除极端值影响。

4.4.2.2　变量定义

（1）被解释变量：创新投入（R&D）。参考王曦和杨博旭（2022）[135] 的做法，采用企业当年研发支出加1取对数衡量企业创新投入水平（R&D）。

（2）解释变量：环保投资（EPI）。选取上一期企业环保投资总额加1取对数来衡量企业环保投资（EPI），也能在一定程度上缓解内生性问题。

（3）控制变量。与前文相同，选取企业年龄（Age）、企业规模（Size）、资产负债率（Lev）、盈利能力（ROA）、成长性（Growth）、第一大股东持股比例（Top1）作为该部分研究的控制变量。此外，还同时控制了行业固定效应和年度固定效应，具体定义情况见表4-19。

表4-19　　　　　　　　　　　　　　　变量定义

变量类型	变量名称	变量符号	定义
被解释变量	创新投入	R&D	ln（企业当年研发投入+1）
解释变量	环保投资	EPI	ln（上一期环保投资总额+1）
控制变量	企业年龄	Age	ln（观测值年份-公司IPO年份）
	企业规模	Size	ln（资产总额+1）
	资产负债率	Lev	负债总额/资产总额
	盈利能力	ROA	净利润/总资产
	成长性	Growth	（本期营业收入-上期营业收入）/上期营业收入
	第一大股东持股比例	Top1	第一大股东持股比例
	年度	Year	年度虚拟变量
	行业	Industry	行业虚拟变量

4.4.2.3　模型构建

为检验研究假设4-4，建立固定效应模型，即式（4.5），探究环保投资对企业创新投入的影响：

$$R\&D_{i,t} = \alpha_0 + \alpha_1 EPI_{i,t} + \gamma Control_{i,t} + \sum Year + \sum Industry + \varepsilon_{i,t}$$

$$(4.5)$$

其中，被解释变量为企业创新投入（$R\&D$），解释变量为环保投资（EPI），$Control$ 为控制变量，具体包括企业年龄（Age）、企业规模（$Size$）、资产负债率（Lev）、盈利能力（ROA）、成长性（$Growth$）、第一大股东持股比例（$Top1$），$Year$ 和 $Industry$ 分别为年份固定效应和行业固定效应，α_0 为常数项，α_1 可以度量环保投资对创新投入的影响，$\varepsilon_{i,t}$ 是随机误差项。

4.4.3 实证结果分析

4.4.3.1 描述性统计

该部分研究主要变量的描述性统计结果如表 4 - 20 所示。

表 4 - 20　　　　　　　　　主要变量描述性统计

变量	样本	均值	标准差	最小值	最大值
$R\&D$	17446	17.870	1.608	12.930	22.030
EPI	17446	0.374	1.735	0	17.700
Age	17446	2.339	0.694	0	3.466
$Size$	17446	22.300	1.243	19.690	26.270
Lev	17446	0.427	0.203	0.045	0.942
$Top1$	17446	0.316	0.153	0	0.722
ROA	17446	0.033	0.059	-0.326	0.197
$Growth$	17446	0.003	0.060	-0.007	0.044

描述性统计结果如表 4 - 20 所示。环保投资（EPI）的最大值为 17.70，最小值为 0，均值为 0.374，说明企业的环保投资整体偏低，不同企业情况参差不齐，企业环保意识有待加强。

4.4.3.2 相关性分析

对创新投入（*R&D*）、环保投资（*EPI*）以及主要控制变量进行 Pearson 相关检验。表 4 – 21 列示了主要变量的相关系数矩阵。表 4 – 21 显示，创新投入（*R&D*）与环保投资（*EPI*）的 Pearson 系数为 0.127，且在 1% 的水平上显著为正，该分析结果初步表明环保投资有助于提升企业创新投入，初步验证了假设 4 – 4。同时，创新投入（*R&D*）与大部分控制变量之间都在 1% 显著性水平上呈现相关关系，且变量之间的相关系数绝对值大部分低于 0.5，证明所选取的控制变量具有一定的科学合理性。涉及变量的 VIF 检验均值为 1.27，最大值为 1.61，最小值为 1.01，远远小于合理值 10，因此回归分析中模型不存在严重的多重共线性问题。

表 4 – 21　　　　　　　　主要变量相关性分析矩阵

变量	*R&D*	*EPI*	*Age*	*Size*	*Lev*	*Top*1	*ROA*	*Growth*
R&D	1							
EPI	0.127 ***	1						
Age	0.167 ***	0.118 ***	1					
Size	0.554 ***	0.188 ***	0.412 ***	1				
Lev	0.148 ***	0.068 ***	0.366 ***	0.472 ***	1			
*Top*1	– 0.002	0.031 ***	– 0.121 ***	0.129 ***	0.033 ***	1		
ROA	0.144 ***	0.020 ***	– 0.132 ***	0.047 ***	– 0.345 ***	0.124 ***	1	
Growth	– 0.013 *	– 0.044 ***	– 0.030 ***	– 0.069 ***	– 0.014 *	– 0.027 ***	– 0.003	1

注：*、**、*** 分别表示在 10%、5% 和 1% 的水平上显著。

4.4.3.3 基准回归分析

（1）环保投资与企业创新投入。环保投资与企业创新投入关系的回归结果如表 4 – 22 所示。根据式（4.5）回归结果可知，环保投资（*EPI*）与创新投入（*R&D*）的相关系数为 0.010，在 1% 水平上显著为正，表明环保投资有助于企业创新投入的提高，环保和研发这两类不同的投资活动之间并不完全互斥，进行环保投资不会对创新投入产生负面影响，做好污染防治等环保投资活动有助于进一步促进研发创新活动的持续开展，会进一步激励企业扩大创新投入，从而支持了假设 4 - 4。这可能是因为：企业增加环保投入并不意味着消耗资源，在环境方面的投入有助于提高企业的知名度和客户群体数量，可以帮助企业从中获得经济效益，进而在研发创新方面获得资金支持，最终提高企业创新投入。另外，企业注重环保投资不仅能节约企业生产成本、污染治理成本以及人力成本等，还更容易提高消费者和监管者的认可度，从而降低监管成本和运营总成本，提高企业净利润。这都说明提高环保投资能够为企业创新活动提供经济来源、政府支持等，有助于提高企业的创新投入水平，由此支持了假设 4 - 4。

表 4 - 22　　　　　　　　　　　环保投资与企业创新投入

变量	R&D
EPI	0.010 *** (3.26)
Age	- 0.100 *** (- 4.31)
Size	0.808 *** (67.43)
Lev	- 0.282 *** (- 5.68)
Top1	- 0.028 (- 0.44)
ROA	0.648 *** (6.28)
Growth	- 4.859 *** (- 4.49)
Year	Yes
Industry	Yes

续表

变量	R&D
Constant	-0.461 (-1.55)
Observations	17446
R-squared	0.497
F	474.8

注：*、**、***分别表示在10%、5%和1%的水平上显著，括号内为异方差稳健的 t 值。

（2）稳健性检验。为了检验实证回归结果的稳定性，进行变更创新投入代理变量的稳健性检验。选择研发人员数量加1取对数（Person）作为企业创新投入的替换变量，对式（4.5）进行回归，具体回归结果见表4-23。环保投资（EPI）与研发人员数量（Person）的相关系数为0.009，在1%的水平上显著为正，回归结果与前文一致，验证了假设4-4的稳健性。

表 4-23　　　　　　　　稳健性检验

变量	Person
EPI	0.009*** (4.08)
Age	-0.043*** (-2.60)
Size	0.454*** (52.92)
Lev	-0.187*** (-5.26)
Top1	0.112** (2.48)
ROA	0.243*** (3.29)

变量	Person
Growth	1. 125 （1. 45）
Year	Yes
Industry	Yes
Constant	− 4. 613 *** （ − 21. 67）
Observations	17446
R – squared	0. 257
F	166. 0

注：*、**、*** 分别表示在 10%、5% 和 1% 的水平上显著，括号内为异方差稳健的 t 值。

4.5　本章小结

本章以 2011 ~ 2021 年 A 股上市公司为研究样本，探究了企业内部控制、数字化转型、高管团队异质性及环保投资等内部因素对创新投入的影响。描述性统计发现，样本企业创新投入的均值较高，但不同企业之间存在较大差距，部分企业创新投入水平偏低。从企业内部来看，样本企业内部控制水平总体处于较高水平，但不同企业之间内部控制有效性参差不齐，部分企业内部控制水平较差，对于内部控制制度的重视程度、内部控制系统的建设、内部控制系统的监督与完善程度还存在较大差距。大多数上市公司已经开始进行数字化转型，但实施数字化转型程度总体不高，数字化转型的进展仍十分缓慢，且不同企业间存在较大差异。样本企业高管团队异质性均值存在明显的右偏性特征，显示大部分企业的高管异质性处于较高水平，但也有样本异质性较低。大部分企业环保投资偏低，不同企业间环保投入程度参差不齐，反映出企业的环保意识有待提高。

通过模型回归发现，内部控制有效性可以显著提升企业创新投入，高质量的内部控制能够通过优化企业内部治理结构、降低信息不对称、加强风险评估和管理等提高创新投入水平，推动企业创新活动朝着健康有序的方向发展。数字化转型正向激励企业的创新投入，数字化转型能促使企业优化资源配置、降低信息不对称、提高风险承担水平、精准定位客户需求，进而影响企业的创新活动，提高企业创新投入水平。异质性较高的管理团队可以帮助企业快速抓住创新机会，并综合利用自身优势为企业提供较多的资源保障，从而提高创新投入；进一步分析发现，高管团队年龄、性别、金融背景异质性对企业创新投入存在抑制作用，而教育背景、海外背景、职业背景以及技术背景的异质性程度越高，越有助于促进企业创新投入水平提升。环保投资对企业创新投入具有促进作用，企业提高环保投入从中获得的经济效益和社会效益，能够为企业创新活动提供经济来源、政府支持等，有助于提高企业的创新投入水平。

第5章 企业外部因素对创新投入的影响研究

创新生态系统理论认为，创新是各创新主体、创新要素交互作用下的一种复杂涌现现象，随着社会的发展，创新不再是企业内部独立的行为，创新投入也不仅受到内部因素的影响，往往还受到各种外部因素的作用。本章将探讨影响创新投入的外部因素。

5.1 融资约束与创新投入

5.1.1 理论分析与研究假设

融资约束是企业对外融资时受到的限制，较高的融资约束表明企业难以向外界筹集资金，从而增加了融资成本，容易使企业陷入财务危机。融资约束是企业创新活动面临的最核心的约束之一。创新是知识产权的基础和来源，企业开展研发创新活动时，常常会因资金问题而受到限制，资金不足不仅限制了研发资金的投入，还限制了企业创新能力的提升（张洁和唐洁，2019）[174]。关于融资约束与创新投入的研究方面，黄映红等（2021）[175]认为相比于国有企业，非国有企业的融资约束对创新投入的抑制作用更强烈。郑景丹等（2021）[176]以煤炭企业上市公司为样本发现，煤炭企业的融资约束会抑制企业的创新投入。余得生等（2021）[177]研究发现融资约束对企业创新有显著的负向作用,即随着融资约束水平的提高,企业创新能力会下降,主要表现为创新投入的减少。严若森等(2019)[178]以A股民营高新技术企业为研究样本,发现融资约束与企业研发呈现显著的负相关,且融资约束越紧,企业创新投入越低。张芳和杨连兴(Zhang and Yang,2020)[179]以能源行业为研究样本,发现融资约束对创新投入的负面影响在能源行业更明显,对于资金、知识和技术密集的能源型创业企业而言,融资约束带来的创新投资障碍加剧了创业过程中融资与研发的紧张关系。许敏等(2017)[180]发现我国中小企业创新投入普遍存在融资约束问题,融资约束与研发资金投入负相关。

从企业融资结构角度考虑,融资约束的产生是由于企业内部的现金持有量不足而外源性融资成本较高,创新投入通常更易受融资约束的影响(黄映红等,2021)[175]。一方面,与其他投资决策相比,企业创新活动具有高风险、负外部性、溢出性等特征,创新投入需要消耗大量的资金,整个投资周期较长且需要持续不断的资金支持。现金持有量是企业内部融资约束的替代变量,当企业面临融资约束时,其现金持有量有限,内部资金匮乏,不利于企业开展创新投入(Sasidharan et al.,2015)[181],企业面临的资金融通限制对创新投入有不利影响,融资约束制约了企业的研发投资活动(吴丹,2016)[182]。另一方面,由于创新活动本身具有高投资、高风险的特性,仅仅依靠内源资金不能保证创新活动的顺利进行,企业需要获得外部资金支持。企业在融资过程中要和众多资金提供者以及金融中介机构进行交易,公开融资还需要有关部门的审批,这不仅提高了研发融资的交易成本(徐玉德等,2022)[183],银行与企业所形成的外部融资约束链条还会导致创新投资障碍(Chen and Matousek,2020)[184]。

从信息不对称角度考虑,创新成果的外部性溢出有可能导致竞争对手的模仿,导致企业并未获得创新本身带来的回报,创新成本提高。外部融资需要企业对外提供研发信息,更加剧了将研发项目的信息泄露给竞争者的风险,严重打击企业进行研发的积极性。研发技术知识的外部性特征叠加外部融资信息披露的要求,使得企业的研发决策顾虑重重,以致不愿投入更多的创新资源。另外，研发活动具有较高的不确定性和负外部性风险，可能会因市场需求、政策因素等进度缓慢甚至停滞，以至于无法形成研究成果或者成果存在较大的不确定性，而投资者为规避风险、获得收益，往往需要了解企业详尽的研发信息，追求确定的高质量研发成果。当外部投资者无法获得详尽、确定的信息时可能会拒绝或减少投资，使得企业研发投入受到现金流的影响，创新资金受到限制，进而无法保证研发活动的继续进行。

从企业研发活动过程和特性来看，研发创新的各个环节，如研发人员的薪酬、技术产品的实验生产、新产品的生产与销售等均需要大量的资金支持。相较于固定资产投资、并购等经营活动，研发创新的资金回笼较慢，并且企业研发项目的道德风险和逆向选择问题、研发产出的滞后性以及研发产品市场收益的不确定性均意味着高风险。然而现实中，股东与管理层、企业与债权人之间均存在利益冲突，使得代理成本提高，融资约束加强，最终导致企业研发压力增大，企业对开展研发活动的决策更加谨慎，使得研发项目因资金不足而陷入停滞。为此，基于上述理论分析，提出假设 5 - 1。

H5 - 1：融资约束对于企业创新投入具有显著的抑制作用。

5.1.2　研究设计

5.1.2.1　样本选择与数据来源

样本选取同第 4 章一致，选取 2011 ~ 2021 年 A 股上市公司为研究对象，为了保证数据的稳定性、代表性及可获取性，对初始样本数据进行了以下处理：（1）剔除 ST、*ST、PT 等经营异常的上市公司样本；（2）剔除金融保险行业公司数据；（3）剔除在研究区间内相关财务数据缺失的上市公司样本。经筛选最终得到 1586 个公司在 11 年的研究期间内 17446 个研究样本的平衡面板数据。融资约束变量来自 CSMAR 数据库，其他变量如公司财务数据、公司治理特征等均来源于 CSMAR 数据库、Wind 数据库以及中国研究数据服务平台（CNRDS）。主要运用 Excel 和 Stata15.0 软件进行数据处理和统计分析，并对所有连续变量均在上下 1% 进行缩尾处理以消除极端值影响。

5.1.2.2 变量定义

（1）被解释变量：创新投入（*R&D*）。参考王曦和杨博旭（2022）[135]的做法，采用企业当年研发支出加 1 取对数衡量企业创新投入水平（R&D）。

（2）解释变量：融资约束（*KZ*）。关于企业融资约束的变量测度，已有研究主要采用单指标或多指标进行衡量。单指标的运用主要包括股利支付率、净资产负债率、利息保障倍数等影响企业融资的单个财务指标，但考虑到单个指标对企业整体融资状况描述的制约，国内外学者构造并发展其替代性指标即 SA 指数、KZ 指数以及 WW 指数等，并广泛用于融资约束与金融发展情况描述。因此，借鉴卡普兰和津加莱斯（Kaplan and Zingales，1997）[185]的 KZ 指数构建思想，参考谭跃和夏芳（2011）[186]的做法，选择 KZ 指数来衡量企业的融资约束程度。KZ 指数是以 Logit 回归的方式将经营性净现金流、现金持有量、股利支付水平、负债水平和成长性 5 个财务指标进行综合。KZ 指数的值越大，表明公司所面临的融资约束越严重。

（3）控制变量。与前文相同，选取企业年龄（*Age*）、企业规模（*Size*）、资产负债率（*Lev*）、盈利能力（*ROA*）、成长性（*Growth*）、第一大股东持股比例（*Top*1）作为该部分的控制变量。此外，还同时控制了行业固定效应和年度固定效应，具体定义情况见表 5–1。

表 5–1　　　　　　　　　　　　　变量定义

变量类型	变量名称	变量符号	定义
被解释变量	创新投入	*R&D*	ln（企业当年研发投入 +1）
解释变量	融资约束	*KZ*	KZ 指数，该指数越大，企业的融资约束程度越大

变量类型	变量名称	变量符号	定义
控制变量	企业年龄	Age	ln（观测值年份 - 公司 IPO 年份）
	企业规模	$Size$	ln（资产总额 + 1）
	资产负债率	Lev	负债总额/资产总额
	盈利能力	ROA	净利润/总资产
	成长性	$Growth$	（本期营业收入 - 上期营业收入）/上期营业收入
	第一大股东持股比例	$Top1$	第一大股东持股比例
	年度	$Year$	年度虚拟变量
	行业	$Industry$	行业虚拟变量

5.1.2.3　模型构建

为检验研究假设 5 - 1，建立固定效应模型，即式（5.1），探究融资约束程度对企业创新投入的关系及其影响机制：

$$R\&D_{i,t} = \alpha_0 + \alpha_1 KZ_{i,t} + \gamma Control_{i,t} + \sum Year + \sum Industry + \varepsilon_{i,t}$$

$$(5.1)$$

其中，被解释变量为企业创新投入（$R\&D$），解释变量为融资约束（KZ），$Control$ 为控制变量，具体包括企业年龄（Age）、企业规模（$Size$）、资产负债率（Lev）、盈利能力（ROA）、成长性（$Growth$）、第一大股东持股比例（$Top1$），$Year$ 和 $Industry$ 分别为年份固定效应和行业固定效应，α_0 为常数项，α_1 可以度量融资约束对创新投入的影响，$\varepsilon_{i,t}$ 是随机误差项。

5.1.3　实证结果分析

5.1.3.1　描述性统计

该部分研究主要变量的描述性统计结果如表 5 - 2 所示。

表 5 - 2   主要变量描述性统计

变量	样本	均值	标准差	最小值	最大值
R&D	17446	17.870	1.608	12.930	22.030
KZ	17446	1.207	2.393	-11.331	13.662
Age	17446	2.339	0.694	0	3.466
Size	17446	22.300	1.243	19.690	26.270
Lev	17446	0.427	0.203	0.045	0.942
Top1	17446	0.316	0.153	0	0.722
ROA	17446	0.033	0.059	-0.326	0.197
Growth	17446	0.003	0.060	-0.007	0.044

表 5 - 2 的描述性统计结果显示：就解释变量企业融资约束程度来看，均值为 1.207，最大值为 13.662，最小值为 -11.331，表明部分样本企业面临较高的融资约束，且不同企业间融资约束程度差异较大。

5.1.3.2 相关性分析

对创新投入（R&D）、融资约束程度（KZ）以及主要控制变量进行 Pearson 相关检验。表 5 - 3 为主要变量的相关性分析，根据 Pearson 相关系数以及显著性水平可以看出解释变量与被解释变量之间呈现了显著的相关性，融资约束与创新投入在 1% 的水平上显著负相关，说明融资约束程度越高，企业的创新投入越少，以上均初步验证了假设 5 - 1。创新投入（R&D）与大部分控制变量之间都在 1% 显著性水平上呈现相关关系，且变量之间的相关系数绝对值大部分低于 0.5，证明所选取的控制变量具有一定的科学合理性。为排查模型中的多重共线性问题，对式（5.1）进行了 VIF 检验，VIF 检验均值为 1.48，最大值为 2.09，最小值为 1.01，远远小于合理值 10，因此回归分析中模型不存在严重的多重共线性问题。

表 5 - 3　　　　　　　　　　　主要变量相关性分析矩阵

变量	R&D	KZ	Age	Size	Lev	Top1	ROA	Growth
R&D	1							
KZ	- 0. 068 ***	1						
Age	0. 167 ***	- 0. 616 ***	1					
Size	0. 554 ***	- 0. 127 ***	0. 412 ***	1				
Lev	0. 148 ***	- 0. 116 ***	0. 366 ***	0. 472 ***	1			
Top1	- 0. 002	0. 209 ***	- 0. 121 ***	0. 129 ***	0. 033 ***	1		
ROA	0. 144 ***	0. 058 ***	- 0. 132 ***	0. 047 ***	- 0. 345 ***	0. 124 ***	1	
Growth	- 0. 013 *	0. 021 ***	- 0. 030 *	- 0. 069 ***	- 0. 014 *	- 0. 027 ***	- 0. 003	1

注：* 、 ** 、 *** 分别表示在 10% 、5% 和 1% 的水平上显著。

5.1.3.3　基准回归分析

（1）融资约束与创新投入。融资约束与企业创新投入关系的回归结果如表 5 - 4 所示。根据式（5.1）的回归结果可知，融资约束（KZ）与创新投入（R&D）的相关系数为 - 0.019，在 1% 水平上显著为负，表明较高的融资约束程度能够显著降低企业的研发创新投入，验证了假设 5 - 1，即融资约束对于企业创新投入具有显著的抑制作用。主要原因在于：当企业面临融资约束时，企业现金持有量有限，内部资金匮乏，而创新活动的各个关节均需要大量的资金支持，这将不利于企业开展创新项目投资。研发创新过程的投资回收期较长，资金回笼较慢，研发项目中存在的道德风险和逆向选择问题、研发产出的滞后性以及研发产品市场收益的不确定性均意味着高风险。现实中各利益相关者之间存在利益冲突，使得代理成本提高，融资约束进一步加剧，最终导致企业研发压力增大，企业对开展研发活动的决策更加谨慎，可能导致研发项目因资金不足而陷入停滞，由此支持了假设 5 - 1。

表5–4   融资约束与创新投入

变量	R&D
KZ	−0.019 *** (−3.53)
Age	−0.258 *** (−16.00)
Size	0.869 *** (93.47)
Lev	−0.140 ** (−2.09)
Top1	−0.180 *** (−2.97)
ROA	2.237 *** (13.07)
Growth	5.364 *** (3.46)
Year	Yes
Industry	Yes
Constant	−2.539 *** (−12.79)
Observations	17446
R – squared	0.527
F	587.7

注：＊、＊＊、＊＊＊分别表示在10%、5%和1%的水平上显著，括号内为异方差稳健的 t 值。

（2）稳健性检验。为了检验实证回归结果的稳定性，进行变更创新投入代理变量的稳健性检验。以研发人员数量加1取对数（Person）作为企业创新投入的替换变量，对式（5.1）进行回归，具体回归结果见表5–5。融资约束（KZ）的相关系数为−0.015，在1%的水平上显著为负，回归结果与前文一致，验证了假说5–1的稳健性。

表 5 – 5　　　　　　　　　稳健性检验

变量	Person
KZ	– 0. 015 *** (– 2. 72)
Age	– 0. 216 *** (– 12. 82)
Size	0. 692 *** (70. 97)
Lev	– 0. 187 *** (– 2. 67)
Top1	– 0. 089 (– 1. 41)
ROA	1. 375 *** (7. 67)
Growth	10. 646 *** (6. 56)
Year	Yes
Industry	Yes
Constant	– 10. 208 *** (– 49. 10)
Observations	17446
R – squared	0. 370
F	310. 5

注：*、**、*** 分别表示在 10%、5% 和 1% 的水平上显著，括号内为异方差稳健的 t 值。

5.2　政府补助与创新投入

5.2.1　理论分析与研究假设

研发创新是企业增强竞争优势，巩固市场地位的重要来源，但囿于创新活动投资大、高风险、受益慢和强外部性等特点，企业持续推动科技创新的动力明显不足。为此，政府部门出台了种种补助政策，希望以"有形之手"助力企业创新。现有政府补助与创新投入的研究中，大部分学者认为政府补助对企业创新投入存在正向影响。国外学者发现政府补助不仅能提高研发活动的积极性，还对企业研发投入有正向推动作用（Guellec et al.，2003；Arqué-Castells et al.，2013）[187,188]。创新潜力大的企业更可能成为政府补助的对象，获得政府的"创新认证"（Wu，2017）[189]，这种认证效应会向外部投资者传递利好信号（Takalo and Tanayama，2010）[190]，让企业获得外部投资者信任，拓宽企业的融资渠道，进而缓解企业创新的融资约束，增强创新研发的积极性。宋砚秋等（2021）[191]在企业研发产出外部性问题得以解决的条件下，发现政府补助对企业创新存在积极作用。薛阳等（2020）[192]认为，研发补贴、创新基金、科技奖励等政府补助均可以为企业创新活动提供直接的资金支持，降低创新研发成本，增强企业创新活动的意愿（张杰，2020）[193]，从而增加研发投入。张慧雪等（2020）[194]还发现政府补助能够有效地激励企业增加创新研发投入，纠正创新外部性导致的市场失灵问题。王薇和艾华（2018）[195]以创业板上市公司为研究对象，发现政府补助对企业创新投入具有促进作用。施建军等（2021）[196]以A股上市公司为样本，发现政府补助规模与企业创新能力存在浅"U"型关系，即当政府补助超过适度值后，才能真正提高企业创新能力。李江等（2023）[197]以制造业企业为研究对象，发现政府补助与企业创新数量和企业创新质量均呈"U"型关系，当政府补助规模超过"U"型转折点后，能够促进企业创新增量提质。杨兴全等（2021）[198]研究指出政府补助会促进国有企业创新，政府补助质量越高对国有企业的创新效果越好。

首先，从研发风险角度考虑，企业作为承担研发风险的创新主体，其创新活动具有显著的外部溢出性，可能导致竞争对手的模仿，企业因无法获得与所承担风险相匹配的利润，研发创新意愿大幅削弱。在此情况下，政府补助作为一种流入企业的资源，将直接或间接增加企业用于研发创新的经费，降低研发活动的项目成本，在一定程度上提高创新活动的投资收益率，从而降低创新投入的外部性风险，消除企业的顾虑，增强创新投入的意愿，激励企业进行创新活动。

其次，从创新资源角度考虑，企业创新活动具有一定保密性和技术性，进一步加重了企业与外界之间的信息不对称问题，使得外部投资者无法了解企业的研发创新情况，而作为一种激励机制，政府补助有助于向市场释放积极信号，侧面反映出企业创新项目在技术和监管上符合国家政策导向和社会发展要求，从而降低信息不对称，减少外部投资者顾虑和投资风险，提高投资者热情，吸引市场资金向被补助企业聚集，帮助企业获得更多外部创新资源（夏清华等，2020）[199]和社会资源（郭玥，2018）[200]，从而弥补微观企业内部研发投资的不足和技术外部性产生的创新收益损失（Kang et al.，2012）[201]，缓解企业的外部性融资约束（Montmartin and Herrera，2015）[202]，对企业创新活动有一定的促进作用。

最后，从研发成本角度考虑，政府补助是一种流入企业的资源，直接或间接地增加了企业用于研发创新的经费，不仅能降低研发活动的项目成本，侧面缓解研发活动面临的风险，还能提高企业创新活动的投资收益率，激励企业投入研发项目。因此，政府补助能够缓解研发投资风险、获取创新资源、降低研发成本，激励企业加大研发创新投入，进而保障企业创新活动的可持续高质量发展。为此，基于上述理论分析，提出假设 5 – 1。

H5 – 2：政府创新补助能够促进企业创新投入。

5.2.2　研究设计

5.2.2.1　样本选择与数据来源

样本选取同前文一致，选取 2011 ~ 2021 年全部 A 股上市公司为研究对象，为了保证数据的稳定性、代表性及可获取性，对初始样本数据进行处理，具体处理方式与 5.1 小节保持一致，经筛选最终得到 1586 个公司在 11 年的研究期间内 17446 个研究样本的平衡面板数据。政府补助变量来自 CSMAR 数据库，具体上市企业获得政府创新补助的信息在企业年度财务报表附注"营业外收入"科目下的"政府补助明细"项当中，其他变量来源均与 5.1 小节保持一致。此外，对所有连续变量均在上下 1% 进行缩尾处理以消除极端值影响。

5.2.2.2 变量定义

（1）被解释变量：创新投入（$R\&D$）。参考王曦和杨博旭（2022）[135] 的做法，采用企业当年研发支出加 1 取对数衡量企业创新投入水平（$R\&D$）。

（2）解释变量：政府补助（Sub）。借鉴黄福广等（2022）[203] 做法，查找上市公司年报中"营业外收入"科目中的"政府补助明细"，搜索与研发相关的关键词，包括"创新""研发""863 计划"等词条，将每个企业每年各词条对应的金额进行加总。最终选取企业当期所获与研发相关的政府补助资金总额占营业收入的比重来衡量企业所获政府补贴。

（3）控制变量。与前文相同，选取企业年龄（Age）、企业规模（$Size$）、资产负债率（Lev）、盈利能力（ROA）、成长性（$Growth$）、第一大股东持股比例（$Top1$）作为该部分研究的控制变量。此外，还同时控制了行业固定效应和年度固定效应，具体定义情况见表 5-6。

表 5-6 变量定义

变量类型	变量名称	变量符号	定义
被解释变量	创新投入	$R\&D$	ln（企业当年研发投入 +1）
解释变量	政府补助	Sub	企业所获政府创新补助资金/营业收入
控制变量	企业年龄	Age	ln（观测值年份 - 公司 IPO 年份）
	企业规模	$Size$	ln（资产总额 +1）
	资产负债率	Lev	负债总额/资产总额
	盈利能力	ROA	净利润/总资产
	成长性	$Growth$	（本期营业收入 - 上期营业收入）/上期营业收入
	第一大股东持股比例	$Top1$	第一大股东持股比例
	年度	$Year$	年度虚拟变量
	行业	$Industry$	行业虚拟变量

5.2.2.3　模型构建

为检验研究假设 5 - 2，建立固定效应模型，即式（5.2），探究政府补助对企业创新投入的影响。

$$R\&D_{i,t} = \alpha_0 + \alpha_1 Sub_{i,t} + \gamma Control_{i,t} + \sum Year + \sum Industry + \varepsilon_{i,t}$$

$$(5.2)$$

其中，被解释变量为企业创新投入（$R\&D$），解释变量为政府补助（Sub），$Control$ 为控制变量，具体包括企业年龄（Age）、企业规模（$Size$）、资产负债率（Lev）、盈利能力（ROA）、成长性（$Growth$）、第一大股东持股比例（$Top1$），$Year$ 和 $Industry$ 分别为年份固定效应和行业固定效应，α_0 为常数项，α_1 可以度量政府补助对创新投入的影响，$\varepsilon_{i,t}$ 是随机误差项。

5.2.3　实证结果分析

5.2.3.1　描述性统计

该部分研究主要变量的描述性统计结果如表 5 - 7 所示。

表 5 - 7　　　　　　　　　　　主要变量描述性统计

变量	样本	均值	标准差	最小值	最大值
$R\&D$	17446	17.870	1.608	12.930	22.030
Sub	17446	0.007	0.012	0	0.091
Age	17446	2.339	0.694	0	3.466
$Size$	17446	22.300	1.243	19.690	26.270
Lev	17446	0.427	0.203	0.045	0.942
$Top1$	17446	0.316	0.153	0	0.722
ROA	17446	0.033	0.059	- 0.326	0.197
$Growth$	17446	0.003	0.060	- 0.007	0.044

表5-7展示了主要变量的描述性统计结果。政府创新补助的最小值为0，最大值为0.091，标准差为0.012，均值为0.007，说明大部分样本企业虽然获得过政府创新补助，但创新补助所提供的资金支持较低，且政府对不同企业的创新补助政策差异较大，存在一定的倾向性和针对性。

5.2.3.2 相关性分析

对创新投入（$R\&D$）、政府补助（Sub）以及主要控制变量进行Pearson相关检验。主要变量的相关性分析结果如表5-8所示。政府补助（Sub）与企业创新投入（$R\&D$）的Pearson系数为-0.122，且在1%的水平上显著。创新投入（$R\&D$）与大部分控制变量之间都在1%显著性水平上呈现相关关系，且变量之间的相关系数绝对值大部分低于0.5，证明所选取的控制变量具有一定的科学合理性。为排查模型中的多重共线性问题，对式（5.2）进行了VIF检验，VIF检验均值为1.21，最大值为1.48，最小值为1.02，远远小于合理值10，因此回归分析中模型不存在严重的多重共线性问题。

表5-8 　　　　　　　　　　　主要变量相关性分析矩阵

变量	$R\&D$	Sub	Age	$Size$	Lev	$Top1$	ROA	$Growth$
$R\&D$	1							
Sub	-0.122***	1						
Age	0.167***	-0.276***	1					
$Size$	0.554***	-0.208***	0.412***	1				
Lev	0.148***	-0.155***	0.366***	0.472***	1			
$Top1$	-0.002	0.051***	-0.121***	0.129***	0.033***	1		
ROA	0.144***	0.045***	-0.132***	0.047***	-0.345***	0.124***	1	
$Growth$	-0.013*	0.073***	-0.030***	-0.069***	-0.014*	-0.027***	-0.003	1

注：*、**、***分别表示在10%、5%和1%的水平上显著。

5.2.3.3　基准回归分析

（1）政府创新补助与创新投入。由表5－9数据可知，在式（5.2）中政府创新补助（*Sub*）与创新投入（*R&D*）的回归系数为1.935，且在5%水平上显著为正，这表明政府创新补助的增加带动了创新投入的提升，政府创新补助对企业创新投入具有显著正效应，研究结果证实了假设5－2，即政府创新补助能够促进企业创新投入。主要原因在于：一方面，作为一种积极信号，政府补助具有一定政策导向性，获得政府创新补助不仅可以降低企业创新投入的外部性风险，增强创新投入意愿，还能侧面反映出获得补助企业的创新项目在技术和监管方面的合规性。获得政府创新补助可以消除企业创新顾虑，降低投资者的投资风险和成本，吸引外源资金，对扩大企业创新投入具有促进作用。另一方面，政府创新补助更是一种激励机制，这种激励效应不仅可以缓解融资约束，降低信息不对称，帮助企业获得外部创新资源和社会资源，还能在拓宽企业创新项目融资来源的同时，降低研发项目成本，激励企业投入研发项目，由此支持了假设5－2。

表5－9　　　　　　　　　　政府补助与创新投入

变量	*R&D*
Sub	1.935 ** (2.53)
Age	−0.263 *** (−16.52)
Size	0.879 *** (98.57)
Lev	−0.267 *** (−4.84)
*Top*1	−0.164 *** (−2.70)
ROA	2.449 *** (15.22)

续表

变量	R&D
Growth	4. 967 *** （3. 21）
Year	Yes
Industry	Yes
Constant	- 2. 772 *** （ - 14. 42）
Observations	17446
R - squared	0. 527
F	587. 4

注：* 、** 、*** 分别表示在 10% 、5% 和 1% 的水平上显著，括号内为异方差稳健的 t 值。

（2）稳健性检验。为保证实验结果的可靠性，采用替换变量的方式对模型的稳健性进行检验，在该部分选取研发人员数量加 1 取对数（Person）作为被解释变量，替换前文中的创新投入（R&D）。将 Person 作为被解释变量代入式（5.2）中，具体结果如表 5 – 10 所示。政府补助（Sub）与研发人员数量（Person）的相关系数为 6.226，在 1% 水平上显著为正，所得结果与基准回归分析的结果保持一致，证明假设 5 – 2 的结论依然稳健。

表 5 – 10　　　　　　　　　　稳健性检验

变量	Person
Sub	6. 226 *** （7. 78）
Age	- 0. 214 *** （ - 12. 83）
Size	0. 701 *** （75. 14）
Lev	- 0. 271 *** （ - 4. 71）

变量	Person
Top1	-0.067 (-1.06)
ROA	1.556 *** (9.25)
Growth	9.913 *** (6.12)
Year	Yes
Industry	Yes
Constant	-10.508 *** (-52.27)
Observations	17446
R - squared	0.372
F	313.0

注：*、**、*** 分别表示在10%、5%和1%的水平上显著，括号内为异方差稳健的 t 值。

5.3　年报问询函监管与创新投入

5.3.1　理论分析与研究假设

在现行监管体系中，交易所问询函监管成为我国证券交易所规范企业信息披露的重要监管手段。问询函监管是一种对信息尚未完全披露或不准确披露的企业进行问询的监管方式。当交易所对企业生产经营过程披露的信息产生疑虑时，会向企业发放问询函，要求企业进一步披露信息。而企业的创新活动受到政府监管、相关政策的影响，通常伴随着不确定性和未知因素，当企业受到监管时，会向外界传递负面信息，可能会加剧公司研发风险。现有研究发现，政府监管是企业开展创新活动的影响因素，政府监管除了会抑制企业创新外，还会影响增量创新（Aghion et al.，2021）[31]。马百超（2021）[29]发现"遵守或解释"股利监管政策会通过降低自由现金流代理成本的形式抑制企业创新投入，并降低企业的创新产出。企业的技术创新同知识产权保护制度、交易制度以及政府政策等息息相关，齐绍洲（2018）[204]研究指出，企业所处市场经济政策的稳定与否显著影响企业的创新积极性高低，政府相关经济政策的出台对企业创新水平产生影响。还有学者发现上市公司受到交易所问询函监管会加剧融资约束程度，提高公司的债务和股权融资成本（陈琪等，2021）[205]，且问询函在加剧企业融资约束的同时，会降低现金持有水平，从而导致企业投资不足，进而降低了企业的投资效率（赵振洋等，2022）[206]。还有学者从利益相关者角度考虑，发现问询函监管能够激发外部利益相关者监督，如机构投资者、中小股东、审计师和媒体等（曹丰等，2021）[207]。

问询函监管作为一种非处罚性的监管方式，其产生的"聚光灯"效果会向外界资本市场释放示警信号，引发利益相关者对收函企业的广泛关注。对于管理层来说，企业受到监管表明年报信息披露存在瑕疵，侧面反映管理层的展业胜任能力有限，或者有故意隐瞒企业潜在经营风险的动机和其他自利行为，导致外界对管理层的信赖感降低，甚至迫使 CEO 或 CFO 离职变更（邓祎璐等，2021）[208]。企业开展研发创新活动要求管理层具备较强的风险感知能力和失败容忍度，根据"市场压力"假说，在这种情况下，为了职业发展和声誉，保障自身利益最大化，缓解各方信任危机，管理层往往会牺牲一些更具有价值、高风险、高不确定性的长期创新投资项目，而选择具有短期绩效和低风险的投资活动，从而迎合短期市场需求。

企业的创新投入除受到管理层特质的影响外，还与企业外界声誉和融资水平显著相关。从投资者角度考虑，一方面，企业收到年报问询函向外界释放的负面信号，如公司治理效率低、信息质量较差、审计质量不高等，使得企业声誉受损，投资者对企业未来收益的信任程度下降，认为其违约风险上升，诉讼风险提高（耀友福等，2020）[209]。另一方面，研发活动周期长、高风险、资金投入大等特点使风险敏感型投资者会对收函企业持审慎态度，研发投资意愿和热情降低，从而导致企业外部融资约束加剧（石昕等，2021）[210]，这些都对企业 R&D 投入产生显著的负面影响。

此外，企业收到年报问询函也会引起债权人的关注，由于信息不对称，债权人会对管理层的道德与能力产生怀疑，认为管理层无法实现自己的预期报酬，为保障自身资金安全，债权人会要求更高的风险溢价水平。因此，受到问询函监管会提高被问询企业的债务资金成本（胡宁等，2020）[211]。还有学者发现，供应商、客户可以感知到企业收到问询函所释放的各类风险信号，进而降低收函企业的商业信用融资水平（张勇等，2022）[212]，银行贷款利率也显著提高，贷款期限显著缩短，银行贷款要求提供担保的可能性和比例提高（何慧华等，2022）[213]。

综上所述，企业在收到证券交易所的问询函时，为控制潜在的诉讼风险和迎合短期市场需求，会减少在研发创新方面的资金支持，转而投入低风险投资项目。为此，基于上述理论分析，提出假设 5 - 3。

H5 - 3：证券交易所年报问询函监管对企业创新投入具有抑制效应。

5.3.2　研究设计

5.3.2.1　样本选择与数据来源

党的十九大报告明确指出"创新监管方式"，要求证监会在"放松管制、加强监管"的前提下发挥证券交易所的一线监管作用。上海证券交易所和深圳证券交易所分别在 2013 年和 2014 年正式开通上市公司财务报告信息披露直通车，在直通车制度实施前，交易所只发放了少量财务报告问询函，因此剔除全样本中 2011 ~ 2014 年的数据，以 2015 ~ 2021 年中国所有的 A 股上市公司为研究样本，对初始样本进行处理，具体处理方式与5.1 小节保持一致，最终研究样本为 11102 个，其中，曾收到年报问询函的样本为 1261 个。交易所年报问询函相关数据利用 Python 网络爬虫技术收集并手工整理完成，其他变量来源均与 5.1 小节保持一致，并对所有连续变量均在上下1%进行缩尾处理以消除极端值影响。

5.3.2.2 变量定义

（1）被解释变量：创新投入（R&D）。参考王曦和杨博旭（2022）[135]的做法，采用企业当年研发支出加1取对数衡量企业创新投入水平（R&D）。

（2）解释变量：年报问询函监管（Inquiry，Counts）。借鉴陈运森等（2019）[214]的研究，将年报问询监管变量分为是否收到年报问询函（Inquiry）和收到年报问询函的次数（Counts）。其中 Inquiry 为虚拟变量，企业当年收到年报问询函取1，否则取0；Counts 则是企业当年收到年报问询函的次数。

（3）控制变量。与前文相同，选取企业年龄（Age）、企业规模（Size）、资产负债率（Lev）、盈利能力（ROA）、成长性（Growth）、第一大股东持股比例（Top1）作为该部分研究的控制变量。此外，还同时控制了行业固定效应和年度固定效应，具体定义情况见表5-11。

表5-11　　　　　　　　　　　　变量定义

变量类型	变量名称	变量符号	定义
被解释变量	创新投入	R&D	ln（企业当年研发投入+1）
解释变量	年报问询函监管	Inquiry	企业 t 年是否收到年报问询函，收到取1，否则取0
		Counts	企业 t 年收到年报问询函的次数
控制变量	企业年龄	Age	ln（观测值年份-公司 IPO 年份）
	企业规模	Size	ln（资产总额+1）
	资产负债率	Lev	负债总额/资产总额
	盈利能力	ROA	净利润/总资产
	成长性	Growth	（本期营业收入-上期营业收入）/上期营业收入
	第一大股东持股比例	Top1	第一大股东持股比例
	年度	Year	年度虚拟变量
	行业	Industry	行业虚拟变量

5.3.2.3　模型构建

为检验研究假设 5 - 3，建立固定效应模型，即式（5.3）和式（5.4），探究年报问询函监管对企业创新投入的影响。

$$R\&D_{i,t} = \alpha_0 + \alpha_1 Inquiry_{i,t} + \gamma Control_{i,t} + \sum Year + \sum Industry + \varepsilon_{i,t}$$

$$（5.3）$$

$$R\&D_{i,t} = \alpha_0 + \alpha_1 Counts_{i,t} + \gamma Control_{i,t} + \sum Year + \sum Industry + \varepsilon_{i,t}$$

$$（5.4）$$

其中，式（5.3）和式（5.4）的被解释变量均为企业创新投入（$R\&D$），式（5.3）的解释变量为是否收到问询函（$Inquiry$），式（5.4）的解释变量为收到问询函的次数（$Counts$）。此外，$Control$ 为控制变量，具体包括企业年龄（Age）、企业规模（$Size$）、资产负债率（Lev）、盈利能力（ROA）、成长性（$Growth$）、第一大股东持股比例（$Top1$），$Year$ 和 $Industry$ 分别为年份固定效应和行业固定效应，α_0 为常数项，α_1 可以度量交易所问询函监管对创新投入的影响，$\varepsilon_{i,t}$ 是随机误差项。

5.3.3　实证结果分析

5.3.3.1　描述性统计

该部分研究主要变量的描述性统计结果如表 5 - 12 所示。

表 5 - 12　　　　　　　　　主要变量描述性统计

变量	样本	均值	标准差	最小值	最大值
$R\&D$	11102	18.160	1.610	12.930	22.030
$Inquiry$	11102	0.114	0.317	0	1
$Counts$	11102	0.117	0.334	0	3
Age	11102	2.579	0.459	1.609	3.466

续表

变量	样本	均值	标准差	最小值	最大值
Size	11102	22.550	1.209	19.690	26.270
Lev	11102	0.438	0.195	0.045	0.942
*Top*1	11102	0.294	0.152	0	0.722
ROA	11102	0.029	0.062	−0.326	0.197
Growth	11102	0.003	0.006	−0.007	0.043

描述性统计结果见表 5 – 12。创新投入（*R&D*）的最小值为 12.93，最大值为 22.03，均值为 18.16，标准差为 1.610，说明缩小样本后样本企业之间的创新投入水平仍存在较大差异；*Inquiry* 的均值为 0.114，即样本中有 11.4% 的企业收到年报问询函，*Counts* 的均值为 0.117，说明企业收函的平均次数是 0.117 次，企业收函的频率较低。

5.3.3.2　相关性分析

对创新投入（*R&D*）、年报问询函（*Inquiry*）以及主要控制变量进行 Pearson 相关检验。表 5 – 13 的相关系数检验结果表明，交易所发放年报问询函（*Inquiry*）与企业创新投入（*R&D*）的 Pearson 系数为 − 0.155，在 1% 水平下上显著负相关，说明企业收到年报问询函使得创新投入减少，初步验证假设 5 – 3。盈利能力（*ROA*）与企业规模（*Size*）的估计系数均在 1% 水平上显著正相关，表明盈利能力较强、规模较大的企业，有更强的意愿投入资金开展研发活动，符合已有文献的研究。此外，创新投入（*R&D*）与大部分控制变量具有显著的相关性，表明所选控制变量具有一定的科学性，且变量之间的相关系数绝对值大部分低于 0.5，涉及变量的 VIF 均低于 3，远远小于合理值 10，主要变量平均 VIF 值为 1.22，最大值为 1.50，最小值为 1.01，表明回归分析中变量不存在严重的多重共线性问题。

表 5 – 13　　　　　　　　　　　　主要变量相关性分析矩阵

变量	R&D	Inquiry	Age	Size	Lev	Top1	ROA	Growth
R&D	1							
Inquiry	– 0. 155 ***	1						
Age	0. 070 ***	– 0. 044 ***	1					
Size	0. 561 ***	– 0. 169 ***	0. 309 ***	1				
Lev	0. 152 ***	0. 090 ***	0. 249 ***	0. 434 ***	1			
Top1	0. 033 ***	– 0. 143 ***	0. 011	0. 190 ***	0. 057 ***	1		
ROA	0. 171 ***	– 0. 234 ***	– 0. 013	0. 117 ***	– 0. 302 ***	0. 128 ***	1	
Growth	– 0. 032 ***	0. 039 ***	– 0. 086 ***	– 0. 091 ***	– 0. 007	– 0. 011	– 0. 017 *	1

注：* 、** 、*** 分别表示在 10% 、5% 和 1% 的水平上显著。

5.3.3.3　基准回归分析

（1）年报问询函监管与企业创新投入。年报问询函监管与企业创新投入关系的回归结果如表 5 – 14 所示。从第（1）和第（2）列可以看出，收到年报问询函（Inquiry）相关系数为 – 0. 058，收到交易所年报问询函的次数（Counts）相关系数为 – 0. 056，两者均在 1% 的水平上显著为负，说明与未被交易所出具年报问询函的企业相比，收函企业的创新投入较少，且收函次数越多，抑制作用越明显，验证了假设 5 – 3，即证券交易所年报问询函监管对企业创新投入具有抑制效应。主要原因在于：首先，年报问询函监管所产生的"聚光灯"效果会引发利益相关者对收函企业的广泛关注。受到年报问询监管使得股东感知到风险，股东为保障自身利益最大化，并不愿将内源资金用于企业研发创新，从而导致创新投入不足。同样的，这也说明管理层在年报信息披露方面存在问题，存在故意隐瞒企业潜在经营风险的动机或者其展业胜任能力有限等，而管理层为迎合短期市场需求，更倾向于短期绩效和低风险的投资活动，会减少高风险和不确定性的长期 R&D 投资项目，从而减少创新投入。其次，年报问询监管也使得投资者对收函企业未来收益的信任程度下降，认为其违约风险上升，诉讼风险提高。风险敏感型投资者会对企业产生质疑，持审慎态度，研发投资意愿和热情降低，从而导致企业外部融资约束加剧，对企业创新投入产生负面影响。最后，为保障自身资金安全，债权人通常会要求更高的风险溢价水平，供应商、客户会降低收函企业的商业信用融资水平等，这些都不利于企业提高创新投入，由此支持了假设5-3。此外，盈利能力（ROA）和企业规模（Size）在1%水平上显著为正，表明盈利能力较强、规模较大的企业更愿意进行创新投入，与已有文献结论相符。

表5-14　　　　　　　　　年报问询函监管与企业创新投入

变量	(1)	(2)
	R&D	R&D
Inquiry	-0.058 *** (-2.94)	
Counts		-0.056 *** (-2.99)
Age	-0.379 *** (-5.24)	-0.379 *** (-5.23)
Size	0.782 *** (47.50)	0.782 *** (47.56)
Lev	-0.204 *** (-3.27)	-0.204 *** (-3.27)
Top1	0.049 (0.74)	0.049 (0.73)
ROA	0.281 *** (2.63)	0.279 *** (2.61)
Growth	-3.508 *** (-2.98)	-3.531 *** (-3.00)
Year	Yes	Yes
Industry	Yes	Yes

续表

变量	(1)	(2)
	R&D	R&D
Constant	0.783* (1.81)	0.778* (1.80)
Observations	11102	11102
R – squared	0.398	0.398
F	224.1	224.1

注：*、**、***分别表示在10%、5%和1%的水平上显著，括号内为异方差稳健的 t 值。

（2）稳健性检验。为了检验实证回归结果的稳定性，进行如下的稳健性检验。

第一，变更创新投入代理变量的稳健性检验。以研发人员数量加 1 取对数（Person）作为企业创新投入的替换变量，对式（5.3）和式（5.4）进行回归，具体回归结果见表 5 – 15。年报问询函监管（Inquiry，Counts）与研发人员数量（Person）的相关系数分别为 – 0.047 和 – 0.040，分别在1% 和 5% 的水平上显著为负，回归结果与前文一致，验证了假设 5 – 3 的稳健性。

表 5 – 15　　　　　　　　　稳健性检验

变量	(1)	(2)
	Person	Person
Inquiry	– 0.047*** (– 2.84)	
Counts		– 0.040** (– 2.52)
Age	– 0.217*** (– 3.58)	– 0.220*** (– 3.62)

续表

变量	（1）	（2）
	Person	Person
Size	0.634*** (45.91)	0.635*** (46.02)
Lev	−0.113** (−2.16)	−0.114** (−2.19)
Top1	0.063 (1.13)	0.064 (1.13)
ROA	−0.017 (−0.19)	−0.018 (−0.20)
Growth	−0.385 (−0.39)	−0.410 (−0.42)
Year	Yes	Yes
Industry	Yes	Yes
Constant	−8.533*** (−23.52)	−8.549*** (−23.57)
Observations	11102	11102
R − squared	0.272	0.272
F	126.7	126.6

注：*、**、***分别表示在10%、5%和1%的水平上显著，括号内为异方差稳健的 t 值。

第二，*PSM* 检验。为降低收函企业和未收函企业之间的特征差异，对两类企业进行倾向得分匹配（*PSM*）以控制内生性问题。具体进行 *PSM* 匹配时，首先构建 Logit 模型，采用最近邻匹配来构建控制组，参考陈运森等（2019）[214]的研究，选取以下影响企业收函的变量：企业年龄（*Age*）、盈利能力（*ROA*）、产权性质（*SOE*）、审计师是否属于四大会计师事务所（*Big*4）、是否财务重述（*RESTATE*）和避亏动机（*AVLOSS*）。其中，若企业为国有控股企业，*SOE* 取值为1，否则为0；当审计师来自四大会计师事务所，*Big*4 取1，否则取0；当公司发生财务重述时，*RE*-

STATE 为 1，否则为 0；当净资产收益率在 0% ~ 1% 时，*AVLOSS* 为 1，否则为 0。结果表明，选取的变量均显著影响了企业是否收到年报问询函，匹配样本满足共同支撑假设和平行性假设，具体结果见表 5 - 16 和表 5 - 17。此外，表 5 - 18 具体报告了匹配后的回归结果，式（5.3）和式（5.4）的回归结果表明，*Inquiry* 与 *Counts* 的估计系数均在 1% 水平上显著为负，表明在控制影响收函的其他因素后，交易所年报问询函监管与创新投入仍存在负向关系，论证了假设 5 - 3 的稳健性。

表 5 - 16　　　　　　　　　　　协变量回归

变量	*Inquiry*
Age	− 0. 430 *** (− 4. 38)
SOE	− 0. 729 *** (− 8. 18)
ROA	− 8. 813 *** (− 19. 28)
*Big*4	− 0. 713 *** (− 2. 78)
RESTATE	0. 855 *** (10. 05)
AVLOSS	0. 454 *** (3. 49)
Year	Yes
Industry	Yes
Constant	− 1. 556 *** (− 4. 40)
Observations	11102
Pseudo R^2	0. 152

注：*、**、***分别表示在 10%、5% 和 1% 的水平上显著，括号内为异方差稳健的 *t* 值。

表 5 – 17 平衡性检验结果

变量	未匹配前（U）匹配后（M）	均值		T 检验	
		处理组	控制组	t	p > |t|
Age	U	2.5223	2.5866	− 4.69	0.000
	M	2.5223	2.5516	− 1.77	0.077
SOE	U	0.2014	0.3906	− 13.21	0.000
	M	0.2014	0.1919	0.60	0.548
ROA	U	− 0.0114	0.0342	− 25.28	0.000
	M	− 0.0114	− 0.0102	− 0.34	0.732
Big4	U	0.0143	0.0477	− 5.46	0.000
	M	0.0143	0.0143	− 0.00	1.000
RESTATE	U	0.4473	0.2688	13.27	0.000
	M	0.4473	0.4512	− 0.20	0.841
AVLOSS	U	0.0666	0.0464	3.13	0.002
	M	0.0666	0.0587	0.82	0.411

表 5 – 18 匹配后回归

变量	(1)	(2)
	R&D	R&D
Inquiry	− 0.288 *** (− 5.47)	
Counts		− 0.271 *** (− 5.54)
Age	− 0.574 *** (− 8.68)	− 0.577 *** (− 8.73)
Size	0.900 *** (35.93)	0.900 *** (36.01)
Lev	− 0.177 (− 1.29)	− 0.186 (− 1.36)

续表

变量	(1)	(2)
	R&D	*R&D*
*Top*1	-0.067 (-0.33)	-0.068 (-0.34)
ROA	1.103 *** (3.23)	1.063 *** (3.12)
Growth	7.188 * (1.68)	6.874 (1.61)
Year	Yes	Yes
Industry	Yes	Yes
Constant	-1.691 *** (-3.04)	-1.690 *** (-3.04)
Observations	2187	2187
R - squared	0.494	0.494
F	75.23	75.29

注：*、**、*** 分别表示在10%、5%和1%的水平上显著，括号内为异方差稳健的 *t* 值。

第三，Heckman 两阶段。为缓解样本选择性偏差造成的内生性问题，采用 Heckman 两阶段模型，借鉴陈运森等（2019）[214]的做法，在第一阶段使用 Probit 模型，同时加入是否两职合一（*Dirceo*）、避亏动机（*ALOSS*）以及审计师是否属于四大会计师事务所（*Big*4）3 个变量，当总经理与董事长兼任时，*Pirceo* 取 1，否则取 0。将在第一阶段得到的逆米尔斯比率（*IMR*）加入第二阶段进行回归，表 5 - 19 为 Heckman 两阶段的回归结果，从第二阶段回归结果可以看出，加入逆米尔斯比率（*IMR*）后，*Inquiry* 的系数为 - 0.060，仍在 1% 水平上显著为负，即年报问询函监管对企业创新投入具有抑制效应，与假设 5 - 3 保持一致。

表 5 – 19　　　　　　　　　　　　　Heckman 两阶段检验

变量	(1)	(2)
	Inquiry	*R&D*
Inquiry		– 0. 060 *** (– 3. 06)
Dirceo	0. 090 ** (2. 29)	
AVLOSS	0. 268 *** (3. 73)	
*Big*4	– 0. 002 (– 0. 02)	
Age	– 0. 302 *** (– 6. 57)	– 0. 462 *** (– 5. 99)
Size	– 0. 309 *** (– 16. 33)	0. 720 *** (27. 81)
Lev	1. 285 *** (12. 43)	0. 063 (0. 60)
*Top*1	– 0. 906 *** (– 6. 71)	– 0. 157 * (– 1. 66)
ROA	– 3. 166 *** (– 11. 79)	– 0. 388 (– 1. 61)
Growth	5. 662 * (1. 93)	– 2. 201 * (– 1. 76)
IMR		0. 272 *** (3. 09)
Year	Yes	Yes
Industry	Yes	Yes
Constant	5. 556 *** (13. 20)	1. 718 *** (3. 26)
Observations	11102	11102
R – squared/ Pseudo R^2	0. 180	0. 399
F		216. 9

注：*、**、***分别表示在10%、5%和1%的水平上显著，括号内为异方差稳健的 *t* 值。

5.4　本 章 小 结

本章以 2011～2021 年 A 股上市公司为研究样本，探究了企业融资约束、政府补助和年报问询函监管对创新投入的影响。描述性统计研究发现，样本企业中有超过一半的企业融资约束程度高于平均值，表明大部分样本面临较高的融资约束，且所面临的融资约束程度差异较大。近年来随着政府支持力度的增大，超过 70% 的样本企业获得过政府创新支持，但大多数企业所获补助金额较低，政府的创新补助政策差异较大，且存在一定的倾向性和针对性。样本中有 11.4% 的企业收到过年报问询函，企业收函的平均次数是 0.117 次，说明目前受到证券交易所年报问询函监管的比例相对较低，企业收函的频率也较低。

实证结果分析发现，企业融资约束程度较高表明现金持有量有限，内部资金匮乏，不足以支撑创新活动的各个环节，且研发项目中存在的各种风险以及现实中利益相关者之间的利益冲突等都不利于企业开展创新项目投资，从而最终会抑制企业创新投入。而企业获得政府创新补助，可以对外释放积极信号，能够有效缓解研发投资风险、降低研发成本以及获取更多创新资源，从而激励企业加大研发创新投入，进而保障企业创新活动的可持续高质量发展。年报问询函监管所产生的"聚光灯"效果会使得利益相关者对收函公司持审慎态度，加剧管理层短视行为、降低投资者热情、提高债权人风险溢价水平以及降低供应商、客户的信任等，这些都会在一定程度上阻碍企业提高创新投入。

第6章 创新投入对创新绩效的影响研究

创新既需要足够的资金投入，又需要对资源的有效配置和充分利用。创新活动本身存在极大的风险和不确定性，企业创新投入能否促进创新绩效从而达到预期目标，是提高企业创新能力的关键所在。本章将进一步分析创新投入对创新绩效的影响，以充分了解我国企业创新投入的效率。

6.1 理论分析与研究假设

6.1.1 创新投入与创新绩效

创新理论认为，创新是经济发展的本质要求，更是经济增长的动力源泉。创新投入是微观企业根据市场环境，结合自身禀赋特点，以利润最大化为目的而实施的重要战略行动，不仅是提高企业自主创新能力的决定性因素之一，而且在很大程度上还决定着企业的创新绩效和综合竞争优势。关于创新投入与创新绩效的研究，国内学者发现创新投入对企业创新绩效有显著正向影响（孙早等，2012；刘志强等，2018；王曦等，2022）[86,96,135]。随着创新投入的增加，企业创新所能利用的技术资源增加，知识存量不断积累，有利于提高企业的创新产出（石丽静，2017）[78]。王素莲（2018）[89]以中小企业板上市公司为研究样本，发现 R&D 投资强度对公司创新绩效有正向促进作用。余泳等（2015）以省市高技术产业为研究样本，发现创新投入是中国高技术产业创新绩效的主要动力。其中，研发经费投入贡献大于研发人员投入，且 R&D 投入对中国高技术产业科研产出的影响强于新产品产出。国外学者杰斐逊（Jefferson，2004）[215]研究发现，考虑到不同的行业特征和产权结构的影响，中国的企业创新投入对产业创新绩效存在显著正向影响。薛尔（Scherer，1965）[69]将企业规模、市场势力等变量看成是影响产业创新绩效的关键性变量，在控制这些变量的影响后，企业创新投入对产业创新绩效有显著的正效应。

企业进行创新投资的目的是提升创新能力，形成区别于竞争对手的异质性资源优势，获得巨大的创新收益，即创新绩效（王素莲，2018）[89]。创新投入的增加有助于企业积累技术资源和知识存量，对企业创新产出有促进作用。资源基础观指出，资源不仅能帮助企业获得持续性竞争优势，还能提高企业创新绩效，企业创新就是利用技术人员、资金、研发设备等资源进行知识创造的过程，因此，创新投入是企业技术进步、产出成果的动力和基础。首先，充足的创新投入帮助企业进行知识、技术、资本的积累，通过对研发资源的不断整合、加工和利用，形成新的资本或资本升级渠道，不仅有助于创造新知识、新技术（石丽静，2017）[78]，还能促进企业创新。其次，创新投入的增加提高了研发人员间交流培训的机会，使得企业对新知识、新技术的消化吸收能力不断增强，有助于企业充分运用外部创新资源，实现自主技术创新，最终提升创新绩效。此外，企业扩大创新投入，有利于企业引进大量的先进生产设备、人才和技术等资源，提升工人的技能水平、工艺设计水平等，不仅能缓解资源约束和专业化分工的问题，还能实现企业在研发、生产、销售等环节的高度集成化，形成规模效应，使企业具备更强的市场适应能力，创新能力和速度得到加强，最终有助于企业产出新的成果、经验和技术，提升企业创新绩效（刘志强等，2018）[93]。

研发资金投入是企业开展研发活动、进行企业创新的必要基础，是提高企业创新绩效的重要决定因素，研发资金是否充足直接影响企业创新的成败。有学者认为企业研发投入正向促进企业创新绩效，影响企业创新绩效的产出能力（Yam et al.，2011；Feng et al.，2013）[63,216]，充足的创新投入使得企业创造出新工艺、新产品，不仅促进了企业新资本的产生或原有资本升级，还提高了企业生产过程中产品的技术水平及生产效率，形成新知识和新技术，从而推动专利产出的增长，提高创新绩效（孙早等，2012）[86]。因此，如果企业的创新投入取得成功，就可以实现新技术与企业各个生产环节相融，这将能优化企业原有的生产工艺、降低原产品的成本、提高劳动生产率，帮助企业以"质优价低"的竞争策略提高产品的市场竞争力和市场占有率，进而提高企业的绩效（王曦等，2022；Lechner et al.，2014）[95,217]。因此基于上述分析，提出假设6-1。

H6-1：创新投入对企业创新绩效有显著的促进作用。

6.1.2 创新投入与绿色创新绩效

可持续发展要求企业的发展既要满足当代人的需求，又不对后代人满足其需要的能力构成危害，应以公平性、持续性、共同性为原则，这也是我国实现"双碳"战略目标的要求。可持续发展离不开较高水平的科学技术支持，因此新时代不仅需要企业提高总体创新绩效，还需要加强绿色创新。绿色创新是指实现节约资源、环境改善，同时具备创新新颖性、价值性特征的生产活动。技术竞争理论认为，创新资源的数量和质量是创新能力的决定因素，因而创新资源优势可以转换为创新能力优势。企业创新投入作为创新资源的重要形式，其与企业绿色技术创新能力密切相关，李广培等（2018）研究发现R&D投入正向影响企业绿色产品创新能力、绿色工艺创新能力以及末端治理技术能力，从而对绿色创新绩效产生积极作用。张旭和王宇（2017）[218]从系统动力学视角出发，发现研发投入对绿色技术创新有正向作用，且随着时间变化不断增强。宋维佳等（2017）[219]认为，国内研发资金投入是我国绿色技术创新的最主要影响因素之一，将成为我国绿色技术创新产生的最主要方式，研发资金投入可以提高企业绿色技术创新水平。国外研究者指出，在诸多内部影响因素中，涵盖资金和人员的R&D投入与企业绿色技术创新能力密切相关，进而对绿色创新绩效产生积极作用（Lee et al.，2015；Huang et al.，

2016)[102,220]。滨本（Hamamoto，2006）[221] 还发现 R&D 投入可以通过"补偿效应""引致效应"有效提高绿色生产率，区域创新研发经费投入对区域绿色创新效率和效益均存在促进作用（肖振红等，2022）[100]。

企业扩大创新投入使得企业有充足的资金购置绿色工艺技术设备、软件硬件等，提升绿色新产品开发方面的能力，从而实现传统工艺设备、工艺技术的绿色改造（李苗苗等，2014）[222]。首先，充足的 R&D 资金能帮助企业开展绿色创新工作所需的培训活动，强化研发人员的绿色创新意识和技能，企业不仅通过技术硬件设备来提升绿色创新能力，还在精神层面上注重绿色创新，最终提升绿色创新绩效。其次，随着当前市场对绿色产品越来越强劲的需求，为了适应政府与行业协会主导下越来越严格的产品绿色标准，企业逐步意识到目前对传统产品的绿色改良是远远不足的，必须通过扩大创新投入提升绿色创新绩效，才能在资本市场上占据领先优势（李广培等，2018）[223]。此外，环境污染问题始终是社会各界聚焦的热点话题，外界关注度上升迫使企业不得不改变传统的污染处理方式，将更多的创新资源投入到环境治理技术的开发中。企业研发资金的投入有助于我国企业绿色创新系统的创新主体间开展绿色技术研发活动（毕克新等，2014）[224]，增强绿色创新研发能力，提升绿色创新绩效，从而缓解生产活动与环境保护之间的矛盾，最终实现经济效益和环境效益的统一（李广培等，2018）[223]。基于上述理论分析，提出假设 6－2。

H6－2：创新投入对企业绿色创新绩效有显著的促进作用。

6.2 研究设计

6.2.1 样本选择与数据来源

为与前文保持一致，仍选取 2011～2021 年全部 A 股上市公司为研究对象，为了保证数据的稳定性、代表性及可获取性，对初始样本数据进行了以下处理：（1）剔除 ST、*ST、PT 等经营异常的上市公司样本；（2）剔除金融保险行业公司数据；（3）剔除在研究区间内相关财务数据缺失的上市公司样本。经筛选最终得到 1586 个公司在 11 年的研究期间内 17446 个研究样本的平衡面板数据。创新绩效、绿色创新绩效以及其他变量数据均来源于 CSMAR 数据库、Wind 数据库以及中国研究数据服务平台（CNRDS）。主要运用 Excel 和 Stata 15.0 软件进行数据处理和统计分析，并对所有连续变量均在上下 1% 进行缩尾处理以消除极端值的影响。

6.2.2　变量定义

（1）被解释变量：创新绩效（Patent）。专利申请、专利产出、新产品销售收入、新产品产值等指标是以往文献研究中衡量创新绩效的常用方式。一般来讲，新产品销售收入和产值需要经过商业化并产生效益后才能准确反映创新绩效，企业层面数据获取难度较高。专利数据可得性好、通用性高，但专利从申请到授权会有无法确定的一段时间周期，因此借鉴王曦等（2022）[135] 的做法，选择专利申请总数来衡量企业创新绩效，即发明专利（Invia）、实用新型专利（Umia）以及外观设计专利（Desia）申请数量的总和来衡量。

绿色创新绩效（Grepatent）。国内对绿色技术创新的度量差异性较大，基于数据的可得性，借鉴王欣欣（2021）[92] 的做法，使用绿色发明专利（GreInvia）和绿色实用新型专利（GreUmia）申请总数来测度绿色创新绩效。

（2）解释变量：创新投入（R&D）。参考王曦和杨博旭（2022）[135] 的做法，采用企业当年研发支出加 1 取对数衡量企业创新投入水平（R&D）。

（3）控制变量。与前文相同，选取企业年龄（Age）、企业规模（Size）、资产负债率（Lev）、盈利能力（ROA）、成长性（Growth）、第一大股东持股比例（Top1）作为控制变量。此外，还同时控制了行业固定效应和年度固定效应，具体定义情况见表 6-1。

表 6 – 1 变量定义

变量类型	变量名称	变量符号	定义
被解释变量	创新绩效	*Patent*	ln（企业当期专利申请总量 + 1）
	绿色创新绩效	*Grepatent*	ln（企业当期绿色专利申请总量）
解释变量	创新投入	*R&D*	ln（企业当年研发投入 + 1）
控制变量	企业年龄	*Age*	ln（观测值年份 – 公司 IPO 年份）
	企业规模	*Size*	ln（资产总额 + 1）
	资产负债率	*Lev*	负债总额/资产总额
	盈利能力	*ROA*	净利润/总资产
	成长性	*Growth*	（本期营业收入 – 上期营业收入）/上期营业收入
	第一大股东 持股比例	*Top1*	第一大股东持股比例
	年度	*Year*	年度虚拟变量
	行业	*Industry*	行业虚拟变量

6.2.3 模型构建

为检验研究假设 6 – 1 和假设 6 – 2，建立固定效应模型，即式（6.1）和式（6.2），探究企业创新投入绩效的实证研究：

$$Patent_{i,t} = \alpha_0 + \alpha_1 R\&D_{i,t} + \gamma Control_{i,t} + \sum Year + \sum Industry + \varepsilon_{i,t}$$

$$(6.1)$$

$$Grepatent_{i,t} = \alpha_0 + \alpha_1 R\&D_{i,t} + \gamma Control_{i,t} + \sum Year + \sum Industry + \varepsilon_{i,t}$$

$$(6.2)$$

其中，式（6.1）和式（6.2）的解释变量均为企业创新投入（*R&D*），式（6.1）的被解释变量为创新绩效（*Patent*），式（6.2）的被解释变量为绿色创新绩效（*GrePatent*）。此外，*Control* 为控制变量，具体包括企业年龄（*Age*）、企业规模（*Size*）、资产负债率（*Lev*）、盈利能力（*ROA*）、成长性（*Growth*）、第一大股东持股比例（*Top1*），*Year* 和 *Industry* 分别为年份固定效应和行业固定效应，α_0 为常数项，α_1 可以度量创新投入对创新绩效和绿色创新绩效的影响，$\varepsilon_{i,t}$ 是随机误差项。

6.3 实证结果分析

6.3.1 描述性统计

该部分研究主要变量的描述性统计结果如表 6－2 所示。

表 6－2　　　　　　　　　　主要变量描述性统计

变量	样本	均值	标准差	最小值	最大值
R&D	17446	17.870	1.608	12.930	22.030
Patent	17446	1.905	1.681	0	8.866
Invia	17446	1.352	1.427	0	8.548
Umia	17446	1.216	1.440	0	7.718
Desia	17446	0.451	1.018	0	6.594
Grepatent	17446	0.511	0.930	0	6.267
GreInvia	17446	0.359	0.771	0	5.966
GreUmia	17446	0.300	0.667	0	5.468

表 6－2 的描述性统计结果显示：企业创新绩效（Patent）的均值为 1.905，最大值为 8.866，最小值为 0，标准差为 1.681。发明专利（Invia）的最大值为 8.548，均值为 1.352，标准差为 1.427。实用新型专利（Umia）的最大值为 7.718，均值为 1.216，标准差为 1.440。外观设计专利（Desia）的最大值为 6.594，均值为 0.451，标准差为 1.018。进一步计算可以得出，样本企业申请专利总数的最大值为 7086 件，最小值为 0，均值为 34.93 件，其中发明专利申请数平均为 16.98 件，占样本企业专利申请总数均值的 48.61%，实用新型专利申请数平均为 13.71 件，占专利

申请总数均值的 39.25%，外观设计专利申请数平均有 4.24 件，占专利申请总数均值的 12.14%。总体来看，我国上市公司不同企业间创新绩效存在较大差异，部分企业创新能力较弱，亟待提高。

企业绿色创新绩效（*Grepatent*）的均值为 0.511，最大值为 6.267，最小值为 0，标准差为 0.930。绿色发明专利申请数（*GreInvia*）的均值为 0.359，最大值为 5.966，最小值为 0，标准差为 0.771。绿色实用新型专利申请数（*GreUmia*）的均值为 0.3，最大值为 5.468，最小值为 0，标准差为 0.667。由此可以推出，样本企业申请绿色专利数的最大值为 526 件，最小值为 0，均值 2.95 件，其中，绿色发明专利申请数平均有 1.855 件，占样本企业绿色专利申请总数均值的 62.88%；绿色实用新型专利申请数平均有 1.095 件，占样本企业绿色专利申请总数均值的 37.12%。总体来看，我国上市公司绿色技术创新质量偏低，不同企业间存在较大差异。

6.3.2　相关性分析

对创新绩效（*Patent*）、绿色创新绩效（*Grepatent*）、创新投入（*R&D*）以及主要控制变量进行 Pearson 相关检验。主要变量的相关性分析的具体结果如表 6-3 所示。创新投入（*R&D*）与创新绩效（*Patent*）、绿色创新绩效（*Grepatent*）的 Pearson 系数分别为 0.439 和 0.363，均在 1% 水平上显著为正，研究假设 6-1 和假设 6-2 得到初步证实。创新绩效（*Patent*）、绿色创新绩效（*Grepatent*）与大部分控制变量之间都在 1% 显著性水平上呈现相关关系，且变量之间的相关系数绝对值大部分低于 0.5，证明所选取的控制变量具有一定的科学合理性。为排查模型中的多重共线性问题，对式（6.1）和式（6.2）进行了 VIF 检验，VIF 检验均值都为 1.42，远远小于合理值 10，说明模型回归有效性不会受多重共线性的影响。

表6-3　　　　　　　　　　　主要变量相关性分析矩阵

变量	Patent	Grepatent	R&D	Age	Size	Lev	Top1	ROA	Growth
Patent	1								
Grepatent	0.671 ***	1							
R&D	0.439 ***	0.363 ***	1						
Age	0.167 ***	−0.087 ***	−0.004	1					
Size	0.554 ***	0.201 ***	0.281 ***	0.412 ***	1				
Lev	0.148 ***	0.025 ***	0.139 ***	0.366 ***	0.472 ***	1			
Top1	−0.002	0.052 ***	0.035 ***	−0.121 ***	0.129 ***	0.033 ***	1		
ROA	0.144 ***	0.116 ***	0.039 ***	−0.132 ***	0.047 ***	−0.345 ***	0.124 ***	1	
Growth	−0.013 *	−0.014 *	0.047 ***	−0.030 ***	−0.069 ***	−0.014 *	−0.027 ***	−0.003	1

注：*、**、*** 分别表示在10%、5%和1%的水平上显著。

6.3.3　基准回归分析

（1）创新投入与创新绩效。创新投入与创新绩效关系的回归结果如表6-4所示。创新投入（R&D）与创新绩效（Patent）的相关系数为0.110，在1%水平上显著为正，表明创新投入对企业创新绩效有显著的促进作用，从而支持了假设6-1，即创新投入对企业创新绩效有显著的促进作用。主要原因在于：首先，创新投入增强不仅有助于企业积累创新资源，获得持续性竞争优势，还能通过对资源的加工整合形成新的资本渠道，创造新的知识和技术，最终有助于企业创新绩效的提升。其次，创新投入还可以提高研发人员的技术水平、引进先进创新设备等，这都将有助于增强企业创新能力，使其具备更强的适应能力，从而促进企业产出新成果，最终提高企业创新绩效。最后，充足的创新投入不仅可以实现新技术与企业各个生产环节相融，在生产过程中创造出新工艺，还能降低原产品的成本，提高劳动生产率，这将帮助企业提高创新绩效。

另外，创新绩效使用企业申请的专利数来衡量，且专利存在发明专利、实用新型专利和外观设计专利之分。因此，为深入考察创新投入对创新绩效的影响，分别使用发明专利（*Invia*）、实用新型专利（*Umia*）以及外观设计专利（*Desia*）代替创新绩效作为被解释变量，采用固定效应模型进行回归分析，具体结果见表6-4。结果发现创新投入与发明专利、实用新型专利以及外观设计专利的相关系数分别为0.073、0.076和0.034，且均在1%水平上显著为正，创新投入对这三种专利均具有显著促进作用。根据回归分析可知，创新投入对实用新型专利的正向影响最强，发明专利次之，外观设计专利最低。这可能是由于：在创新研发过程中，企业发明专利的技术含量要求高于实用新型专利，因此企业进行创新资金投入后，企业的发明专利产出效果弱于实用新型产品。另外，外观设计专利技术含量要求最低，但创新投入后的外观设计产品的产出效果却最差，这可能是由于企业将大量创新资金倾斜给发明专利与实用新型专利，而对外观设计专利的关注较低。

表6-4　　　　　　　　　　创新投入与创新绩效

变量	(1)	(2)	(3)	(4)
	Patent	*Invia*	*Umia*	*Desia*
R&D	0.110***	0.073***	0.076***	0.034***
	(9.35)	(7.28)	(7.22)	(4.48)
Age	-0.160***	-0.110***	-0.098***	-0.029
	(-4.65)	(-3.73)	(-3.18)	(-1.31)
Size	0.025	0.073***	-0.017	0.022*
	(1.26)	(4.25)	(-0.96)	(1.70)
Lev	0.072	0.112*	0.014	0.078*
	(0.97)	(1.78)	(0.22)	(1.65)
Top1	0.029	-0.024	-0.074	0.203***
	(0.31)	(-0.31)	(-0.90)	(3.40)
ROA	0.355**	0.391***	0.337**	-0.064
	(2.32)	(2.98)	(2.47)	(-0.65)

续表

变量	（1） *Patent*	（2） *Invia*	（3） *Umia*	（4） *Desia*
Growth	−1.399 （−0.87）	−2.310 * （−1.68）	−0.610 （−0.43）	0.887 （0.86）
Year	Yes	Yes	Yes	Yes
Industry	Yes	Yes	Yes	Yes
Constant	−0.369 （−0.84）	−1.513 *** （−4.02）	0.518 （1.32）	−0.592 ** （−2.10）
Observations	17446	17446	17446	17446
R − squared	0.054	0.050	0.056	0.012
F	27.56	25.42	28.64	5.724

注：*、**、*** 分别表示在 10%、5% 和 1% 的水平上显著，括号内为异方差稳健的 *t* 值。

（2）创新投入与绿色创新绩效。创新投入与绿色创新绩效的回归结果如表 6 - 5 所示。创新投入（*R&D*）与绿色创新绩效（*Grepatent*）的相关系数为 0.051，在 1% 水平上显著为正，从而支持了假设 6 - 2，即创新投入对企业绿色创新绩效有显著的促进作用。主要原因在于：首先，充足的创新投入资金不仅有助于企业购置绿色工艺技术设备，实现传统生产工艺的绿色改造，还可以开展绿色创新活动培训，提高研发人员的绿色创新意识，从技术层面和精神层面注重绿色创新，提升绿色创新绩效。其次，环境污染问题成为社会各界关注的热点，外界关注也迫使企业改变原有的生产方式，将创新资源投入到环境治理技术的研发中，绿色创新意识逐渐渗透到企业生产发展中，这将有助于企业开展绿色技术创新，增强绿色创新研发能力，提升绿色创新绩效。因此，企业提高创新投入有助于提升绿色创新绩效。此外，虽然企业的绿色创新意识和技能不断提升，越来越重视在绿色环保方面的新产品创造，但绿色创新专利只是企业整个创新专利的一部分，并不是外界资本市场的主要需求产品，因此创新投入对创新绩效的正向影响高于绿色创新绩效。

表 6 - 5　　　　　　　　创新投入与绿色创新绩效

变量	(1) *Grepatent*	(2) *GreInvia*	(3) *GreUmia*
R&D	0. 051 *** (6. 98)	0. 036 *** (5. 90)	0. 034 *** (5. 77)
Age	- 0. 042 * (- 1. 96)	- 0. 033 * (- 1. 82)	- 0. 020 (- 1. 15)
Size	0. 035 *** (2. 81)	0. 035 *** (3. 32)	0. 011 (1. 10)
Lev	0. 015 (0. 32)	0. 034 (0. 88)	0. 031 (0. 84)
*Top*1	- 0. 094 (- 1. 61)	- 0. 033 (- 0. 68)	- 0. 069 (- 1. 48)
ROA	0. 060 (0. 62)	0. 058 (0. 72)	0. 111 (1. 46)
Growth	- 0. 461 (- 0. 46)	- 0. 700 (- 0. 84)	0. 293 (0. 37)
Year	Yes	Yes	Yes
Industry	Yes	Yes	Yes
Constant	- 1. 121 *** (- 4. 08)	- 1. 041 *** (- 4. 53)	- 0. 504 ** (- 2. 30)
Observations	17446	17446	17446
R - squared	0. 039	0. 033	0. 030
F	19. 31	16. 32	15. 05

注：*、**、*** 分别表示在 10% 、5% 和 1% 的水平上显著，括号内为异方差稳健的 *t* 值。

另外，绿色创新绩效使用企业申请的绿色专利数来衡量，且专利有发明专利和实用新型专利两种。因此，为深入考察创新投入对绿色创新绩效的影响，分别使用绿色发明专利（*GreInvia*）和绿色实用新型专利（*GreUmia*）作为被解释变量，采用固定效应模型进行回归分析。结果发现创新投入与绿色发明专利、绿色实用新型专利的相关系数分别为 0.036 和 0.034，且均在 1% 水平上显著为正，创新投入对这两种专利均具有显著促进作用，但创新投入对绿色发明专利的正向影响高于绿色实用新型专利。

（3）稳健性检验。第一，为了检验假设 6 - 1 和假设 6 - 2 的稳定性，进行变更创新投入代理变量的稳健性检验。以研发人员数量加 1 取对数（*Person*）作为企业创新投入的替换变量，对式（6.1）和式（6.2）进行回归，具体回归结果见表 6 - 6 和表 6 - 7。研发人员数量（*Person*）与创新绩效（*Patent*）、绿色创新绩效（*Grepatent*）的相关系数分别为 0.183 和 0.069，均在 1% 的水平上显著为正。另外，研发人员数量（*Person*）与发明专利（*Invia*）、实用新型专利（*Umia*）、外观设计专利（*Desia*）以及绿色发明专利（*GreInvia*）和绿色实用新型专利（*GreUmia*）的相关系数均在 1% 水平上显著为正，回归结果与前文一致，验证了假说 6 - 1 和假设 6 - 2 的稳健性。

表 6 - 6　　　　　　　　　　稳健性检验（1）

变量	（1）	（2）	（3）	（4）
	Patent	*Invia*	*Umia*	*Desia*
Person	0.183 *** (11.17)	0.123 *** (8.76)	0.128 *** (8.73)	0.066 *** (6.28)
Age	- 0.163 *** (- 4.74)	- 0.112 *** (- 3.80)	- 0.100 *** (- 3.24)	- 0.029 (- 1.33)
Size	0.031 (1.62)	0.077 *** (4.65)	- 0.014 (- 0.82)	0.019 (1.56)

续表

变量	(1)	(2)	(3)	(4)
	Patent	*Invia*	*Umia*	*Desia*
Lev	0.075 (1.02)	0.114 * (1.82)	0.017 (0.26)	0.081 * (1.72)
*Top*1	0.005 (0.06)	− 0.040 (− 0.50)	− 0.091 (− 1.09)	0.195 *** (3.26)
ROA	0.382 ** (2.50)	0.408 *** (3.12)	0.355 *** (2.60)	− 0.058 (− 0.59)
Growth	− 2.141 (− 1.34)	− 2.805 ** (− 2.05)	− 1.122 (− 0.79)	0.648 (0.63)
Year	Yes	Yes	Yes	Yes
Industry	Yes	Yes	Yes	Yes
Constant	0.426 (0.95)	− 0.979 ** (− 2.56)	1.072 *** (2.69)	− 0.303 (− 1.06)
Observations	17446	17446	17446	17446
R − squared	0.057	0.052	0.058	0.013
F	28.75	26.17	29.41	6.319

注：*、**、*** 分别表示在 10%、5% 和 1% 的水平上显著，括号内为异方差稳健的 *t* 值。

表 6 − 7　　　　　　　　　　稳健性检验（2）

变量	(1)	(2)	(3)
	Grepatent	*GreInvia*	*GreUmia*
Person	0.069 *** (6.76)	0.051 *** (5.90)	0.039 *** (4.77)
Age	− 0.044 ** (− 2.05)	− 0.034 * (− 1.90)	− 0.021 (− 1.25)
Size	0.045 *** (3.77)	0.041 *** (4.10)	0.021 ** (2.15)

变量	(1)	(2)	(3)
	Grepatent	*GreInvia*	*GreUmia*
Lev	0.013 (0.29)	0.033 (0.86)	0.029 (0.78)
*Top*1	−0.103 * (−1.77)	−0.040 (−0.82)	−0.074 (−1.59)
ROA	0.076 (0.79)	0.069 (0.86)	0.123 (1.62)
Growth	−0.788 (−0.79)	−0.933 (−1.12)	0.086 (0.11)
Year	Yes	Yes	Yes
Industry	Yes	Yes	Yes
Constant	−0.825 *** (−2.96)	−0.824 *** (−3.53)	−0.340 (−1.53)
Observations	17446	17446	17446
R − squared	0.039	0.033	0.030
F	19.22	16.32	14.72

注：*、**、*** 分别表示在 10%、5% 和 1% 的水平上显著，括号内为异方差稳健的 *t* 值。

第二，滞后一期解释变量和控制变量以缓解内生性问题。本章主要基于创新投入产生创新绩效、绿色创新绩效的因果关系设计实证模型的，但反过来的逻辑关系也可能成立，即创新绩效和绿色创新绩效较好的企业拥有充足的资金，提高创新投入的意愿会更加强烈，从而提高创新投入，这种"反向因果"带来的内生性问题会造成估计的偏误。为此，借鉴赵晓阳（2022）[94] 的做法，将解释变量和控制变量滞后一期进行回归，由于企业当期的创新绩效一般不会影响前一期的创新投入，这样可以降低"反向因果"问题。具体结果如表 6 - 8 所示，在全样本下，创新绩效（*Patent*）和绿色创新绩效（*Grepatent*）的估计系数均在 1% 水平上显著为正，在滞后一期后，滞后一期创新绩效（*Patent*）和绿色创新绩效（*Grepatent*）的相关系数分别为 0.075 和 0.036，仍在 1% 水平上显著为正，因此可以认为假设 6 - 1 和假设 6 - 2 是比较稳健的。

表 6 - 8   内生性检验

变量	(1)	(2)
	ln*Patent*	*Grepatent*
$R\&D_{i,t-1}$	0.075 *** (6.03)	0.036 *** (4.59)
$Age_{i,t-1}$	- 0.180 *** (- 5.01)	- 0.058 ** (- 2.55)
$Size_{i,t-1}$	- 0.005 (- 0.25)	0.015 (1.12)
$Lev_{i,t-1}$	0.124 (1.60)	0.114 ** (2.31)
$Top1_{i,t-1}$	0.001 (0.01)	- 0.060 (- 0.73)
$ROA_{i,t-1}$	1.213 *** (7.47)	0.530 *** (5.14)
$Growth_{i,t-1}$	- 1.317 (- 0.79)	- 0.845 (- 0.80)
Year	Yes	Yes
Industry	Yes	Yes
Constant	1.019 ** (2.15)	- 0.451 (- 1.50)
Observations	15860	15860
R - squared	0.053	0.035
F	25.50	16.57

注：*、**、***分别表示在10%、5%和1%的水平上显著，括号内为异方差稳健的 *t* 值。

6.4　异质性分析

6.4.1　产权性质分组检验

国外学者研究发现国有企业和非国有企业的 R&D 投入与专利产出之间的关系存在显著差异（Boardman et al. , 1989）[84]。与国有企业相比，非国有企业进行创新投入更倾向于以市场需求为导向，主要目标是实现利润最大化，产权性质的激励机制使得非国有企业创新投入更注重企业技术的积累和创新能力的提升（Lin et al. , 2011）[85]。由于获得的政府支持相对较少，非国有企业一般选择与自身创新能力相匹配的创新投入水平，实现以较少的创新投入获得最大的创新绩效，保证所有者最终能够获得所有权带来的收益（孙早等，2012）[86]。金豪等（2017）[87]认为，与非国有企业的管理者相比，国有企业的管理者可能比较缺乏承担创新风险的勇气，对研发创新的动力不足，难以提高企业的创新绩效。但也有研究发现国有企业创新投入强度对创新绩效的正向影响高于非国有企业，刘和旺等（2015）[88]认为，得益于优渥的创新环境与混合所有制改革，国有企业 R&D 投入和专利产出均显著高于民营企业。王素莲（2018）[89]认为，非国有企业对创新资源的集聚和运用还不能做到游刃有余，当下难破 "创新是找死，不创新是等死" 的魔咒。杜雯秦等（2021）[82]也认为，国有企业样本的创新产出环节显著优于民营企业。因此，为探究不同产权性质下创新投入对创新绩效、绿色创新绩效的影响，根据企业产权性质将样本划分为国有企业和非国有企业进行回归分析。

从表 6 - 9 的结果可以看出，无论是国有企业还是非国有企业，创新投入（R&D）的相关系数均在1%水平上显著为正，即创新投入均显著促进了创新绩效、绿色创新绩效。其中，对于创新绩效而言，创新投入对非国有企业的提升作用相对更大，这可能是因为非国有企业体制灵活，虽获得政府支持相对较少，但自主创新意愿强烈，需要靠提升自身研发能力实现可持续发展，更富有创新活力。此外，来自竞争的创新压力和所有权激励在很大程度上也使得非国有企业的专利产出效率高于国有企业，因此非国有企业创新绩效相对较高。

而在绿色创新绩效方面，创新投入对国有企业的正向作用相对较强，这可能是因为：国有企业一般是环境规制政策的重点监察对象，其管理者大部分是由政府直接委派的，管理目标具有一定的政治性，且政府对国有企业绿色环保的要求更高。因此，为响应国家政策号召，国有企业更倾向于将研发资金投入到绿色产品的研发中，重视实质性的绿色创新，因此相较于非国有企业，国有企业的绿色创新绩效较高。

表 6 - 9   产权性质分组检验

变量	国有企业		非国有企业	
	(1)	(2)	(3)	(4)
	ln*Patent*	*Grepatent*	ln*Patent*	*Grepatent*
R&D	0.079 *** (4.52)	0.059 *** (5.25)	0.135 *** (8.10)	0.045 *** (4.40)
Age	0.112 (1.26)	0.061 (1.06)	-0.065 (-1.42)	0.006 (0.20)
Size	-0.025 (-0.72)	-0.007 (-0.31)	0.062 ** (2.36)	0.072 *** (4.53)
Lev	0.448 *** (3.29)	0.040 (0.45)	-0.089 (-0.98)	0.019 (0.34)
*Top*1	-0.852 *** (-4.14)	-0.318 ** (-2.40)	0.293 ** (2.33)	-0.033 (-0.43)
ROA	-0.038 (-0.13)	-0.066 (-0.36)	0.429 ** (2.28)	0.052 (0.46)
Growth	3.889 (1.53)	2.591 (1.58)	-4.844 ** (-2.31)	-2.440 * (-1.90)

续表

变量	国有企业		非国有企业	
	(1)	(2)	(3)	(4)
	ln*Patent*	*Grepatent*	ln*Patent*	*Grepatent*
Year	Yes	Yes	Yes	Yes
Industry	Yes	Yes	Yes	Yes
Constant	1.086 (1.36)	−0.228 (−0.44)	−1.897*** (−3.39)	−2.045*** (−5.95)
Observations	6538	6538	10908	10908
R−squared	0.062	0.046	0.066	0.044
F	12.01	8.789	20.60	13.57

注：*、**、***分别表示在10%、5%和1%的水平上显著，括号内为异方差稳健的 *t* 值。

6.4.2 是否为高科技企业分组检验

高新技术企业是知识密集、技术密集的经济实体，更倾向于依赖高技术含量的发明创造应对不确定的环境，赢得市场竞争力。杜雯秦等（2021）[82]研究认为高科技企业研发难度与风险较高，加之政府政策与宏观环境不确定，致使创新绩效并未达到期望值；而非高新技术企业创新投入水平普遍较低，反而导致创新边际产出更大，整体创新水平表现更优，创新投入显著提升企业创新绩效。但马克和等（2019）[72]以创业板上市公司为研究样本，发现高新技术企业创新投入对创新绩效的正向影响大于传统企业，高新技术企业创新投入产出效果更好。也有部分学者发现，高新技术企业研发经费投入并未有效转化为发明专利技术（卫平等，2021）[66]。因此，为探究行业异质性特征对创新投入与创新绩效、绿色创新绩效的影响，按是否为高科技企业进行分组回归，其中高科技企业界定借鉴《战略性新兴产业分类目录》相关文件，对照《上市公司行业分类指引（2012年修订）》，确定高科技上市公司样本。

由表6-10的结果可知，无论是否为高科技企业，创新投入（*R&D*）

的相关系数均在1%水平上显著为正，即企业创新投入均正向促进创新绩效、绿色创新绩效的提升，但创新投入对高科技企业的提升作用相对更大。造成这一结果的可能原因是：高科技企业属于知识和技术密集型行业，对于创新具有很高的依附性，它们的价值体现在创新，拥有较丰富的硬件基础设施储备和较强的创新能力，而非高科技企业的技术能力相对较低，在知识资本和技术密集型资本占比上处于劣势。因此，高科技企业技术能力往往比较强，专利等创新成果相对于非高科技企业而言更为丰硕，高科技企业创新投入对创新绩效、绿色创新绩效的正向影响均高于非高科技企业。

表6－10 是否为高科技企业分组检验

变量	高科技企业		非高科技企业	
	（1）	（2）	（3）	（4）
	ln$Patent$	$Grepatent$	ln$Patent$	$Grepatent$
R&D	0.131 ***	0.068 ***	0.103 ***	0.039 ***
	（7.42）	（5.95）	（6.31）	（3.96）
Age	－0.145 ***	－0.050 *	－0.177 ***	－0.041
	（－3.25）	（－1.76）	（－3.09）	（－1.18）
Size	0.002	0.020	0.123 ***	0.060 ***
	（0.07）	（1.10）	（3.83）	（3.09）
Lev	0.161	0.025	－0.016	－0.029
	（1.63）	（0.39）	（－0.14）	（－0.41）
Top1	0.002	－0.074	－0.083	－0.131
	（0.01）	（－0.93）	（－0.57）	（－1.49）
ROA	0.884 ***	0.214 *	－0.296	－0.189
	（4.39）	（1.66）	（－1.24）	（－1.31）
Growth	－2.234	－0.590	0.137	0.059
	（－1.01）	（－0.42）	（0.06）	（0.04）
Year	Yes	Yes	Yes	Yes
Industry	Yes	Yes	Yes	Yes

变量	高科技企业		非高科技企业	
	（1）	（2）	（3）	（4）
	ln*Patent*	*Grepatent*	ln*Patent*	*Grepatent*
Constant	− 0. 177 （− 0. 35）	− 1. 041 *** （− 3. 23）	− 2. 498 *** （− 3. 67）	− 1. 518 *** （− 3. 68）
Observations	10831	10831	6615	6615
R − squared	0. 057	0. 043	0. 072	0. 040
F	31. 07	22. 79	13. 86	7. 379

注：* 、** 、*** 分别表示在 10% 、5% 和 1% 的水平上显著，括号内为异方差稳健的 *t* 值。

6. 4. 3　是否为重污染企业分组检验

当前，我国重污染行业仍存在显著的负外部性，"创新却不绿色"问题突出，相较于其他行业，作为污染源头的重污染行业是政府推进绿色创新转型的重要载体，也是供给侧结构性改革中"三去一降一补"的对象（乔菲等，2022）。绿色创新技术在生产或产品中的应用，并不一定能从受益客户或社会中获得相应对价补偿，这就使得重污染行业绿色创新效率普遍偏低，整个行业处于有效创新但不绿色阶段（Fang et al. ，2019）[225]。但从长期来看，重污染企业提升创新绩效，尤其是绿色创新绩效，将有助于提高企业可持续发展能力和未来经济效益。已有研究表明政府环境规制对企业绿色创新的促进作用在污染程度高、缺陷严重的公司中更加显著（Berrone et al. ，2013）[226]。田红娜等（2020）[90]将中国 27 个制造行业按污染程度划分为轻、中、重度污染行业，发现企业研发资金投入对轻度污染行业绿色产品创新能力和绿色技术创新能力影响最大，短期内对重度污染行业的影响大于中度污染行业，长期则相反；污染程度越低的行业，其绿色工艺创新能力受企业研发资金投入影响越大。因此，为进一步探究创新投入对创新绩效、绿色创新绩效在重污染企业和其他企业中的不同影响，根据 2010 年《上市公司环境信息披露指南（征求意见稿）》，将火电、钢铁、水泥、电解铝等 16 类行业的上市公司作为重污染企业样本，其他为非重污染企业样本，最后按照是否为重污染企业进行分组回归分析。

由表 6 - 11 的结果可知，无论是否为重污染企业，创新投入（R&D）的相关系数均在 1% 水平上显著为正，即企业创新投入均正向促进创新绩效、绿色创新绩效的提升，但对非重污染企业的提升作用相对更大。造成这一结果的可能原因是：我国重污染企业发展速度较为缓慢，与现代信息技术衔接不够紧密。另外，作为污染排放的重灾区，重污染企业的环保意识不强，绿色创新战略实施并不均衡，且整体处于较低水平，整个行业处于有效创新但不绿色阶段，因此重污染企业的创新绩效、绿色创新绩效相对较低。

表 6 - 11 是否为重污染企业分组检验

变量	重污染企业		非重污染企业	
	（1）	（2）	（3）	（4）
	ln*Patent*	*Grepatent*	ln*Patent*	*Grepatent*
R&D	0. 092 *** (5. 07)	0. 052 *** (4. 84)	0. 127 *** (7. 98)	0. 056 *** (5. 40)
Age	- 0. 247 *** (- 3. 88)	- 0. 094 ** (- 2. 49)	- 0. 150 *** (- 3. 55)	- 0. 033 (- 1. 23)
Size	0. 032 (0. 87)	- 0. 003 (- 0. 13)	0. 062 ** (2. 45)	0. 056 *** (3. 43)
Lev	0. 121 (0. 92)	- 0. 060 (- 0. 77)	0. 075 (0. 81)	0. 060 (1. 01)
Top1	- 0. 266 * (- 1. 67)	- 0. 191 ** (- 2. 01)	0. 175 (1. 49)	- 0. 023 (- 0. 30)
ROA	0. 659 ** (2. 41)	0. 040 (0. 25)	0. 303 (1. 61)	0. 087 (0. 72)

变量	重污染企业		非重污染企业	
	(1)	(2)	(3)	(4)
	ln*Patent*	*Grepatent*	ln*Patent*	*Grepatent*
Growth	0.922 (0.26)	−0.817 (−0.39)	−2.873 (−1.59)	−0.479 (−0.41)
Year	Yes	Yes	Yes	Yes
Industry	Yes	Yes	Yes	Yes
Constant	−1.008 (−1.30)	−0.468 (−1.01)	−1.529 *** (−2.89)	−1.695 *** (−4.96)
Observations	5958	5958	11488	11488
R − squared	0.055	0.035	0.058	0.045
F	15.42	9.67	19.20	14.61

注：＊、＊＊、＊＊＊分别表示在10%、5%和1%的水平上显著，括号内为异方差稳健的 *t* 值。

6.4.4 企业所在地区分组检验

近年来，中国区域经济增长一直存在不平衡的态势，尤其是西部地区与东部地区在经济发展、居民收入水平以及教育水平上存在较大差距。较高的经济发展水平可以吸引大量高科技企业和人才，获得更加健全的技术研发设备，最终提升整体创新水平；居民收入的提高使得人民更加注重健康、绿色、环保，进一步促进企业提供绿色健康的新产品；教育水平的提升使得企业和社会储备更多的高素质、高学历人才，创新和知识产权的保护意识得到强化，有助于提高企业绿色技术创新能力（王欣欣，2021）。在现有研究中，吕忠伟等（2008）[310]把创新吸收能力作为区域差异的代理变量，发现东部地区的企业 R&D 投入对产业创新绩效具有显著的正效应，而中部地区和西部地区的企业 R&D 投入对产业创新绩效的正效应不显著。刘文琦（2019）[91]发现各省之间的高技术产业绿色创新效率差异较大，排名靠前的省域基本都处于东部或南部沿海经济发达地区，中西部地区相对落后。王欣欣等（2021）[92]研究发现，在东部地区企业创新投入对绿色技术创新产生的积极影响明显高于中部和西部地区，中部和西部地区的自然地理环境较为恶劣，收入水平和开放程度也相对较差，因此其技术创新效率和绿色技术创新发展低于东部地区。还有学者发现东部地区和西部地区企业创新投入对创新绩效具有促进作用，而中部地区则为抑制作用（张永安等，2020）[74]。因此，为探究不同区域企业创新投入对创新绩效、绿色创新绩效的影响，借鉴王宏鸣等（2022）[311]的研究，将总体样本划分为东、中、西部地区三个子样本，其中，东部地区包括北京、天津、河北、辽宁、上海、江苏、浙江、福建、山东、广东、海南；中部地区包括山西、吉林、黑龙江、安徽、江西、河南、湖北、湖南；西部地区包括内蒙古、广西、重庆、四川、贵州、云南、西藏、陕西、甘肃、青海、宁夏、新疆，分别对这三个地区的企业样本进行回归分析。

由表 6 - 12 可知，东部地区和西部地区企业创新投入与创新绩效的估计系数分别在 1% 和 5% 水平上显著为正，创新投入与绿色创新绩效估计系数均在 1% 水平上显著为正，而在中部地区创新投入与创新绩效和绿色创新绩效的关系分别在 10% 和 5% 水平上显著，由此可见，东部地区创新投入对创新绩效和绿色创新绩效的促进作用最强，西部次之，中部较弱。这可能是由于：东部地区经济发展水平高，有着优良的经营环境、科学的管理体系以及开放共享的氛围，创新资源与创新能力较强，技术积累和知识溢出使创新潜力得到了充分的发挥。此外，东部地区日益突出的绿色产品需求和不断加强的环境监管，促使企业更有动机和压力进行绿色创新，将研发资金投入绿色产品生产，最大限度地产出研究成果。西部地区在国家西部大开发的政策下，科研环境等相应的配套设施也在逐步完善，与企业投入的研发资金较为匹配，绿色创新意识逐渐提高。相较于东西部城市，中部地区企业创新能力、环保意识以及绿色创新能力有待增强，且部分企业工业化发展步伐较慢。

表 6 – 12 　　　　　　　　　　　企业所在地区分组检验

变量	东部地区		中部地区		西部地区	
	(1)	(2)	(3)	(4)	(5)	(6)
	lnPatent	Grepatent	lnPatent	Grepatent	lnPatent	Grepatent
R&D	0.144 *** (9.40)	0.059 *** (6.08)	0.051 * (1.92)	0.037 ** (2.24)	0.069 ** (2.53)	0.048 *** (3.19)
Age	−0.124 *** (−2.96)	−0.048 * (−1.80)	−0.217 *** (−2.71)	−0.044 (−0.86)	−0.345 *** (−3.05)	−0.090 (−1.44)
Size	0.002 (0.07)	0.035 ** (2.19)	0.115 ** (2.29)	0.059 * (1.84)	0.061 (1.15)	0.012 (0.42)
Lev	0.006 (0.07)	0.003 (0.06)	−0.036 (−0.20)	0.006 (0.05)	0.590 *** (3.11)	0.073 (0.69)
Top1	0.047 (0.40)	−0.182 ** (−2.49)	−0.128 (−0.59)	0.145 (1.05)	0.103 (0.42)	−0.031 (−0.23)
ROA	−0.051 (−0.27)	0.016 (0.14)	0.716 ** (1.97)	−0.218 (−0.95)	1.303 *** (3.02)	0.316 (1.32)
Growth	−1.231 (−0.64)	−0.670 (−0.54)	−1.195 (−0.32)	1.107 (0.47)	0.418 (0.09)	−0.910 (−0.36)
Year	Yes	Yes	Yes	Yes	Yes	Yes
Industry	Yes	Yes	Yes	Yes	Yes	Yes
Constant	−0.541 (−1.01)	−1.198 *** (−3.51)	−0.694 (−0.67)	−1.421 ** (−2.17)	−1.882 (−1.59)	−0.849 (−1.30)
Observations	11770	11770	3236	3236	2440	2440
R − squared	0.063	0.046	0.050	0.039	0.057	0.036
F	21.69	15.55	5.46	4.15	4.37	2.75

注：*、**、*** 分别表示在 10%、5% 和 1% 的水平上显著，括号内为异方差稳健的 t 值。

6.5　本章小结

本章以 2011～2021 年 A 股上市公司为研究样本，探究了创新投入对企业创新绩效、绿色创新绩效的影响。研究结果显示，我国上市企业总体技术创新质量偏低，不同企业间的创新绩效、绿色创新绩效均存在较大差异。回归分析结果显示：创新投入对创新绩效以及绿色创新绩效均有显著的促进作用。进一步分析，分别使用发明专利、实用新型专利以及外观设计专利衡量创新绩效进行检验，发现创新投入与发明专利、实用新型专利以及外观设计专利的相关系数均在1%水平上显著为正，创新投入对这三种专利均具有显著促进作用，且对实用新型专利的正向影响最强，发明专利次之，外观设计专利最低。同样的，针对绿色创新绩效，分别使用绿色发明专利和绿色实用新型专利衡量绿色创新绩效，回归结果发现创新投入与绿色发明专利、绿色实用新型专利的相关系数均在1%水平上显著为正，创新投入对这两种专利均具有显著促进作用，且创新投入对绿色发明专利的正向影响高于绿色实用新型专利。上述结论在替换解释变量、滞后一期解释变量和控制变量等方法后依旧稳健。

　　进一步异质性检验发现，第一，无论是国有企业还是非国有企业，创新投入均显著促进了创新绩效、绿色创新绩效，但创新投入对非国有企业创新绩效的提升作用相对更大，而对国有企业的绿色创新绩效促进作用更强。第二，企业创新投入对高科技企业和非高科技企业均能正向促进创新绩效、绿色创新绩效的提升，且创新投入对高科技企业创新绩效和绿色创新绩效的提升作用相对更大。第三，无论是否为重污染企业，企业创新投入均正向促进创新绩效、绿色创新绩效，但这种促进作用在非重污染企业中表现更强。第四，根据企业所在地区分组检验发现，东部地区创新投入对创新绩效以及绿色创新绩效的促进作用最强，西部地区次之，中部地区则较低。

第7章　创新投入与创新绩效
关系的调节因素研究

前面的研究发现，不同企业创新投入对创新绩效的影响存在一定的差异，探究哪些因素会对这一影响产生作用，有助于了解创新投入对创新绩效的作用机理、完善企业内外部环境、提高创新投入产出效率。因此，本章进一步研究影响创新投入对创新绩效作用的因素，从而为企业提高创新能力提供借鉴。

7.1　创新投入、财务冗余与创新绩效

7.1.1　理论分析与研究假设

财务冗余被定义为企业超额现金及现金等价物，表现为一种未被使用的借贷能力。具体的，财务冗余是一种冗余资源，包括企业内部流动性强、超过日常活动需要的尚未被使用的流动资金，以及超过现在债务水平可以向外部额外借贷的、风险较低的借贷能力。丹和盖革（Dan and Geiger，2015）[227]认为，财务冗余是未被吸收的超额储备，管理者对其配置具有很强的自由裁决力，是极其关键的创新资源。毕晓方等（2017）[228]认为，财务冗余是最容易被配置到以增长为目标的新领域之中的冗余资源，主要表示为可自由分配的财务资源（现金、现金等价物等），其对

企业创新活动具有积极影响。从既有研究来看，大量文献肯定了财务冗余对企业创新的促进效应。国外学者布朗和彼得森（Brown and Petersen，2011）[229]认为，企业的研发投资依赖于前期积累的内部流动性的财务资源，这些财务资源将成为决定企业研发活动能否顺利进行的关键因素（Lin et al.，2006）[230]。毕晓方等（2017）[228]认为，高水平的财务冗余政策与创新战略相协调，对企业持续保持竞争优势至关重要。还有学者认为财务冗余不仅能够促进研发强度对探索性创新的激发作用（周霞等，2018）[231]，还能够正向调节双元性创新与企业竞争地位间的关系（苏昕等，2019）[232]。连军等（2018）[233]认为，财务冗余能够缓解紧缩性货币政策对企业 R&D 投资的不利影响，董晓庆等（2020）[234]以资源基础理论为基础，发现财务冗余程度高的企业选择双元创新模式能够取得更高的企业绩效。王超发等（2020）[235]以高科技企业为研究对象，发现财务冗余资源不仅能正向调节探索式创新与企业投资价值之间的关系，还能正向调节利用式创新与企业投资价值之间的关系。此外，还有学者发现财务冗余可以正向调节海归高管对企业创新的促进作用（淦未宇等，2022）[236]。财务冗余类似自由现金流，充足的流动性在企业面临资源瓶颈时起到"资源缓冲池"作用（Bradley et al.，2011）[237]，在企业受到负面冲击时能够确保创新投资的持续性和平滑性（He and Wintoki，2016）[238]。因此，它不但可以为企业提供创新与变革所需的可自由配置的资源，还能提高企业动态环境适应性与风险承受能力，对企业研发创新成果产出具有积极影响。

第一，财务冗余能够有效缓解企业生产经营和创新过程的资源竞争压力，在保障企业当前利益的同时，还使得管理层积极投入创新投资项目，突破原有的领域边界从而产出新产品、创造新优势，这对推动企业创新成果产出、提高创新绩效具有促进作用。财务冗余还能够优化企业组织结构，缓和环境变化冲击，降低内部流程依赖，为收益不确定的创新项目提供支持，这些都将有助于企业塑造鼓励创新的内部环境（李冬伟和李建良，2010）[239]，成为促进企业创新产出的"催化剂"（苏昕等，2019）[232]。另外，财务冗余还可以与企业外部资源形成互补，为企业创新及战略制定提供资源支持（傅皓天等，2018）[240]。财务冗余从内部环境和外部资源两方面成为企业研发创新的基础保障和重要条件，能够显著提高企业创新绩效。

第二，财务冗余不仅可以缓解企业外部融资约束的不利影响，降低创新投资成本，还能为创新投资行为提供必要的流动性缓冲，提高管理者投资信心与风险偏好（Hailu et al.，2018）[241]，使得管理层更有动力和能力进行高风险的研发投资，实现创新成果产出，提高企业创新绩效（He and Wintoki，2016）[238]。由于企业创新活动中存在较高的信息不对称性，研发项目存在成功概率低、风险大以及不确定性高的特点，可能导致企业外部融资约束加剧（毕晓方等，2017）[228]，最终不利于企业开展创新活动。在此情况下，较高的财务冗余不仅为企业创新投入提供了流动性创新资源支撑，缓解融资约束问题，还能提高风险承担水平，减少创新投资成本，帮助研发创新过程进行知识储备和技术积累，从而提高研发成果转化率，促进企业创新绩效提升。除此之外，基于资源优化配置的考虑，企业通常会将冗余的财务资源投资于能为企业带来长期利益的研发投资活动中，现金冗余资源带来的收益不仅能够抵消管理者自由决策的边际代理成本，还可以保证创新投资行为的连续性、平滑性，使得企业借助现有资金抓住投资机会（姚晓林等，2018）[242]，这对提高创新资源配置效率，促进企业创新成果产出具有正向影响。因此，财务冗余资源对企业创新活动存在积极影响，能够正向调节创新投入对创新绩效的正向影响。基于上述理论分析，提出假设7-1。

H7-1：财务冗余可以正向调节创新投入对企业创新绩效的正向影响。

7.1.2 研究设计

7.1.2.1 样本选择与数据来源

为与前文保持一致，仍选取2011～2021年全部A股上市公司为研究对象，为了保证数据的稳定性、代表性及可获取性，对初始样本数据进行了以下处理：（1）剔除ST、*ST、PT等经营异常的上市公司样本；（2）剔除金融保险行业公司数据；（3）剔除在研究区间内相关财务数据缺失的上市公司样本。经筛选最终得到 1586 个公司在 11 年的研究期间内 17446 个研究样本的平衡面板数据。财务冗余变量数据来自 CSMAR 数据库，本章所使用基础数据与第 4 章 ~ 第 6 章一致，均来自 CSMAR 数据库、Wind 数据库以及中国研究数据服务平台（CNRDS）。此外，为了保证数据有效性并消除异常值对研究结论的干扰，对主要连续变量在上下 1% 的水平上进行了缩尾处理。

7.1.2.2 变量定义

（1）被解释变量：创新绩效（*Patent*）。借鉴王曦等（2022）[135] 的做法，选择专利申请总数来衡量企业创新绩效，即发明专利（*Invia*）、实用新型专利（*Umia*）以及外观设计专利（*Desia*）申请数量的总和来衡量。

（2）解释变量：创新投入（*R&D*）。参考王曦和杨博旭（2022）[135] 的做法，采用企业当年研发支出加 1 取对数衡量企业创新投入水平（*R&D*）。

（3）调节变量：财务冗余（*FS*）。借鉴赵晓阳（2022）[94] 的做法，采用现金及现金等价物/总资产作为财务冗余的衡量指标，代表了企业冗余的现金资产，该指标值越大表明企业的财务资源冗余程度越高。

（4）控制变量。与前文相同，选取企业年龄（*Age*）、企业规模（*Size*）、资产负债率（*Lev*）、盈利能力（*ROA*）、成长性（*Growth*）、第一大股东持股比例（*Top*1）作为该部分研究的控制变量。此外，还同时控制了行业固定效应和年度固定效应，具体定义情况见表 7 - 1。

表 7 - 1 变量定义

变量类型	变量名称	变量符号	定义
被解释变量	创新绩效	*Patent*	ln（企业当期专利申请总量 + 1）
解释变量	创新投入	*R&D*	ln（企业当年研发投入 + 1）
调节变量	财务冗余	*FS*	现金及现金等价物/总资产

变量类型	变量名称	变量符号	定义
控制变量	企业年龄	*Age*	ln（观测值年份 – 公司 IPO 年份）
	企业规模	*Size*	ln（资产总额 + 1）
	资产负债率	*Lev*	负债总额/资产总额
	盈利能力	*ROA*	净利润/总资产
	成长性	*Growth*	（本期营业收入 – 上期营业收入）/上期营业收入
	第一大股东持股比例	*Top*1	第一大股东持股比例
	年度	*Year*	年度虚拟变量
	行业	*Industry*	行业虚拟变量

7.1.2.3 模型构建

为检验研究假设 7 – 1，建立固定效应模型，即式（7.1），探究财务冗余对"创新投入—创新绩效"的影响研究：

$$Patent_{i,t} = \alpha_0 + \alpha_1 R\&D_{i,t} + \alpha_2 FS_{i,t} + \alpha_3 FS \times R\&D_{i,t} + \gamma Control_{i,t}$$
$$+ \sum Year + \sum Industry + \varepsilon_{i,t} \tag{7.1}$$

其中，被解释变量为创新绩效（*Patent*），解释变量为企业创新投入（*R&D*），调节变量为财务冗余（*FS*），$FS \times R\&D$ 为创新投入与财务冗余的交乘项。此外，*Control* 为控制变量，具体包括企业年龄（*Age*）、企业规模（*Size*）、资产负债率（*Lev*）、盈利能力（*ROA*）、成长性（*Growth*）、第一大股东持股比例（*Top*1），*Year* 和 *Industry* 分别为年份固定效应和行业固定效应，α_0 为常数项，α_3 反映创新投入与财务冗余对创新绩效的影响，$\varepsilon_{i,t}$ 是随机误差项。

7.1.3 实证分析

7.1.3.1 描述性统计

该部分研究主要变量的描述性统计结果如表 7 – 2 所示。

表 7 - 2　　　　　　　　　　主要变量描述性统计

变量	样本	均值	标准差	最小值	最大值
R&D	17446	17. 870	1. 608	12. 930	22. 030
Patent	17446	1. 905	1. 681	0	8. 866
FS	17446	0. 158	0. 130	- 0. 004	0. 993
Age	17446	2. 339	0. 694	0	3. 466
Size	17446	22. 300	1. 243	19. 690	26. 270
Lev	17446	0. 427	0. 203	0. 045	0. 942
Top1	17446	0. 316	0. 153	0	0. 722
ROA	17446	0. 033	0. 059	- 0. 326	0. 197
Growth	17446	0. 003	0. 060	- 0. 007	0. 044

表 7 - 2 的描述性统计结果显示：财务冗余（FS）的最小值为 - 0. 004，最大值为 0. 993，均值为 0. 158，标准差为 0. 130，说明部分样本企业的财务冗余严重低于行业均值，且样本企业之间的财务冗余差异较大。其他变量分析已在第 4 章 ~ 第 6 章进行了详细阐述，此处不再赘述。

7.1.3.2　相关性分析

主要变量的相关性分析结果如表 7 - 3 所示。财务冗余（FS）与企业创新绩效（$Patent$）的相关系数为 0. 008 但不显著，但财务冗余对创新绩效的具体影响程度和方向是由模型决定的，后续会进行进一步回归分析。另外，企业创新绩效（$Patent$）与大部分控制变量之间都在 1% 显著性水平上呈现相关关系，且变量之间的相关系数绝对值大部分低于 0. 5，证明所选取的控制变量具有一定的科学合理性。为排查模型中的多重共线性问题，对式（7.1）中涉及变量进行了方差膨胀因子（VIF）检验，结果显示 VIF 检验均值为 1. 43，最大值为 2. 17，最小值为 1. 01，远远小于合理值 10，因此表明回归分析中模型不存在严重的多重共线性问题。

表 7 – 3　　　　　　　　　　主要变量相关性分析矩阵

变量	Patent	R&D	FS	Age	Size	Lev	Top1	ROA	Growth
Patent	1								
R&D	0.439 ***	1							
FS	0.008	– 0.070 ***	1						
Age	– 0.087 ***	0.167 ***	– 0.331 ***	1					
Size	0.201 ***	0.554 ***	– 0.256 ***	0.412 ***	1				
Lev	0.025 ***	0.148 ***	– 0.426 ***	0.366 ***	0.472 ***	1			
Top1	0.052 ***	– 0.002	0.071 ***	– 0.121 ***	0.129 ***	0.033 ***	1		
ROA	0.116 ***	0.144 ***	0.261 ***	– 0.132 ***	0.047 ***	– 0.345 ***	0.124 ***	1	
Growth	– 0.014 *	– 0.013 *	0.073 ***	– 0.030 ***	– 0.069 ***	– 0.014 *	– 0.027 ***	– 0.003	1

注：*、**、***分别表示在10%、5%和1%的水平上显著。

7.1.3.3　基准回归分析

（1）创新投入、财务冗余与创新绩效。表 7 – 4 列示了创新投入、财务冗余与创新绩效之间关系的检验结果。式（7.1）的回归结果显示，在控制其他因素的影响后，创新投入（R&D）的相关系数为 0.369，在 1% 的水平上显著为正，财务冗余与创新投入的交乘项（FS × R&D）的相关系数为 0.214，在 1% 水平上显著为正，表明财务冗余提高了创新投入与创新绩效之间的正相关关系，即财务冗余资源的增强使得创新投入对企业创新绩效的促进作用有所加强，研究假设 7 – 1 得到验证，证实了财务冗余正向调节创新投入对企业创新绩效的正向影响。此外，该研究中创新绩效使用企业申请的专利数来衡量，且专利存在发明专利、实用新型专利和外观设计专利之分。因此，为深入考察财务冗余对"创新投入—创新绩效"的影响，分别使用发明专利（Invia）、实用新型专利（Umia）以及外观设计专利（Desia）代替创新绩效作为被解释变量，采用固定效应模型进行回归分析。结果发现第（2）、（4）列财务冗余与创新投入的交乘项（FS × R&D）相关系数分别为 0.186 和 0.432，均在 1% 水平上显著为正，但第（3）列的相关系数为正但并不显著，表明财务冗余对"创新投入—

创新绩效"的正向影响主要体现在发明专利（*Invia*）和外观设计专利
（*Desia*）上，财务冗余资源的增强不能提高创新投入对企业实用新型专利
的促进作用。研究假设 7 - 1 得到进一步检验，证实了财务冗余资源可以
正向调节创新投入与创新绩效之间的关系，但这种作用只能发挥在发明专
利和外观设计专利中。

表 7 - 4　　　　　　　　　创新投入、财务冗余与创新绩效

变量	(1)	(2)	(3)	(4)
	Patent	*Invia*	*Umia*	*Desia*
R&D	0.369 *** (28.83)	0.328 *** (30.07)	0.290 *** (25.47)	0.055 *** (6.35)
FS	− 3.419 *** (− 3.33)	− 2.854 *** (− 3.27)	− 0.149 (− 0.16)	− 6.721 *** (− 9.66)
FS × R&D	0.214 *** (3.66)	0.186 *** (3.72)	0.016 (0.30)	0.432 *** (10.87)
Age	− 0.408 *** (− 19.54)	− 0.249 *** (− 13.97)	− 0.360 *** (− 19.43)	− 0.057 *** (− 4.05)
Size	0.090 *** (6.29)	0.117 *** (9.52)	0.067 *** (5.23)	0.046 *** (4.72)
Lev	0.321 *** (4.33)	0.248 *** (3.93)	0.582 *** (8.86)	0.112 ** (2.23)
Top1	− 0.095 (− 1.21)	− 0.341 *** (− 5.10)	0.037 (0.53)	− 0.020 (− 0.38)
ROA	1.210 *** (5.74)	0.911 *** (5.08)	0.200 (1.07)	0.973 *** (6.82)
Growth	3.618 * (1.80)	3.155 * (1.85)	3.444 * (1.94)	2.545 * (1.87)
Year	Yes	Yes	Yes	Yes
Industry	Yes	Yes	Yes	Yes
Constant	− 6.769 *** (− 22.77)	− 7.070 *** (− 27.93)	− 5.588 *** (− 21.18)	− 1.714 *** (− 8.51)

续表

变量	(1)	(2)	(3)	(4)
	Patent	*Invia*	*Umia*	*Desia*
Observations	17446	17446	17446	17446
R – squared	0.277	0.273	0.224	0.094
F	190.6	186.6	143.8	51.70

注:*、**、***分别表示在10%、5%和1%的水平上显著,括号内为异方差稳健的 *t* 值。

(2)稳健性检验。为了检验实证回归结果的稳定性,进行变更创新投入代理变量的稳健性检验。选择研发人员数量加1取对数(*Person*)作为企业创新投入的替换变量,对式(7.1)进行回归,具体回归结果如表7-5所示。在控制其他因素的影响后,*Person* 的相关系数为0.328,在1%的水平上显著为正,财务冗余与创新投入的交乘项(*FS × Person*)的相关系数为0.153,在1%水平上显著为正,表明财务冗余对创新投入与创新绩效之间关系的正向影响显著,表明该部分研究的结论较为稳健,研究假设7-1再次得到验证。此外,使用研发人员数量(*Person*)作为企业创新投入的替换变量,分别使用发明专利(*Invia*)、实用新型专利(*Umia*)以及外观设计专利(*Desia*)代替创新绩效作为被解释变量,根据式(7.1)重新进行回归可知,第(2)、(4)列财务冗余与研发人员数量的交乘项(*FS × Person*)的相关系数分别为0.111和0.378,分别在5%和1%水平上显著为正,但第(3)列的相关系数为正但仍不显著,进一步验证了财务冗余对"创新投入—创新绩效"的正向影响主要体现在发明专利(*Invia*)和外观设计专利(*Desia*)上的这一发现。

表7-5 稳健性检验

变量	(1)	(2)	(3)	(4)
	Patent	*Invia*	*Umia*	*Desia*
Person	0.328*** (26.19)	0.275*** (25.58)	0.266*** (24.04)	0.079*** (9.39)

续表

变量	（1）	（2）	（3）	（4）
	Patent	*Invia*	*Umia*	*Desia*
FS	− 0. 564 * （− 1. 73）	− 0. 256 （− 0. 91）	0. 049 （0. 17）	− 1. 226 *** （− 5. 60）
FS × Person	0. 153 *** （2. 60）	0. 111 ** （2. 20）	0. 003 （0. 07）	0. 378 *** （9. 58）
Age	− 0. 431 *** （− 20. 64）	− 0. 274 *** （− 15. 28）	− 0. 379 *** （− 20. 53）	− 0. 047 *** （− 3. 36）
Size	0. 197 *** （14. 74）	0. 225 *** （19. 67）	0. 137 *** （11. 59）	0. 055 *** （6. 18）
Lev	0. 297 *** （3. 98）	0. 222 *** （3. 47）	0. 569 *** （8. 64）	0. 106 ** （2. 11）
*Top*1	− 0. 131 * （− 1. 66）	− 0. 375 *** （− 5. 53）	0. 013 （0. 18）	− 0. 029 （− 0. 55）
ROA	1. 674 *** （7. 92）	1. 352 *** （7. 47）	0. 518 *** （2. 77）	1. 076 *** （7. 59）
Growth	2. 205 （1. 09）	2. 122 （1. 23）	2. 231 （1. 25）	1. 957 （1. 44）
Year	Yes	Yes	Yes	Yes
Industry	Yes	Yes	Yes	Yes
Constant	− 4. 644 *** （− 16. 81）	− 5. 406 *** （− 22. 84）	− 3. 641 *** （− 14. 93）	− 1. 459 *** （− 7. 87）
Observations	17446	17446	17446	17446
R − squared	0. 266	0. 253	0. 220	0. 099
F	180. 0	168. 1	140. 2	54. 92

注：*、**、*** 分别表示在 10% 、5% 和 1% 的水平上显著，括号内为异方差稳健的 *t* 值。

7.2 创新投入、ESG 表现与创新绩效

7.2.1 理论分析与研究假设

环境、社会和公司治理又称为 ESG（Environmental, Social and Governance），是从环境、社会和公司治理三个维度评估企业经营的可持续性与对社会价值观念的影响。ESG 概念产生自 CSR（Corporate Social Responsibility），即"企业社会责任"，是一种体现企业针对各利益相关方如股东、债权人、职工、社区、供应商、客户、监管方等，对自身经济、环境、社会等方面的信息要求作出的回应。ESG 理念最早可追溯至 20 世纪六七十年代的环境保护运动，由联合国环境规划署在 2004 年正式提出，随后，投资界和上市公司报告中 ESG 逐渐盛行。近年来，我国也日益重视企业的 ESG 建设，2018 年 9 月，证监会发布修订后的《上市公司治理准则》，增加了"利益相关者、环境保护与社会责任"章节，规定：上市公司应当依照法律法规和有关部门要求披露环境信息（E）、履行扶贫等社会责任（S）以及公司治理相关信息（G）。2022 年 3 月，国务院国资委成立科技创新局及社会责任局，指导推动企业积极践行 ESG 理念，主动适应、引领国际规则标准制定，更好推动可持续发展。同年 5 月，国务院国资委制定印发《提高央企控股上市公司质量工作方案》，要求"贯彻落实新发展理念，探索建立健全 ESG 体系"。截至 2022 年 5 月底的统计数据显示，2021 年我国 ESG 披露企业 1267 家，占 A 股上市企业的 27.5%。[①] 与此同时，ESG 评级也逐渐进入各学者的研究视野。企业 ESG 是一种投资理念，其表现评级是从环境、社会和公司治理三个方面对公司

---

① 润灵环球，第一财经研究院，诺亚控股 . 2022 中国 A 股公司 ESG 评级分析报告 ［R］. 2022.

的风险和未来可持续发展能力进行综合评价，该评价一方面体现了企业的环保意识、社会责任的承担情况和治理水平，另一方面可以向外界传递传统财务信息无法表现的企业价值取向。

根据已有研究，有学者认为 ESG 作为一种高回报低风险活动（Verheyden et al.，2016）[243]，其价值会潜移默化渗透到企业各方面（Amel-Zadeh et al.，2018）[244]，对企业绩效的提升具有促进作用（Ghoul et al.，2017）[245]。刘会洪等（2023）[246]也在研究中指出 ESG 表现可以影响企业的利益相关者关系、生产经营以及公司治理，同时对企业股价波动性具有显著的抑制作用，休斯顿和单（Houston and Shan，2022）[247]认为在信息不对称环境下，企业 ESG 表现越好，越有助于企业赢得各利益关联者的信任，从而在降低营业成本的同时提升企业经营效率。谢红军和吕雪（2022）[248]的研究也表明企业的 ESG 优势不仅可以降低其债务成本，缓解融资约束，而且在面临不同的东道国 ESG 时，可以在投资中克服环境因素引起的外来者劣势。由此可以看出，企业实施 ESG 理念，可以从不同方面提高企业长期发展价值，以下将从其对企业创新绩效的影响展开详细分析。

首先，从企业的环境责任表现来看，企业承担环境责任，意味着其产品向绿色化发展，生产过程向节能省耗、低污染排放等方向改进，其原材料使用也更符合环保标准，但无论是产品的绿色化，还是生产过程的节能化，都需要企业加大研发投入，提高创新绩效水平（Pavelin and Porter，2008）[249]。同时，研究表明积极承担环境责任的企业更有可能获得政府财政支持，即政府有权决定将有价值的资源向严格遵守并认真执行环保法律法规的企业倾斜。这种资源支持对企业进行创新活动、激励企业提高创新意愿具有至关重要的影响（熊国保等，2020）[250]。另外，企业承担环境责任增加了其与环保组织的沟通交流，有利于促进企业信息共享和知识更新，弥补其内部信息知识的不足，从而有助于触发创新潜力，提高创新绩效（熊国保等，2020）[250]。除此之外，环境责任的承担还有利于企业树立良好的环保形象，获得内外部投资者的更多信任与青睐，研究认为企业内部投资者为维护自身权益，往往希望管理者积极履行环境责任并对外披露相关信息，而企业对相关信息进行披露，也帮助其树立一个积极响应国家环保政策的良好形象，并进一步获得外部投资者的青睐，使企业获得更多的创新资源，从而提高企业创新绩效（张萃等，2017）[251]。

其次，从企业的社会责任表现来看，企业履行社会责任有助于其与各利益相关者建立广泛的信息沟通网络，在实现知识共享缓解信息不对称问题的同时，有利于提高投资者信心，重塑企业的知识体系和创新思维，进而获取更多创新活动所需资源，最终提升企业创新绩效（刘岚等，2016）[252]。研究认为 ESG 建设本身存在一定成本和外部性，其发展理念对企业将目标由价值最大化逐渐转移到兼顾经济价值和社会价值具有促进作用，一方面较好地实现企业所有者、管理者、内部员工、供应商、消费者和一般社会公众的利益平衡，增加各利益相关者的信任水平，促进企业关系网络和发展创新资源的重新整合（方先明等，2023）[253]。另一方面，研究发现 ESG 的社会责任理念也为企业积累社会资本和建立商业合作网络提供了便利，对企业减少商业风险，缓解创新过程中的资源约束具有重要作用（Zhang and Lucey，2022）[254]。与此同时，企业履行社会责任的良好形象还有助于吸引有创造力的员工加入，实现内部信任度和分工协作效率的提升，从而形成内外部创新资源的良性循环，进一步提高企业创新绩效（Zuo et al.，2022）[255]。

最后，从公司治理表现来看，研究表明良好的公司治理可以通过股权制衡、股权激励等方式缓解委托代理问题，促使管理者注重企业技术创新，实现未来可持续发展（王治等，2022）[256]。方先明等（2023）[253]认为，企业的 ESG 优势可以通过良好的公司治理制度，促进管理者和股东的利益相协调，提升管理者的风险承担意愿，进而增加企业创新活动，提升创新绩效。同时，ESG 信息披露展示出企业治理水平的高低，有助于管理层在内外部监督不断强化的情境下，更注重创新发展，积极提升创新绩效水平（李慧云，2022）[257]。综上所述，提出假设 7 - 2。

H7 - 2：企业 ESG 表现可以正向调节创新投入对企业创新绩效的正向关系。

7.2.2　研究设计

7.2.2.1　样本选择与数据来源

为与前文保持一致，仍选取 2011～2021 年全部 A 股上市公司为研究对象，为了保证数据的稳定性、代表性及可获取性，对初始样本数据进行处理，具体处理方式与 7.1 小节保持一致，经筛选最终得到 1586 个公司在 11 年的研究期间内 17446 个研究样本的平衡面板数据。ESG 数据来自 Wind 资讯金融终端，其他变量来源均与 7.1 小节保持一致。此外，为了保证数据有效性并消除异常值对研究结论的干扰，对主要连续变量在上下1% 的水平上进行了缩尾处理。

7.2.2.2　变量定义

（1）被解释变量：创新绩效（*Patent*）。借鉴王曦等（2022）[135]的做法，选择专利申请总数来衡量企业创新绩效，即发明专利（*Invia*）、实用新型专利（*Umia*）以及外观设计专利（*Desia*）申请数量的总和来衡量。

（2）解释变量：创新投入（*R&D*）。参考王曦和杨博旭（2022）[135]的做法，采用企业当年研发支出加 1 取对数衡量企业创新投入水平（*R&D*）。

（3）调节变量：企业 ESG 表现（*ESG*）。根据王波等（2022）[258]的做法，采用华证 ESG 评级衡量企业 ESG 表现。该评级体系分为 9 级，由高到低依次为 AAA、AA、A、BBB、BB、B、CCC、CC、C。本书依照该评级由高至低赋值 "9～1" 作为公司 ESG 表现的代理变量，并取自然对数处理。

（4）控制变量。与前文相同，选取企业年龄（*Age*）、企业规模（*Size*）、资产负债率（*Lev*）、盈利能力（*ROA*）、成长性（*Growth*）、第一大股东持股比例（*Top*1）作为控制变量。此外，还同时控制了行业固定效应和年度固定效应，具体定义情况见表 7 - 6。

表 7 – 6 变量定义

变量类型	变量名称	变量符号	定义
被解释变量	创新绩效	$Patent$	ln（企业当期专利申请总量 + 1）
解释变量	创新投入	$R\&D$	ln（企业当年研发投入 + 1）
调节变量	企业 ESG 表现	ESG	企业社会、环境、治理总评分
控制变量	企业年龄	Age	ln（观测值年份 – 公司 IPO 年份）
	企业规模	$Size$	ln（资产总额 + 1）
	资产负债率	Lev	负债总额/资产总额
	盈利能力	ROA	净利润/总资产
	成长性	$Growth$	（本期营业收入 – 上期营业收入）/上期营业收入
	第一大股东持股比例	$Top1$	第一大股东持股比例
	年度	$Year$	年度虚拟变量
	行业	$Industry$	行业虚拟变量

7.2.2.3 模型构建

为检验研究假设 7 – 2，建立固定效应模型，即式（7.2），探究企业 ESG 表现对"创新投入—创新绩效"的影响研究。

$$Patent_{i,t} = \alpha_0 + \alpha_1 R\&D_{i,t} + \alpha_2 ESG_{i,t} + \alpha_3\, ESG \times R\&D_{i,t} + \gamma\, Control_{i,t}$$
$$+ \sum Year + \sum Industry + \varepsilon_{i,t} \tag{7.2}$$

其中，被解释变量为创新绩效（$Patent$），解释变量为企业创新投入（$R\&D$），调节变量为企业 ESG 表现（ESG），$ESG \times R\&D$ 为创新投入与 ESG 表现的交乘项。此外，$Control$ 为控制变量，具体包括企业年龄（Age）、企业规模（$Size$）、资产负债率（Lev）、盈利能力（ROA）、成长性（$Growth$）、第一大股东持股比例（$Top1$），$Year$ 和 $Industry$ 分别为年份固定效应和行业固定效应，α_0 为常数项，α_3 反映创新投入与 ESG 表现对创新绩效的影响，$\varepsilon_{i,t}$ 是随机误差项。

7.2.3　实证分析

7.2.3.1　描述性统计

该部分研究主要变量的描述性统计结果如表 7 - 7 所示。

表 7 - 7　　　　　　　　　　主要变量描述性统计

变量	样本	均值	标准差	最小值	最大值
R&D	17446	17.870	1.608	12.930	22.030
Patent	17446	1.905	1.681	0	8.866
ESG	17446	4.048	1.147	1	8
Age	17446	2.339	0.694	0	3.466
Size	17446	22.300	1.243	19.690	26.270
Lev	17446	0.427	0.203	0.045	0.942
Top1	17446	0.316	0.153	0	0.722
ROA	17446	0.033	0.059	- 0.326	0.197
Growth	17446	0.003	0.060	- 0.007	0.044

表 7 - 7 的描述性结果显示：企业 ESG 表现（ESG）的最小值为 1，最大值为 8，均值为 4.048，标准差为 1.147，说明不同企业社会、环境、治理总评分差异较大，其均值处于中间水平，表现出我国 A 股企业的 ESG 表现总体而言较为稳定。其他变量分析已在第 4 章 ~ 第 6 章进行了详细阐述，此处不再赘述。

7.2.3.2　相关性分析

主要变量的相关性分析结果如表 7 - 8 所示。企业 ESG 表现（ESG）与企业创新绩效（Patent）的相关系数为 0.231，在 1% 水平上显著正相关，初步表明企业 ESG 评级越高，即环境、社会和治理总评分越高，其对企业创新绩效的促进作用越强。另外企业创新绩效（*Patent*）与大部分控制变量之间在1%显著性水平上呈现相关关系，且变量之间的相关系数绝对值大部分低于0.5，证明所选取的控制变量具有一定的科学合理性。为排查模型中的多重共线性问题，对式（7.2）中涉及变量进行了方差膨胀因子（VIF）检验，结果显示VIF检验均值为1.41，最大值为2.27，最小值为1.01，远远小于合理值10，因此表明回归分析中模型不存在严重的多重共线性问题。

表7-8　　　　　　　　　　　　主要变量相关性分析矩阵

变量	*Patent*	*R&D*	*ESG*	*Age*	*Size*	*Lev*	*Top*1	*ROA*	*Growth*
Patent	1								
R&D	0.439 ***	1							
ESG	0.231 ***	0.219 ***	1						
Age	-0.087 ***	0.167 ***	-0.065 ***	1					
Size	0.201 ***	0.554 ***	0.221 ***	0.412 ***	1				
Lev	0.025 ***	0.148 ***	-0.114 ***	0.366 ***	0.472 ***	1			
*Top*1	0.052 ***	-0.002	0.099 ***	-0.121 ***	0.129 ***	0.033 ***	1		
ROA	0.116 ***	0.144 ***	0.246 ***	-0.132 ***	0.047 ***	-0.345 ***	0.124 ***	1	
Growth	-0.014 *	-0.013 *	-0.022 ***	-0.030 ***	-0.069 ***	-0.014 *	-0.027 ***	-0.003	1

注：*、**、***分别表示在10%、5%和1%的水平上显著。

7.2.3.3　基准回归分析

（1）创新投入、企业ESG与创新绩效。表7-9列示了创新投入、企业ESG与创新绩效之间关系的检验结果。式（7.2）的回归结果显示，在控制其他因素的影响后，企业ESG与创新投入的交乘项（*ESG*×*R&D*）的相关系数为0.079，在1%水平上显著，表明企业ESG表现促进了创新投入与创新绩效之间的正相关关系，即企业社会责任、环境责任和公司治理越好，企业创新投入对企业创新绩效的促进作用越强，研究假设7-2得到验证，证实了企业ESG表现正向调节创新投入对企业创新绩效的正相关关系。此外，研究中创新绩效使用企业申请的专利数来衡量，且专利存在发明专利、实用新型专利和外观设计专利之分。因此，为深入考察产学合作环境对"创新投入—创新绩效"的影响，分别使用发明专利（Invia）、实用新型专利（Umia）以及外观设计专利（Desia）代替创新绩效作为被解释变量，采用固定效应模型进行回归分析。结果发现企业 ESG 表现与创新投入的交乘项（ESG × R&D）相关系数分别为 0.085、0.062 和 0.055，均在 1% 水平上显著，再次表明企业 ESG 表现对创新投入促进创新绩效具有正向调节作用，研究假设 7-2 再次得到验证。

表 7-9　　　　　　　　创新投入、企业 ESG 表现与创新绩效

变量	(1) Patent	(2) Invia	(3) Umia	(4) Desia
R&D	0.022 (0.88)	-0.055** (-2.49)	0.010 (0.44)	-0.089*** (-5.08)
ESG	-0.218*** (-6.31)	-0.298*** (-10.04)	-0.198*** (-6.44)	-0.238*** (-10.10)
ESG × R&D	0.079*** (13.11)	0.085*** (16.36)	0.062*** (11.63)	0.055*** (13.47)
Age	-0.415*** (-20.18)	-0.266*** (-15.11)	-0.368*** (-20.14)	-0.057*** (-4.07)
Size	0.127*** (9.41)	0.169*** (14.60)	0.089*** (7.41)	0.031*** (3.40)
Lev	0.424*** (5.93)	0.276*** (4.50)	0.669*** (10.54)	-0.023 (-0.46)
Top1	-0.128* (-1.65)	-0.356*** (-5.35)	0.012 (0.17)	0.026 (0.49)
ROA	1.173*** (5.63)	0.996*** (5.59)	0.152 (0.82)	1.107*** (7.81)

续表

变量	(1) Patent	(2) Invia	(3) Umia	(4) Desia
Growth	2.190 (1.10)	2.023 (1.19)	1.921 (1.09)	2.741** (2.03)
Year	Yes	Yes	Yes	Yes
Industry	Yes	Yes	Yes	Yes
Constant	−2.335*** (−7.78)	−3.008*** (−11.70)	−1.817*** (−6.81)	−0.065 (−0.32)
Observations	17446	17446	17446	17446
R − squared	0.290	0.277	0.237	0.102
F	203.1	190.9	154.1	56.26

注：*、**、***分别表示在10%、5%和1%的水平上显著，括号内为异方差稳健的t值。

（2）稳健性检验。为了检验实证回归结果的稳定性，进行变更创新投入代理变量的稳健性检验。选择研发人员数量加1取对数（Person）作为企业创新投入的替换变量，对式（7.2）进行回归，具体回归结果如表7-10所示。在控制其他因素的影响后，企业ESG表现与研发人员数量的交乘项（$ESG \times Person$）的相关系数为0.072，在1%水平上显著为正，表明企业ESG对创新投入与创新绩效之间关系的正向影响显著，也说明该部分的研究结论较为稳健，研究假设7-2再次得到验证。此外，使用研发人员数量（Person）作为企业创新投入的替换变量，分别使用发明专利（Invia）、实用新型专利（Umia）以及外观设计专利（Desia）代替创新绩效作为被解释变量，根据式（7.2）重新进行回归可知企业ESG表现与研发人员数量的交乘项（$ESG \times Person$）的相关系数分别为0.079、0.055和0.044，均在1%水平上显著，和前文结论一致，说明模型回归结果具有良好的稳健性。

表 7 – 10　　　　　　　　　稳健性检验

变量	(1) Patent	(2) Invia	(3) Umia	(4) Desia
Person	0. 100 *** (4. 18)	0. 030 (1. 48)	0. 065 *** (3. 03)	– 0. 063 *** (– 3. 79)
ESG	– 1. 067 *** (– 10. 75)	– 1. 245 *** (– 14. 74)	– 0. 832 *** (– 9. 39)	– 0. 721 *** (– 10. 53)
ESG × Person	0. 072 *** (12. 99)	0. 079 *** (16. 77)	0. 055 *** (11. 08)	0. 044 *** (11. 58)
Age	– 0. 395 *** (– 19. 28)	– 0. 246 *** (– 14. 13)	– 0. 355 *** (– 19. 43)	– 0. 060 *** (– 4. 22)
Size	0. 024 (1. 63)	0. 064 *** (5. 19)	0. 021 (1. 62)	0. 024 ** (2. 36)
Lev	0. 434 *** (6. 12)	0. 287 *** (4. 76)	0. 675 *** (10. 66)	– 0. 021 (– 0. 44)
Top1	– 0. 100 (– 1. 30)	– 0. 330 *** (– 5. 03)	0. 030 (0. 44)	0. 026 (0. 48)
ROA	0. 758 *** (3. 66)	0. 604 *** (3. 42)	– 0. 136 (– 0. 73)	1. 034 *** (7. 22)
Growth	3. 645 * (1. 85)	3. 079 * (1. 84)	3. 121 * (1. 78)	3. 547 *** (2. 61)
Year	Yes	Yes	Yes	– 13. 084 ***
Industry	Yes	Yes	Yes	(– 4. 23)
Constant	– 1. 364 *** (– 2. 88)	– 1. 187 *** (– 2. 94)	– 1. 167 *** (– 2. 76)	0. 830 ** (2. 54)
Observations	17446	17446	17446	17446
R – squared	0. 301	0. 297	0. 240	0. 092
F	213. 9	210. 3	157. 5	50. 64

注：＊、＊＊、＊＊＊分别表示在10%、5%和1%的水平上显著，括号内为异方差稳健的 t 值。

7.3　创新投入、税收优惠与创新绩效

7.3.1　理论分析与研究假设

税收优惠政策是国家奖励和关怀满足一定条件的纳税人，实现经济、社会、政治目标，平衡市场信息不对称遗留问题的重要手段，对调控国家经济、扶持企业研发创新具有重要意义。许多国家都采取政府政策支持刺激企业研发以促进长期经济增长，税收激励就是一项重要的政府政策。从既有研究来看，大量文献肯定了税收优惠对企业创新的促进效应。戈克伯格等（Gokhberg et al.，2014）[259]肯定了税收优惠政策对科学、技术和创新的促进功能，税收激励通过降低企业的财务约束和逃税成本，增加了企业内部自由现金流（Cai et al.，2018）[260]，并通过吸引外部关注和聚集人才（杨国超等，2020）[261]等途径，促使企业进行更多的创新活动，获得更高的创新绩效。何塞和夏尔马（Jose and Sharma，2021）[262]探究了研发税收优惠对企业创新的影响，并与财政补贴的效果做了对比，发现两者同时对企业创新有促进作用。贾洪文和程星（2022）[263]以企业创新为切入点，发现税收优惠能够明显增加企业的创新活动，提升企业创新水平，且这种正向促进作用对国有和非国有企业来说均显著。马靓等（2023）[264]研究发现税收优惠政策仅对企业的创新规模具有驱动作用，税收优惠政策可以增强经济政策不确定性对创新质量的正向影响。鲁钊阳等（2023）[265]发现税收优惠促进了新能源企业的创新绩效，对发明创新和非发明创新均有显著影响，且税收优惠通过增加新能源企业的研发资金投入而非人力资本投入来提高其创新绩效。何爱等（2023）[312]以高科技企业为研究对象，发现税收激励显著提升了获得资格认定的高新技术企业的研发投入强度、研发产出专利申请数量及质量，还有学者认为税收优惠政策可以通过影响融资约束进而对企业技术创新产生激励效应和挤出效应（周雪峰等，2023）[266]。

一方面，创新活动具有负外部性特征，存在较高的研发风险，而税收优惠政策在一定程度上可以降低企业创新投资风险，激励企业创新产出，因此，税收优惠政策对企业创新绩效具有积极影响。创新活动较长的周期可能导致企业要迎合未来实时变动的市场需求和政策导向，这种风险减少了企业创新资金的投入，抑制了企业创新成果产出。而根据公共经济学理论可知，税收优惠政策能有效缓解创新活动的溢出效应，降低不确定性带来的研发风险，在一定程度上缓和企业对创新投资的顾虑。另一方面，税收优惠政策不会轻易歪曲市场自身的竞争规则，不仅能提高企业内部现金流，减少创新活动的外溢效应和不确定性（Manso et al.，2011）[267]，这对激励企业开展创新活动，提高企业创新质量具有积极影响（郑婷婷等，2020）[268]。

税收优惠更是一种政策导向，表明政府对企业开展研发创新项目的鼓励，同样的，企业为向政府传达良好信号，其创新动力得到进一步激发，这对驱动企业创新从而产出新产品具有正向影响。一方面，税收优惠较高的企业通常都具有政策保护盾，能够帮助企业克服市场失灵问题，这将有助于企业节约内部创新资源，增强管理者研发创新的信心，最终提高企业创新绩效。另一方面，税收优惠不仅有效降低了企业的资本成本，提高风险抵抗能力和创新能力，还能间接影响外部投资者对创新活动的投资行为。税收优惠的信息传递功能有效缓解了创新过程中企业与投资者的信息不对称问题，降低投资者的投资风险，加强投资者对享受较高税收优惠企业的投资力度，从而解决企业在创新过程中遇到的资金约束（鲁钊阳等，2023）[265]，这些都将对提高企业创新绩效存在正向影响。

税收优惠政策的根本目的是加快创新成果转为企业生产力，从而使企业产生创新效益。税收优惠政策不仅可以发挥激励减负功能，通过降低投资成本来提高企业的创新绩效（鲁钊阳等，2023）[265]，还能提高企业优惠项目的净利润，缓解创新外部性引起的私人收益与社会收益的不平衡问题，促进企业开展创新活动（朱炎生，2020）[313]。这将在一定程度上提升企业未来创新效益，激励企业提高创新成果转化率，最终提高创新成果产出。因此，在税收优惠政策的正向激励作用下，面临创新资源紧缩和创新投入不足的企业试错成本会被降低，将更有能力抓住发展机遇，更容易产生新的创新成果，为企业带来新技术、新产品等核心知识专利，最终提升企业创新绩效。此外，马靓等（2023）[264]认为税收优惠政策在市场干预中较低且更灵活，其更能为企业创新风险提供补偿，显著提高研发创新项目的税后收益，从而进一步提高企业创新能力和创新产出（程曦等，2017）[269]，最终提升企业创新绩效。据此，提出假设7-3。

H7-3：税收优惠政策可以正向调节创新投入对企业创新绩效的正向影响。

7.3.2　研究设计

7.3.2.1　样本选择与数据来源

为与前文保持一致，仍选取2011~2021年全部A股上市公司为研究对象，为了保证数据的稳定性、代表性及可获取性，对初始样本数据进行处理，具体处理方式与7.1小节保持一致，经筛选最终得到1586个公司在11年的研究期间内17446个研究样本的平衡面板数据。本章所使用基础数据基本与第4章~第6章一致，税收优惠变量来自CSMAR数据库，其他变量来源均与7.1小节保持一致。此外，为了保证数据有效性并消除异常值对研究结论的干扰，对主要连续变量在上下1%的水平上进行了缩尾处理。

7.3.2.2　变量定义

（1）被解释变量：创新绩效（*Patent*）。借鉴王曦等（2022）[135]的做法，选择专利申请总数来衡量企业创新绩效，即发明专利（*Invia*）、实用新型专利（*Umia*）以及外观设计专利（*Desia*）申请数量的总和来衡量。

（2）解释变量：创新投入（*R&D*）。参考王曦和杨博旭（2022）[135]的做法，采用企业当年研发支出加1取对数衡量企业创新投入水平（*R&D*）。

（3）调节变量：税收优惠（*TaxIn*）。税收优惠政策涵盖增值税、所得税等税种，因此借鉴柳光强（2016）[270]的做法，使用"收到的各项税费返还/（收到的各项税费返还 + 支付的各项税费）"这一指标。其中，收到的各项税费返还反映企业收到的返还的增值税、所得税、消费税和教育税附加等各项税费的返还款；支付的各项税费指企业本期发生并支付的、本期支付以前各期发生的以及预交的税费。另外，考虑资金时间价值等因素，本书所选取的这一变量更多地反映企业享受直接税收优惠政策的情况。

（4）控制变量。与前文相同，选取企业年龄（*Age*）、企业规模（*Size*）、资产负债率（*Lev*）、盈利能力（*ROA*）、成长性（*Growth*）、第一大股东持股比例（*Top*1）作为控制变量。此外，还同时控制了行业固定效应和年度固定效应，具体定义情况见表 7 – 11。

表 7 – 11　　　　　　　　　　变量定义

变量类型	变量名称	变量符号	定义
被解释变量	创新绩效	*Patent*	ln（企业当期专利申请总量 + 1）
解释变量	创新投入	*R&D*	ln（企业当年研发投入 + 1）
调节变量	税收优惠	*TaxIn*	收到的各项税费返还/（收到的各项税费返还 + 支付的各项税费）
控制变量	企业年龄	*Age*	ln（观测值年份 – 公司 IPO 年份）
	企业规模	*Size*	ln（资产总额 + 1）
	资产负债率	*Lev*	负债总额/资产总额
	盈利能力	*ROA*	净利润/总资产
	成长性	*Growth*	（本期营业收入 – 上期营业收入）/上期营业收入
	第一大股东持股比例	*Top*1	第一大股东持股比例
	年度	*Year*	年度虚拟变量
	行业	*Industry*	行业虚拟变量

7.3.2.3 模型构建

为检验研究假设 7 - 3，建立固定效应模型，即式（7.3），探究税收优惠对"创新投入—创新绩效"的影响研究：

$$Patent_{i,t} = \alpha_0 + \alpha_1 R\&D_{i,t} + \alpha_2 TaxIn_{i,t} + \alpha_3 TaxIn \times R\&D_{i,t}$$

$$+ \gamma Control_{i,t} + \sum Year + \sum Industry + \varepsilon_{i,t} \qquad (7.3)$$

其中，被解释变量为创新绩效（Patent），解释变量为企业创新投入（R&D），调节变量为税收优惠（TaxIn），TaxIn × R&D 为税收优惠与创新投入的交乘项。此外，Control 为控制变量，具体包括企业年龄（Age）、企业规模（Size）、资产负债率（Lev）、盈利能力（ROA）、成长性（Growth）、第一大股东持股比例（Top1），Year 和 Industry 分别为年份固定效应和行业固定效应，α_0 为常数项，α_3 反映创新投入与税收优惠对创新绩效的影响，$\varepsilon_{i,t}$ 是随机误差项。

7.3.3 实证分析

7.3.3.1 描述性统计

该部分研究主要变量的描述性统计结果如表 7 - 12 所示。

表 7 - 12　　　　　　　　　　主要变量描述性统计

变量	样本	均值	标准差	最小值	最大值
R&D	17446	17.870	1.608	12.930	22.030
Patent	17446	1.905	1.681	0	8.866
TaxIn	17446	0.154	0.202	− 0.052	0.988
Age	17446	2.339	0.694	0	3.466
Size	17446	22.300	1.243	19.690	26.270
Lev	17446	0.427	0.203	0.045	0.942

变量	样本	均值	标准差	最小值	最大值
*Top*1	17446	0.316	0.153	0	0.722
ROA	17446	0.033	0.059	− 0.326	0.197
Growth	17446	0.003	0.060	− 0.007	0.044

表 7 – 12 的描述性结果显示：税收优惠（*TaxIn*）的最小值为 − 0.052，最大值为 0.988，均值为 0.154，标准差为 0.202，说明部分企业税收优惠存在负值，部分样本企业并未享受到税收优惠政策，且样本企业之间享受的税收优惠存在较大差异。其他变量分析已在第 4 章 ~ 第 6 章进行了详细阐述，此处不再赘述。

7.3.3.2　相关性分析

主要变量的相关性分析结果如表 7 – 13 所示。税收优惠（*TaxIn*）与企业创新绩效（*Patent*）的相关系数为 0.130，在 1% 水平上显著正相关，这也初步表明企业获得的税收优惠越高，对企业创新绩效的促进作用越大。另外，企业创新绩效（*Patent*）与大部分控制变量之间在 1% 显著性水平上呈现相关关系，且变量之间的相关系数绝对值大部分低于 0.5，证明所选取的控制变量具有一定的科学合理性。为排查模型中的多重共线性问题，对式（7.3）中涉及变量进行了方差膨胀因子（VIF）检验，结果显示 VIF 检验均值为 1.39，最大值为 2.20，最小值为 1.01，远远小于合理值 10，因此表明回归分析中模型不存在严重的多重共线性问题。

表 7 – 13　　　　　　　　　　　　**主要变量相关性分析矩阵**

变量	*Patent*	*R&D*	*TaxIn*	*Age*	*Size*	*Lev*	*Top*1	*ROA*	*Growth*
Patent	1								
R&D	0.439 ***	1							
TaxIn	0.130 ***	0.127 ***	1						

变量	*Patent*	*R&D*	*TaxIn*	*Age*	*Size*	*Lev*	*Top*1	*ROA*	*Growth*
Age	- 0. 087 ***	0. 167 ***	- 0. 043 ***	1					
Size	0. 201 ***	0. 554 ***	- 0. 050 ***	0. 412 ***	1				
Lev	0. 025 ***	0. 148 ***	0. 013 *	0. 366 ***	0. 472 ***	1			
*Top*1	0. 052 ***	- 0. 002	- 0. 076 ***	- 0. 121 ***	0. 129 ***	0. 033 ***	1		
ROA	0. 116 ***	0. 144 ***	- 0. 107 ***	- 0. 132 ***	0. 047 ***	- 0. 345 ***	0. 124 ***	1	
Growth	- 0. 014 *	- 0. 013 *	- 0. 040 ***	- 0. 030 ***	- 0. 069 ***	- 0. 014 *	- 0. 027 ***	- 0. 003	1

注：* 、** 、*** 分别表示在 10% 、5% 和1% 的水平上显著。

7.3.3.3 基准回归分析

（1）创新投入、税收优惠与创新绩效。表7 - 14 列示了创新投入、税收优惠与创新绩效之间关系的检验结果。式（7.3）的回归结果显示，在控制其他因素的影响后，创新投入（*R&D*）的相关系数为0.360，在1% 的水平上显著为正，税收优惠与创新投入的交乘项（*TaxIn × R&D*）的相关系数为0.195，在1% 水平上显著为正，表明税收优惠增强了创新投入与创新绩效之间的正相关关系，即随着企业所获税收优惠的增加，创新投入对企业创新绩效的促进作用有所加强，研究假设7 - 3 得到验证，证实了税收优惠正向调节创新投入对企业创新绩效的影响。此外，该研究中创新绩效使用企业申请的专利数来衡量，且专利存在发明专利、实用新型专利和外观设计专利之分。因此，为深入考察税收优惠对"创新投入—创新绩效"的影响，分别使用发明专利（*Invia*）、实用新型专利（*Umia*）以及外观设计专利（*Desia*）代替创新绩效作为被解释变量，采用固定效应模型进行回归分析，具体结果见表7 - 14。结果发现税收优惠与创新投入的交乘项（*TaxIn × R&D*）相关系数分别为0.241、0.186 和0.181，且均在1% 水平上显著为正，再次表明获得较高税收优惠显著增强了创新投入对创新绩效的促进作用，研究假设7 - 3 再次得到验证，税收优惠政策可以正向调节创新投入与创新绩效之间的关系。

表 7 - 14　　　　　　　　创新投入、税收优惠与创新绩效

变量	（1）	（2）	（3）	（4）
	Patent	Invia	Umia	Desia
R&D	0.360 *** （33.11）	0.312 *** （33.78）	0.254 *** （26.41）	0.080 *** （10.79）
TaxIn	- 3.005 *** （- 5.14）	- 3.989 *** （- 8.01）	- 2.888 *** （- 5.57）	- 2.786 *** （- 7.00）
TaxIn × R&D	0.195 *** （6.01）	0.241 *** （8.72）	0.186 *** （6.44）	0.181 *** （8.19）
Age	- 0.395 *** （- 19.09）	- 0.242 *** （- 13.69）	- 0.352 *** （- 19.15）	- 0.047 *** （- 3.36）
Size	0.096 *** （6.64）	0.116 *** （9.45）	0.071 *** （5.51）	0.051 *** （5.18）
Lev	0.220 *** （3.10）	0.139 ** （2.30）	0.529 *** （8.40）	- 0.093 * （- 1.93）
Top1	- 0.023 （- 0.30）	- 0.269 *** （- 4.04）	0.093 （1.34）	0.076 （1.44）
ROA	1.501 *** （7.15）	1.149 *** （6.43）	0.404 ** （2.17）	1.388 *** （9.71）
Growth	4.170 ** （2.09）	3.420 ** （2.01）	3.491 ** （1.97）	3.918 *** （2.88）
Year	Yes	Yes	Yes	Yes
Industry	Yes	Yes	Yes	Yes
Constant	- 6.753 *** （- 25.00）	- 6.753 *** （- 29.35）	- 5.115 *** （- 21.35）	- 2.150 *** （- 11.69）
Observations	17446	17446	17446	17446
R - squared	0.281	0.277	0.229	0.092
F	194.2	190.2	148.1	50.18

注：*、**、*** 分别表示在 10%、5% 和 1% 的水平上显著，括号内为异方差稳健的 t 值。

（2）稳健性检验。为了检验实证回归结果的稳定性，进行变更创新投入代理变量的稳健性检验。选择研发人员数量加 1 取对数（*Person*）作为企业创新投入的替换变量，对式（7.3）进行回归，具体回归结果如表 7 - 15 所示。在控制其他因素的影响后，研发人员数量（*Person*）的相关系数为 0.292，在 1% 的水平上显著为正，税收优惠与研发人员数量的交乘项（*TaxIn × Person*）的相关系数为 0.335，在 1% 水平上显著为正，表明税收优惠对创新投入与创新绩效之间关系的正向影响显著，表明该部分研究的结论较为稳健，研究假设 7 - 3 再次得到验证。此外，使用研发人员数量（*Person*）作为企业创新投入的替换变量，分别使用发明专利（*Invia*）、实用新型专利（*Umia*）以及外观设计专利（*Desia*）代替创新绩效作为被解释变量，根据式（7.3）重新进行回归可知税收优惠与研发人员数量的交乘项（*TaxIn × Person*）的相关系数分别为 0.324、0.293 和 0.301，且均在 1% 水平上显著为正，研究假设 7 - 3 再次得到验证，进一步证实了税收优惠政策可以正向调节创新投入与创新绩效之间的关系。

表 7 - 15　　　　　　　　　　　　稳健性检验

变量	(1)	(2)	(3)	(4)
	Patent	*Invia*	*Umia*	*Desia*
Person	0.292 *** (27.28)	0.238 *** (25.94)	0.216 *** (22.83)	0.083 *** (11.53)
TaxIn	-1.325 *** (-6.31)	-1.414 *** (-7.86)	-1.173 *** (-6.32)	-1.232 *** (-8.72)
TaxIn × Person	0.335 *** (9.23)	0.324 *** (10.42)	0.293 *** (9.15)	0.301 *** (12.31)
Age	-0.421 *** (-20.25)	-0.268 *** (-15.07)	-0.368 *** (-20.05)	-0.048 *** (-3.40)
Size	0.198 *** (14.79)	0.223 *** (19.45)	0.137 *** (11.58)	0.055 *** (6.07)

续表

变量	(1) Patent	(2) Invia	(3) Umia	(4) Desia
Lev	0.215 *** (3.01)	0.130 ** (2.12)	0.530 *** (8.40)	−0.082 * (−1.71)
Top1	−0.057 (−0.73)	−0.306 *** (−4.55)	0.067 (0.96)	0.068 (1.29)
ROA	1.905 *** (9.07)	1.547 *** (8.59)	0.672 *** (3.62)	1.415 *** (10.02)
Growth	2.424 (1.20)	2.231 (1.29)	2.110 (1.19)	2.942 ** (2.17)
Year	Yes	Yes	Yes	Yes
Industry	Yes	Yes	Yes	Yes
Constant	−4.506 *** (−16.56)	−5.137 *** (−22.02)	−3.446 *** (−14.34)	−1.331 *** (−7.27)
Observations	17446	17446	17446	17446
R−squared	0.273	0.259	0.227	0.103
F	186.4	174.0	146.4	56.97

注：*、**、***分别表示在10%、5%和1%的水平上显著，括号内为异方差稳健的 t 值。

7.4 创新投入、知识产权保护与创新绩效

7.4.1 理论分析与研究假设

知识产权保护是指通过刑事或行政保护、民事救济等方式，以保护创造者智力成果专有权不受其他个体或单位非法侵占的行为，主要针对违反法律条文规定的非法侵占行为，知识产权创造者或产权人有权保护自身权益。知识产权保护可以确保企业创新成果的排他性所有权，防范"公地悲

189

剧",解决知识溢出所产生的市场失灵问题,对企业产生直接的创新激励效应(笪琼瑶,2022)[271]。党的二十大报告指出要深化科技体制改革,深化科技评价改革,加大多元化科技投入,加强知识产权法治保障,形成支持全面创新的基础制度。创新活动的展开不仅需要充足的资金支持,还离不开良好的创新体制机制和外在市场环境。特别的,企业创新离不开制度支持,尤其是知识产权保护制度的支持(孙芳城等,2022)[272]。从既有研究来看,知识产权保护作为解决外部性的重要手段,学术界亦以此为视角就其对企业创新的影响展开了深入研究,大量文献肯定了知识产权保护对企业创新的正向影响。"促进观"认为知识产权保护能够避免侵权行为的发生,保障创新主体的垄断利润,从而激励企业创新(Grimaldi et al.,2021)[273]。各种不同实体的相互作用即网络动态,最终触发了能导致创新的知识流动(Huggins et al.,2015)[274],知识产权保护制度作为保障市场环境的一种制度,激发了企业对发明商业化的参与积极性(Wu et al.,2015)[275]。石丽静(2017)[78]发现地区知识产权保护在研发强度与企业创新绩效之间存在正向调节作用,即地区知识产权保护水平越高,研发强度对企业创新绩效的促进作用越强。陈战光等(2018)[276]研究发现知识产权保护不但可以保护企业创新成果,维持企业创新动力,保障企业垄断收益,也可以通过鼓励投资者投资为企业提供资金支持,进而为企业投入研发提供良好的资金环境。方中秀(2022)[277]认为,知识产权保护包含了行政保护、司法保护等客观的前置性行为,其具体保护水平的调整会影响企业的创新活动,当保护更为严格时,创新主体更愿意实施发明创造活动,并为新技术申请专利保护。

知识产权保护制度存在于企业生产经营的各个环节,可以通过优化创新资源配置、产业价值链重构等方式正向激励企业产出新产品(笪琼瑶,2022)[271],从而提高企业创新绩效。一方面,知识产权保护制度可以通过专利制度等保护企业创新成果产出,并释放"信号功能"优化资源配置,不仅能使研发资源流向创新优势企业,还能减少对专长企业的搜索与匹配成本,这将有助于提高创新资源流动率、利用率以及成功率,最终推动企业创新产出,提高创新绩效(笪琼瑶,2022)[271]。另一方面,知识产权保护制度不仅可以将专利等无形资产赋予产权，明确研发创新过程产生的知识成果权责，还能通过对创新企业进行优先级排序从而重构产业价值链。强有力的知识产权保护明晰了产权，降低了技术交易时的交易成本，通过公开以授予许可证等形式促进了技术转让，进而加速了知识的传播与匹配，提高了企业获得外部融资的能力与创新效率（Ang et al.，2014）[278]。因此，知识产权保护制度越严格，愿意开展研发创新的企业就可以在产业价值链中获得越多的优势，越能激发企业创新（Privileggi et al.，2019）[279]，这对激励企业创新产出，提高创新绩效有促进作用。

知识产权保护制度不仅能减少外部性问题，保护创新企业的预期收益，还能降低创新成果的不确定性，减少筹资环节的信息不对称问题，从而缓解创新项目的融资约束（孙芳城等，2022）[272]。首先，知识产权保护的排他性与独占性能够在一定程度上保障创新主体的权益，对企业产生直接的创新激励效应（庄子银等，2021）[280]。知识产权保护通过保障发明者的垄断收益，修正了创新产出的外部性问题，为研发活动提供了有效激励，这对加大企业自主研发创新力度，提高企业创新绩效具有促进作用（Pooja and Christian，2022）[281]。其次，研发活动存在高风险、长周期、高不确定性等特点，投资者无法全面了解创新企业的技术水平和目前的创新成果产出情况，可能会减少对创新企业的投资热情。而知识产权保护制度在一定程度上缓解了这种信息不对称问题，严格的知识产权保护制度可以降低侵权风险以保护创新企业的合法权益。在良好的创新制度环境下，企业更愿意向外界投资者提供更多的研发信息，使投资者更加全面了解创新企业的研发实力。这将能够有效缓解融资约束问题，激励企业推动研发项目开展，最终提高企业创新绩效。此外，还有学者认为创新成果收益上的非独占性和消费上的非排他性会导致企业创新的预期收益下降。若企业收益不足以弥补其创新投入会导致创新激励不足（方中秀，2022）[277]，而知识产权保护制度能够保护研发活动的期望收益，对企业创新绩效具有正向影响。因此，知识产权保护对企业创新活动存在积极影响，能够正向调节创新投入对创新绩效的正向影响。基于上述理论分析，提出假设7-4。

H7-4：知识产权保护可以正向调节创新投入对企业创新绩效的正向影响。

7.4.2　研究设计

7.4.2.1　样本选择与数据来源

为与前文保持一致，仍选取 2011～2021 年全部 A 股上市公司为研究对象，为了保证数据的稳定性、代表性及可获取性，对初始样本数据进行处理，具体处理方式与 7.1 小节保持一致，经筛选最终得到 1586 个公司在 11 年的研究期间内 17446 个研究样本的平衡面板数据。本章所使用基础数据基本与第 4 章～第 6 章一致，知识产权保护制度数据来自国家知识产权局发布的各省区市专利执法立案数据与各地区的律师从业人员数据，其他变量来源均与 7.1 小节保持一致。此外，为了保证数据有效性并消除异常值对研究结论的干扰，对主要连续变量在上下 1% 的水平上进行了缩尾处理。

7.4.2.2　变量定义

（1）被解释变量：创新绩效（*Patent*）。借鉴王曦等（2022）[135] 的做法，选择专利申请总数来衡量企业创新绩效，即发明专利（*Invia*）、实用新型专利（*Umia*）以及外观设计专利（*Desia*）申请数量的总和来衡量。

（2）解释变量：创新投入（*R&D*）。参考王曦和杨博旭（2022）[135] 的做法，采用企业当年研发支出加 1 取对数衡量企业创新投入水平（*R&D*）。

（3）调节变量：知识产权保护（*Intellectual*）。知识产权保护的度量需要考虑多方面因素，其不仅取决于一国的知识产权立法等名义保护，还取决于地区知识产权行政执法以及司法水平等实际保护。现有文献关于知识产权保护的度量尚未形成共识，借鉴袁胜超（2022）[282] 的做法，从知识产权执法和司法保护两个层面来测度地区知识产权保护水平，采用各地区知识产权侵权立案数除以总人口和地区律师人数除以总人口两者的平均值来表征地区知识产权保护水平，并同时进行对数处理。

（4）控制变量。与前文相同，选取企业年龄（Age）、企业规模（Size）、资产负债率（Lev）、盈利能力（ROA）、成长性（Growth）、第一大股东持股比例（Top1）作为该部分研究的控制变量。此外，还同时控制了行业固定效应和年度固定效应，具体定义情况见表7－16。

表7－16　　　　　　　　　　　　　　变量定义

变量类型	变量名称	变量符号	定义
被解释变量	创新绩效	Patent	ln（企业当期专利申请总量＋1）
解释变量	创新投入	R&D	ln（企业当年研发投入＋1）
调节变量	知识产权保护	Intellectual	ln［（各地区知识产权侵权立案数/总人口＋地区律师人数/总人口）/2］
控制变量	企业年龄	Age	ln（观测值年份－公司IPO年份）
	企业规模	Size	ln（资产总额＋1）
	资产负债率	Lev	负债总额/资产总额
	盈利能力	ROA	净利润/总资产
	成长性	Growth	（本期营业收入－上期营业收入）/上期营业收入
	第一大股东持股比例	Top1	第一大股东持股比例
	年度	Year	年度虚拟变量
	行业	Industry	行业虚拟变量

7.4.2.3　模型构建

为检验研究假设7－4，建立固定效应模型，即式（7.4），探究知识产权保护对"创新投入—创新绩效"的影响研究。

$$Patent_{i,t} = \alpha_0 + \alpha_1 R\&D_{i,t} + \alpha_2 Intellectual_{i,t} + \alpha_3 Intellectual \times R\&D_{i,t}$$

$$+ \gamma Control_{i,t} + \sum Year + \sum Industry + \varepsilon_{i,t} \qquad (7.4)$$

其中，被解释变量为创新绩效（Patent），解释变量为企业创新投入（R&D），调节变量为知识产权保护（Intellectual），Intellectual × R&D 为创新投入与知识产权保护的交乘项。此外，*Control* 为控制变量，具体包括企业年龄（*Age*）、企业规模（*Size*）、资产负债率（*Lev*）、盈利能力（*ROA*）、成长性（*Growth*）、第一大股东持股比例（*Top*1），*Year* 和 *Industry* 分别为年份固定效应和行业固定效应，α_0 为常数项，α_3 反映创新投入与知识产权保护对创新绩效的影响，$\varepsilon_{i,t}$ 是随机误差项。

7.4.3　实证分析

7.4.3.1　描述性统计

该部分研究主要变量的描述性统计结果如表 7 – 17 所示。

表 7 – 17　　　　　　　　　　　主要变量描述性统计

变量	样本	均值	标准差	最小值	最大值
R&D	17446	17.870	1.608	12.930	22.030
Patent	17446	1.905	1.681	0	8.866
Intellectual	17446	0.346	0.705	– 1.264	2.190
Age	17446	2.339	0.694	0	3.466
Size	17446	22.300	1.243	19.690	26.270
Lev	17446	0.427	0.203	0.045	0.942
*Top*1	17446	0.316	0.153	0	0.722
ROA	17446	0.033	0.059	– 0.326	0.197
Growth	17446	0.003	0.060	– 0.007	0.044

表 7 – 17 的描述性统计结果显示：知识产权保护（*Intellectual*）的最小值为 – 1.264，最大值为 2.190，均值为 0.346，标准差为 0.705，说明样本企业整体知识产权保护水平较低，且样本企业之间的知识产权保护水平差距很大。其他变量分析已在第 4 章 ~ 第 6 章进行了详细阐述，此处不再赘述。

7.4.3.2　相关性分析

主要变量的相关性分析结果如表 7 – 18 所示。知识产权保护（*Intellectual*）与企业创新绩效（*Patent*）的相关系数为 – 0.001 且不显著，但知识产权保护对创新绩效的具体影响程度和方向是由模型决定的，后续会进行进一步回归分析。另外，企业创新绩效（*Patent*）与大部分控制变量之间在 1% 显著性水平上呈现相关关系，且变量之间的相关系数绝对值大部分低于 0.5，证明所选取的控制变量具有一定的科学合理性。为排查模型中的多重共线性问题，对式（7.4）中涉及变量进行了方差膨胀因子（VIF）检验，结果显示 VIF 检验均值为 1.39，最大值为 2.17，最小值为 1.01，远远小于合理值 10，因此表明回归分析中模型不存在严重的多重共线性问题。

表 7 – 18　　　　　　　　　　主要变量相关性分析矩阵

变量	*Patent*	*R&D*	*Intellectual*	*Age*	*Size*	*Lev*	*Top1*	*ROA*	*Growth*
Patent	1								
R&D	0.439 ***	1							
Intellectual	– 0.001	0.220 ***	1						
Age	– 0.087 ***	0.167 ***	0.141 ***	1					
Size	0.201 ***	0.554 ***	0.149 ***	0.412 ***	1				
Lev	0.025 ***	0.148 ***	– 0.026 ***	0.366 ***	0.472 ***	1			
Top1	0.052 ***	– 0.00200	– 0.099 ***	– 0.121 ***	0.129 ***	0.033 ***	1		
ROA	0.116 ***	0.144 ***	– 0.012	– 0.132 ***	0.047 ***	– 0.345 ***	0.124 ***	1	
Growth	– 0.014 *	– 0.013 *	0.056 ***	– 0.030 ***	– 0.069 ***	– 0.014 *	– 0.027 ***	– 0.003	1

注：*、**、***分别表示在 10%、5% 和 1% 的水平上显著。

7.4.3.3　基准回归分析

（1）创新投入、知识产权保护与创新绩效。表 7 – 19 列示了创新投入、知识产权保护与创新绩效之间关系的检验结果。式（7.4）的回归结

果显示，在控制其他因素的影响后，创新投入（*R&D*）的相关系数为
0.097，在1%的水平上显著为正，知识产权保护与创新投入的交乘项
（*Intellectual×R&D*）的相关系数为0.050，在1%水平上显著为正，表明
知识产权保护水平的提升提高了创新投入与创新绩效之间的正相关关系，
即随着知识产权保护制度更加严格，创新投入对企业创新绩效的促进作用
也有所加强，研究假设7-4得到验证，证实了知识产权保护正向调节创
新投入对企业创新绩效的正向影响。此外，该研究中创新绩效使用企业申
请的专利数来衡量，且专利存在发明专利、实用新型专利和外观设计专利
之分。因此，为深入考察知识产权保护水平对"创新投入—创新绩效"的
影响，分别使用发明专利（*Invia*）、实用新型专利（*Umia*）以及外观设计
专利（*Desia*）代替创新绩效作为被解释变量，采用固定效应模型进行回
归分析，具体结果见表7-19。结果发现第（2）、（4）列知识产权保护水
平与创新投入的交乘项（*Intellectual×R&D*）相关系数分别为0.045和
0.022，均在1%水平上显著为正，但第（3）列的相关系数为正且并不显
著，表明知识产权保护水平对"创新投入—创新绩效"的正向影响主要体
现在发明专利（*Invia*）和外观设计专利（*Desia*）上，严格的知识产权保
护制度不能提高创新投入对企业实用新型专利的促进作用。研究假设7-4
得到进一步检验，证实了知识产权保护水平可以正向调节创新投入与创新
绩效之间的关系，但这种作用只能发挥在发明专利和外观设计专利中。

表7-19　　　　　　　　创新投入、知识产权保护与创新绩效

变量	（1）	（2）	（3）	（4）
	Patent	*Invia*	*Umia*	*Desia*
R&D	0.097 *** (8.05)	0.061 *** (5.98)	0.074 *** (6.93)	0.028 *** (3.62)
Intellectual	−0.968 *** (−5.53)	−0.785 *** (−5.24)	−0.162 (−1.04)	−0.430 *** (−3.83)
Intellectual×R&D	0.050 *** (5.29)	0.045 *** (5.57)	0.005 (0.56)	0.022 *** (3.64)

变量	（1） *Patent*	（2） *Invia*	（3） *Umia*	（4） *Desia*
Age	−0.159 *** （−4.63）	−0.109 *** （−3.69）	−0.098 *** （−3.20）	−0.029 （−1.29）
Size	0.010 （0.48）	0.059 *** （3.39）	−0.019 （−1.02）	0.015 （1.16）
Lev	0.082 （1.11）	0.119 * （1.90）	0.017 （0.25）	0.083 * （1.75）
*Top*1	0.030 （0.32）	−0.021 （−0.27）	−0.076 （−0.91）	0.204 *** （3.41）
ROA	0.385 ** （2.51）	0.416 *** （3.18）	0.341 ** （2.50）	−0.050 （−0.51）
Growth	−1.124 （−0.70）	−2.129 （−1.55）	−0.530 （−0.37）	1.011 （0.98）
Year	Yes	Yes	Yes	Yes
Industry	Yes	Yes	Yes	Yes
Constant	0.144 （0.32）	−1.046 *** （−2.71）	0.563 （1.40）	−0.366 （−1.27）
Observations	17446	17446	17446	17446
R − squared	0.056	0.052	0.057	0.013
F	26.91	24.90	27.09	5.820

注：*、**、***分别表示在10%、5%和1%的水平上显著，括号内为异方差稳健的 *t* 值。

（2）稳健性检验。为了检验实证回归结果的稳定性，进行变更创新投入代理变量的稳健性检验。选择研发人员数量加1取对数（*Person*）作为企业创新投入的替换变量，对式（7.4）进行回归，具体回归结果如表7 −20所示。在控制其他因素的影响后，研发人员数量（*Person*）的相关系数为0.155，在1%的水平上显著为正，知识产权保护与研发人员数量的交乘项（*Intellectual × Person*）的相关系数为0.071，在1%水平上显著为正，表明知识产权保护正向影响创新投入与创新绩效之间的关系，表明该部分研究的结论较为稳健，研究假设 7 - 4 再次得到验证。此外，使用研发人员数量（*Person*）作为企业创新投入的替换变量，分别使用发明专利（*Invia*）、实用新型专利（*Umia*）以及外观设计专利（*Desia*）代替创新绩效作为被解释变量，根据式（7.4）重新进行回归可知，第（2）、（4）列知识产权保护与研发人员数量的交乘项（*Intellectual* × *Person*）的相关系数分别为0.075 和 0.043，均在 1% 的水平上显著为正，但第（3）列的相关系数为负且不显著，进一步验证了知识产权保护对"创新投入—创新绩效"的正向影响主要体现在发明专利（*Invia*）和外观设计专利（*Desia*）方面。

表 7 - 20 　　　　　　　　　　　稳健性检验

变量	(1) *Patent*	(2) *Invia*	(3) *Umia*	(4) *Desia*
Person	0. 155 *** (9. 10)	0. 094 *** (6. 41)	0. 130 *** (8. 51)	0. 049 *** (4. 50)
Intellectual	- 0. 488 *** (- 5. 53)	- 0. 421 *** (- 5. 57)	- 0. 042 (- 0. 54)	- 0. 284 *** (- 5. 01)
Intellectual × *Person*	0. 071 *** (5. 81)	0. 075 *** (7. 25)	- 0. 006 (- 0. 53)	0. 043 *** (5. 46)
Age	- 0. 155 *** (- 4. 50)	- 0. 102 *** (- 3. 48)	- 0. 101 *** (- 3. 29)	- 0. 024 (- 1. 10)
Size	0. 012 (0. 63)	0. 056 *** (3. 37)	- 0. 012 (- 0. 70)	0. 008 (0. 63)
Lev	0. 075 (1. 02)	0. 112 * (1. 79)	0. 019 (0. 28)	0. 081 * (1. 71)
*Top*1	0. 016 (0. 17)	- 0. 027 (- 0. 34)	- 0. 093 (- 1. 12)	0. 202 *** (3. 37)
ROA	0. 422 *** (2. 76)	0. 450 *** (3. 44)	0. 353 *** (2. 59)	- 0. 034 (- 0. 34)

续表

变量	（1）	（2）	（3）	（4）
	Patent	Invia	Umia	Desia
Growth	－1.929 （－1.21）	－2.657* （－1.94）	－1.076 （－0.75）	0.768 （0.75）
Year	Yes	Yes	Yes	Yes
Industry	Yes	Yes	Yes	Yes
Constant	0.926** （2.04）	－0.439 （－1.13）	1.026** （2.53）	－0.001 （－0.00）
Observations	17446	17446	17446	17446
R－squared	0.059	0.055	0.058	0.015
F	28.20	26.26	27.80	6.858

注：*、**、***分别表示在10%、5%和1%的水平上显著，括号内为异方差稳健的 t 值。

7.5　创新投入、产品市场竞争与创新绩效

7.5.1　理论分析与研究假设

产品市场竞争是指市场竞争下的一种具体竞争方式，表现为市场经济中同类经济行为主体出于自身利益的考虑，排斥其他同类主体的行为。当前市场在资源配置中起决定性作用，企业的发展与市场这只"无形的手"息息相关，如唐文秀等（2018）[283]研究发现产品市场竞争可以正向调节研发投入对企业财务绩效的促进作用，并且相较于国有企业该调节在民营企业中更为显著；王昌荣和李娜（2018）[284]研究认为在激烈的产品市场竞争环境下，企业为获取更多的市场份额与消费者，其进行创新研发与结构升级的意愿更强烈，从而有利于促进企业价值的提高。因此，产品市场竞争作为重要的外部治理机制，除在财务绩效、企业价值等方面具有促进

作用外，可能对企业创新也具有重要影响。

有文献研究表明竞争程度越高越有利于投资者积极地参与公司治理，从而以直接或间接的方式提升其技术创新水平（张济建等，2017）[285]。胡令和王靖宇（2020）[286]研究发现产品市场竞争一方面可以通过提高信息透明度缓解创新资源错配问题，减少企业创新投资过程中的创新资源摩擦成本，为改善创新效率创造条件；另一方面，管理者在竞争相对充分的市场中进行创新投资，较强的信息流动性有利于企业更充分地把握关于行业、技术等方面的信息，降低其对创新投资项目的搜寻成本，从而提高企业创新效率。根据经济变迁进化论的观点，企业提高经济效率的最强大动力来自产品市场竞争，在激烈的产品市场竞争环境下，由于存在外部压力，企业管理层为保持核心竞争力，避免落后于整体市场发展，会更加努力地创新，因此具有足够的创新意愿从而提高研发投入使用效率，增加企业创新绩效（宋竞等，2021）[287]。

除此之外，有学者研究表明竞争型行业相较于垄断型行业对企业创新的激发作用往往更加显著（Arrow，1962）[288]，究其原因在于企业所在行业处于充分竞争时单个企业占有率往往较低，这种环境下企业的自主创新意识会更强（刘放等，2016）[289]。同时，伴随着产品市场竞争程度的提升，各企业生产产品的同质化程度也在逐渐加大，知识溢出效应更加显著，企业既可以进行技术引进，进而集成创新，也可以通过对知识的学习与吸收进行原始自主创新，其自身研究开发能力和创新绩效在产品市场竞争中不断提高。此外，较高的产品市场竞争程度还可以带动社会教育系统对研发创新人才的培养力度和长效供给，增加行业内相关科技与专业人才的积累，从而有助于企业人才资源投入能力的提升，使得企业内部技术创新主体在替代性威胁下，减少工作惰性，增强持续创新的动力（李健等，2016）[290]。对比而言，在较低的产品市场竞争程度下，垄断厂商高筑技术和行业进入壁垒，外围企业研发投入成本以及技术不确定性大大提升，更容易导致整个行业技术创新动力不足。

激烈的竞争环境增加了企业面临破产清算的可能性，产品市场竞争程度的提高使市场份额逐渐转向创新较多的企业，只有具有核心竞争力才能在市场中长久生存，因此创新较少的低技术企业则被淘汰，其管理者便面临被解雇或薪酬与声誉受损的风险，从而对其产生较大的经营压力（简泽等，2017）[291]，迫于企业外部竞争，管理者只有提高创新绩效，不断进行技术创新，开发具有差异化的产品，才能提升市场份额，保证市场竞争地位。已有文献研究证明，企业在激烈的市场竞争中存活发展必须采取差异化竞争与成本领先战略以保持其竞争优势，降低市场淘汰率，其中异质性资源、技术创新能力是重要的实现途径，企业只有通过开发新工艺、研发新产品、使用新技术才能够累积竞争优势，巩固和抢占市场份额（何玉润等，2015）[292]。因此，随着产品市场竞争程度的提高，企业为了降低被淘汰的可能性，会不断提高创新效率，使其创新成果在短期内无法被其他企业复制模仿，从而在竞争中处于优势地位，实现可持续发展。基于此，提出假设 7 - 5。

H7 - 5：产品市场竞争程度正向调节创新投入对企业创新绩效的促进作用。

7.5.2　研究设计

7.5.2.1　样本选择与数据来源

为与前文保持一致，仍选取 2011 ~ 2021 年全部 A 股上市公司为研究对象，为了保证数据的稳定性、代表性及可获取性，对初始样本数据进行处理，具体处理方式与 7.1 小节保持一致，经筛选最终得到 1586 个公司在 11 年的研究期间内 17446 个研究样本的平衡面板数据。本章所使用基础数据基本与第 4 章 ~ 第 6 章一致，产品市场竞争数据来自 CSMAR 数据库，其他变量来源均与 7.1 小节保持一致。此外，为了保证数据有效性并消除异常值对研究结论的干扰，对主要连续变量在上下 1% 的水平上进行了缩尾处理。

7.5.2.2　变量定义

（1）被解释变量：创新绩效（*Patent*）。借鉴王曦等（2022）[153] 的做法，选择专利申请总数来衡量企业创新绩效，即发明专利（*Invia*）、实用新型专利（*Umia*）以及外观设计专利（*Desia*）申请数量的总和来衡量。

（2）解释变量：创新投入（*R&D*）。参考王曦和杨博旭（2022）[135]的做法，采用企业当年研发支出加 1 取对数衡量企业创新投入水平（*R&D*）。

（3）调节变量：产品市场竞争（*HHI*），参考豪沙尔特等（Haush-alter et al.，2007）[293]的度量方法，以赫芬达尔指数（HHI）来衡量产品市场竞争。HHI 指数的计算依据为上市公司的营业收入，行业分类依据为证监会 2012 年公布的《上市公司行业分类指引》，其中制造业行业细分到二级，其他行业均按一级分类。HHI 指数是反映市场集中度的综合指标，市场集中度越高意味着竞争程度越低，其具体计算公式为：$HHI = \sum_{i=1}^{n}(X_i/X)^2$，其中，$n$ 为企业 i 所在行业的企业数量，X_i 为企业 i 所处行业中每一个企业个体 i（从 1 到 n）当年的营业收入，X 为企业 i 所在行业的所有企业当年的营业收入之和。HHI 趋近于 1，说明市场处于垄断状态，竞争程度较低。反之，当市场上存在规模相当且生产同类产品的大量企业时，每一家企业的营业收入在该行业总营业收入中所占的比重都很小，意味着单个企业的市场份额微乎其微，此时 HHI 趋近于 0，市场竞争程度较高。

（4）控制变量。与前文相同，选取企业年龄（*Age*）、企业规模（*Size*）、资产负债率（*Lev*）、盈利能力（*ROA*）、成长性（*Growth*）、第一大股东持股比例（*Top*1）作为控制变量。此外，还同时控制了行业固定效应和年度固定效应，具体定义情况见表 7 – 21。

表 7 –21　　　　　　　　　　　　变量定义

变量类型	变量名称	变量符号	定义
被解释变量	创新绩效	*Patent*	ln（企业当期专利申请总量 +1）
解释变量	创新投入	*R&D*	ln（企业当年研发投入 +1）
调节变量	产品市场竞争	*HHI*	$\sum(X_i/X)^2$，$X = \sum X_i$，X_i 表示第 i 个企业的营业收入

变量类型	变量名称	变量符号	定义
控制变量	企业年龄	*Age*	ln（观测值年份 – 公司 IPO 年份）
	企业规模	*Size*	ln（资产总额 + 1）
	资产负债率	*Lev*	负债总额/资产总额
	盈利能力	*ROA*	净利润/总资产
	成长性	*Growth*	（本期营业收入 – 上期营业收入）/上期营业收入
	第一大股东持股比例	*Top1*	第一大股东持股比例
	年度	*Year*	年度虚拟变量
	行业	*Industry*	行业虚拟变量

7.5.2.3   模型构建

为检验研究假设 7 - 5，建立固定效应模型，即式（7.5），探究产品市场竞争对"创新投入—创新绩效"的影响研究：

$$Patent_{i,t} = \alpha_0 + \alpha_1 R\&D_{i,t} + \alpha_2 HHI_{i,t} + \alpha_3 HHI \times R\&D_{i,t}$$
$$+ \gamma Control_{i,t} + \sum Year + \sum Industry + \varepsilon_{i,t} \qquad (7.5)$$

其中，被解释变量为创新绩效（*Patent*），解释变量为企业创新投入（*R&D*），调节变量为产品市场竞争（*HHI*），*HHI* × *R&D* 为创新投入与产品市场竞争的交乘项。此外，*Control* 为控制变量，具体包括企业年龄（*Age*）、企业规模（*Size*）、资产负债率（*Lev*）、盈利能力（*ROA*）、成长性（*Growth*）、第一大股东持股比例（*Top1*），*Year* 和 *Industry* 分别为年份固定效应和行业固定效应，α_0 为常数项，α_3 反映创新投入与产品市场竞争对创新绩效的影响，$\varepsilon_{i,t}$ 是随机误差项。

7.5.3   实证分析

7.5.3.1   描述性统计

该部分研究主要变量的描述性统计结果如表 7 - 22 所示。

表 7 – 22   主要变量描述性统计

变量	样本	均值	标准差	最小值	最大值
R&D	17446	17.870	1.608	12.930	22.030
Patent	17446	1.905	1.681	0	8.866
HHI	17446	0.208	0.178	0	1
Age	17446	2.339	0.694	0	3.466
Size	17446	22.300	1.243	19.690	26.270
Lev	17446	0.427	0.203	0.045	0.942
Top1	17446	0.316	0.153	0	0.722
ROA	17446	0.033	0.059	– 0.326	0.197
Growth	17446	0.003	0.060	– 0.007	0.044

表 7 – 22 的描述性统计结果显示：产品市场竞争（HHI）的最小值为 0，最大值为 1，均值为 0.208，标准差为 0.178，说明不同公司所处行业产品市场竞争程度差异较大，既有充分竞争行业，也存在垄断行业。其他变量分析已在第 4 章 ~ 第 6 章进行了详细阐述，此处不再赘述。

7.5.3.2 相关性分析

主要变量的相关性分析结果如表 7 – 23 所示。产品市场竞争（HHI）与企业创新绩效（Patent）的相关系数为 – 0.088，在 1% 水平上显著负相关，由于 HHI 指标越大，市场竞争越不充分，因此其负相关关系初步表明相较于垄断行业，企业所处行业竞争程度越高，创新绩效越好。另外，企业创新绩效（Patent）与大部分控制变量之间在 1% 显著性水平上呈现相关关系，且变量之间的相关系数绝对值大部分低于 0.5，证明所选取的控制变量具有一定的科学合理性。为排查模型中的多重共线性问题，对式（7.5）中涉及变量进行了方差膨胀因子（VIF）检验，结果显示 VIF 检验均值为 1.37，最大值为 2.18，最小值为 1.01，远远小于合理值 10，因此表明回归分析中模型不存在严重的多重共线性问题。

表7-23　　　　　　　　　主要变量相关性分析矩阵

变量	Patent	R&D	HHI	Age	Size	Lev	Top1	ROA	Growth
Patent	1								
R&D	0.439 ***	1							
HHI	-0.088 ***	-0.071 ***	1						
Age	-0.087 ***	0.167 ***	-0.014 *	1					
Size	0.201 ***	0.554 ***	0.029 ***	0.412 ***	1				
Lev	0.025 ***	0.148 ***	0.030 ***	0.366 ***	0.472 ***	1			
Top1	0.052 ***	-0.002	-0.00200	-0.121 ***	0.129 ***	0.033 ***	1		
ROA	0.116 ***	0.144 ***	-0.017 **	-0.132 ***	0.047 ***	-0.345 ***	0.124 ***	1	
Growth	-0.014 *	-0.013 *	0.00200	-0.030 ***	-0.069 ***	-0.014 *	-0.027 ***	-0.003	1

注：*、**、*** 分别表示在10%、5%和1%的水平上显著。

7.5.3.3　基准回归分析

（1）创新投入、产品市场竞争与创新绩效。表7-24列示了创新投入、产品市场竞争与创新绩效之间关系的检验结果。式（7.5）的回归结果显示，在控制其他因素的影响后，创新投入（R&D）的相关系数为0.130，在1%的水平上显著为正，产品市场竞争与创新投入的交乘项（HHI × R&D）的相关系数为 -0.094，在1%水平上显著，由于HHI数值越大，产品市场竞争程度越低，行业垄断程度越高，反之，HHI数值越小，产品市场竞争程度越高，行业越处于充分竞争状态，因此回归结果表明处于垄断行业的企业，其创新投入对创新绩效的促进作用较弱；而处于充分竞争行业的企业，其创新投入对创新绩效的促进作用较强，研究假设7-5得到验证，证实了产品市场竞争程度正向调节创新投入对企业创新绩效的作用。此外，该研究中创新绩效使用企业申请的专利数来衡量，且专利存在发明专利、实用新型专利和外观设计专利之分。因此，为深入考察产品市场竞争对"创新投入—创新绩效"的影响，分别使用发明专利（Invia）、实用新型专利（Umia）以及外观设计专利（Desia）代替创新绩效作为被解释变量，采用固定效应模型进行回归分析。结果发现产品市场竞争与创新投入的交乘项（$HHI \times R\&D$）相关系数分别为 -0.106、-0.149 和 -0.015，其中发明专利和实用新型专利在1%水平上显著，外观设计专利不显著，说明产品市场竞争越激烈，创新投入转化为发明专利和实用新型专利的效果越好，再次表明产品市场竞争程度对创新投入的产出绩效具有促进作用，研究假设7-5再次得到验证。

表 7-24　　　　　　创新投入、产品市场竞争与创新绩效

变量	(1)	(2)	(3)	(4)
	Patent	*Invia*	*Umia*	*Desia*
R&D	0.130 ***	0.097 ***	0.111 ***	0.035 ***
	(9.11)	(7.94)	(8.72)	(3.87)
HHI	1.541 ***	1.789 ***	2.516 ***	0.238
	(2.64)	(3.58)	(4.83)	(0.64)
HHI × R&D	−0.094 ***	−0.106 ***	−0.149 ***	−0.015
	(−2.84)	(−3.74)	(−5.04)	(−0.68)
Age	−0.126 ***	−0.092 ***	−0.069 **	−0.019
	(−3.59)	(−3.04)	(−2.19)	(−0.85)
Size	0.026	0.073 ***	−0.016	0.025 *
	(1.26)	(4.13)	(−0.85)	(1.91)
Lev	0.076	0.111 *	0.020	0.068
	(1.01)	(1.71)	(0.30)	(1.41)
*Top*1	0.060	0.020	0.006	0.212 ***
	(0.57)	(0.23)	(0.07)	(3.15)
ROA	0.364 **	0.350 **	0.401 ***	−0.065
	(2.29)	(2.57)	(2.83)	(−0.64)
Growth	−1.065	−1.943	−0.443	0.726
	(−0.65)	(−1.38)	(−0.30)	(0.69)
Year	Yes	Yes	Yes	Yes
Industry	Yes	Yes	Yes	Yes

续表

变量	(1)	(2)	(3)	(4)
	Patent	*Invia*	*Umia*	*Desia*
Constant	− 0.695 (− 1.41)	− 1.883 *** (− 4.47)	− 0.223 (− 0.51)	− 0.755 ** (− 2.39)
Observations	17446	17446	17446	17446
R − squared	0.049	0.051	0.049	0.010
F	22.25	23.23	23.54	4.348

注：*、**、*** 分别表示在 10%、5% 和 1% 的水平上显著，括号内为异方差稳健的 *t* 值。

（2）稳健性检验。为了检验实证回归结果的稳定性，改变产品市场竞争计算方法进行稳健性检验，在计算时选择行业内的每家公司的总资产与行业总资产合计的比值的平方累加，对式（7.5）进行回归，具体回归结果如表 7 – 25 所示。在控制其他因素的影响后，*R&D* 的相关系数为 0.129，在 1% 的水平上显著为正，产品市场竞争与创新投入的交乘项（*HHI × R&D*）的相关系数为 − 0.109，在 1% 水平上显著，表明产品市场竞争程度越高对创新投入与创新绩效之间正相关关系的影响越显著，也说明该部分的研究结论较为稳健，研究假设 7 – 5 再次得到验证。此外，分别使用发明专利（*Invia*）、实用新型专利（*Umia*）以及外观设计专利（*Desia*）代替创新绩效作为被解释变量，根据式（7 – 5）重新进行回归可知产品市场竞争与创新投入的交乘项（*HHI × R&D*）的相关系数分别为 − 0.115、− 0.182 和 − 0.014，其中发明专利和实用新型专利在 1% 水平上显著，研究假设 7 – 5 再次得到验证，说明模型回归结果具有良好的稳健性。

表 7 – 25　　　　　　　　　　　　稳健性检验

变量	(1)	(2)	(3)	(4)
	Patent	*Invia*	*Umia*	*Desia*
R&D	0.129 *** (9.13)	0.094 *** (7.78)	0.110 *** (8.77)	0.035 *** (3.84)

续表

变量	（1）	（2）	（3）	（4）
	Patent	*Invia*	*Umia*	*Desia*
HHI	1.983 ***	2.108 ***	3.229 ***	0.245
	(2.87)	(3.57)	(5.24)	(0.55)
HHI × R&D	− 0.109 ***	− 0.115 ***	− 0.182 ***	− 0.014
	(− 2.76)	(− 3.40)	(− 5.14)	(− 0.56)
Age	− 0.122 ***	− 0.088 ***	− 0.065 **	− 0.019
	(− 3.47)	(− 2.92)	(− 2.07)	(− 0.84)
Size	0.025	0.072 ***	− 0.017	0.025 *
	(1.23)	(4.08)	(− 0.91)	(1.90)
Lev	0.079	0.113 *	0.024	0.068
	(1.04)	(1.75)	(0.35)	(1.41)
*Top*1	0.061	0.021	0.004	0.212 ***
	(0.58)	(0.23)	(0.05)	(3.15)
ROA	0.370 **	0.355 ***	0.411 ***	− 0.064
	(2.33)	(2.61)	(2.90)	(− 0.63)
Growth	− 0.996	− 1.873	− 0.350	0.734
	(− 0.61)	(− 1.33)	(− 0.24)	(0.70)
Year	Yes	Yes	Yes	Yes
Industry	Yes	Yes	Yes	Yes
Constant	− 0.735	− 1.881 ***	− 0.260	− 0.745 **
	(− 1.50)	(− 4.49)	(− 0.59)	(− 2.37)
Observations	17446	17446	17446	17446
R − squared	0.049	0.051	0.049	0.010
F	22.21	23.20	22.55	4.340

注：*、**、*** 分别表示在10%、5%和1%的水平上显著，括号内为异方差稳健的 *t* 值。

7.6　创新投入、环境不确定性与创新绩效

7.6.1　理论分析与研究假设

环境不确定性是指环境的不可预测的动态变化，企业外部往往存在着管理者无法预测和掌握的因素，容易导致企业既不能及时预测环境变动，也不能准确把握变动所带来的后果。候曼等（2022）[294]认为，环境对组织能力具有塑造作用，且环境不确定性是企业生存和发展所必须要面对的环境特征，李忠顺等（2021）[295]研究发现环境不确定性可以从竞争强度和技术不确定性两个维度倒逼组织开展探索式学习，从而更好地利用市场信息进行商业模式创新。除商业模式外，企业的其他创新研发活动也会受其所处微观及宏观环境的重要影响，因此，以下将探讨环境不确定性对企业创新绩效的不同作用。

企业创新是获取信息、吸收知识、资源利用等多种活动的集合体，需要企业时刻与外界保持互动，因此外部环境中的不确定因素日益成为影响企业组织结构与创新管理过程的重要权变因素。在不确定环境中，组织的成功更多地取决于能否在变化的外部环境中保持核心竞争地位。从组织战略而言，在企业外部环境动荡时，部分组织更倾向于采取风险规避型战略，包括减少产品创新活动和增加服务类业务向价值链的下游转型等，因此环境不确定性越强，越不利于企业利用创新投入提升创新绩效。例如，陈收（2013）[296]等研究认为外部环境变化会使企业依靠资源优势或产业定位建立起来的竞争优势以较快速度被其他模仿创新所破坏。王则仁（2021）[297]等认为市场不确定性带来的市场需求动荡，将使企业对市场信息的掌握程度变差，同时企业知识、技术的核心刚性以及原有创新能力受到了损失，必然影响新知识、新技术的产生，从而阻碍创新绩效的提升（汪梦华，2021）[298]。

　　较高的环境不确定性意味着企业外部经营环境要素变化频率较快、动荡程度较大，未来发展方向不明确，若组织在知识储备、战略结构、资源利用效率、经营网络多样性等方面存在不同程度的劣势，就容易导致其难以对创新活动开展提供必要的支持和保障。例如，鲍姆（Baum，2008）[299]等研究认为在高度动态变化的外部环境中，企业可能会陷入融资约束困境，致使创新战略推行受阻。郝威亚等（2016）[300]认为当外部环境不够稳定时，会产生一部分不确定性带来的额外的价值：即等待未来新信息的价值，为了获得这部分价值，企业将延缓创新研发投资，直至信息进一步披露。也有学者提出，环境不确定下引起的现金流过度波动和财务资源短缺（Caggese，2012）[301]、激烈的市场竞争（聂辉华等，2008）[302]、突发性事件（黄学军和吴冲锋，2006）[303]等，可能使具有资源约束的企业面临生存压力，增加了技术创新项目的投资风险，从而抑制企业的技术创新。

　　除此之外，企业管理者对环境波动的反应以及对风险的偏好也在一定程度上影响着企业创新绩效的提升。例如，李寿喜等（2020）[304]研究发现环境不确定性通过加剧代理问题和高管职业忧虑抑制了企业创新，这一方面是因为环境动态性越强，决策信息需求总量越多，而企业信息处理与预测能力却在相对减弱，高昂的信息搜寻成本、激烈的竞争市场会使管理者更为谨慎地制定经营决策，降低风险偏好、拒绝高风险创新项目，在进一步阻碍创新投资行为的同时探索式创新活动也在大幅缩减（王金凤等，2020）[305]。另一方面若环境不确定性对企业已经产生较大冲击，受制于融资成本和现金流的约束，管理者更容易产生短视行为，即在过度不利的环境中，管理者可能会为了降低成本，避免企业破产而放弃净现值为正但存在风险的新产品开发项目，企业家精神对于增进技术创新的作用难以得到发挥（Kerr and Nanda，2009）[306]。同时，在高度不确定的环境中，市场结构和消费者需求急剧变化，管理者可能更愿意采取"观望"或"从众"的决策战略，犹豫、举棋不定和拖延等决策状态也可能导致企业错失创新机会，产品创新绩效提升的难度会不断增加（袁建国等，2015）[307]。根据上述分析，提出假设7-6。

H7 – 6：环境不确定性负向调节创新投入对企业创新绩效的促进作用。

7.6.2　研究设计

7.6.2.1　样本选择与数据来源

为与前文保持一致，仍选取 2011 ~ 2021 年全部 A 股上市公司为研究对象，为了保证数据的稳定性、代表性及可获取性，对初始样本数据进行处理，具体处理方式与 7.1 小节保持一致，经筛选最终得到 1586 个公司在 11 年的研究期间内 17446 个研究样本的平衡面板数据。本章所使用基础数据基本与第 4 章 ~ 第 6 章一致，环境不确定性数据来自 CSMAR 数据库，其他数据来源均与 7.1 小结保持一致。此外，为了保证数据有效性并消除异常值对研究结论的干扰，对主要连续变量在上下 1% 的水平上进行了缩尾处理。

7.6.2.2　变量定义

（1）被解释变量：创新绩效（*Patent*）。借鉴王曦等（2022）[135] 的做法，选择专利申请总数来衡量企业创新绩效，即发明专利（*Invia*）、实用新型专利（*Umia*）以及外观设计专利（*Desia*）申请数量的总和来衡量。

（2）解释变量：创新投入（*R&D*）。参考王曦和杨博旭（2022）[135] 的做法，采用企业当年研发支出加 1 取对数衡量企业创新投入水平（*R&D*）。

（3）调节变量：环境不确定性（*EU*）。根据已有的研究文献（申慧慧等，2012）[308]，采用普通最小二乘法（*OLS*）运行模型（7.6），分别估计过去 5 年的非正常销售收入，以剔除销售收入中稳定成长部分的影响，更加准确地衡量环境不确定性。

$$Sale = \varphi_0 + \varphi_1 Year + \varepsilon \qquad (7.6)$$

其中，*Sale* 为销售收入；*Year* 为年度变量，如果观测值是过去第 4 年的，则 *Year* = 1；如果观测值是过去第 3 年的，则 *Year* = 2；依次类推，如果观测值是当前年度的，则 *Year* = 5。模型（7.6）的残差即为非正常销售收入；计算公司过去 5 年非正常销售收入的标准差，再除以过去 5 年销售收入的平均值，从而得到未经行业调整的环境不确定性；同一年度同一行业内所有公司的未经行业调整的环境不确定性的中位数，即为行业环境不确定性，采用戈什和奥尔森（Ghosh and Olsen，2009）[309] 的方法，各公司未经行业调整的环境不确定性除以行业环境不确定性，即为公司经行业调整后的环境不确定性，也就是本章所运用的环境不确定性（EU）。

（4）控制变量。与前文相同，选取企业年龄（Age）、企业规模（Size）、资产负债率（Lev）、盈利能力（ROA）、成长性（Growth）、第一大股东持股比例（Top1）作为控制变量。此外，还同时控制了行业固定效应和年度固定效应，具体定义情况见表 7 - 26。

表 7 - 26 变量定义

变量类型	变量名称	变量符号	定义
被解释变量	创新绩效	Patent	ln（企业当期专利申请总量 + 1）
解释变量	创新投入	R&D	ln（企业当年研发投入 + 1）
调节变量	环境不确定性	EU	先用模型（7.6）求得 5 年残差的标准差，除以 5 年销售收入的平均值，再除以行业中位数调整后得到
控制变量	企业年龄	Age	ln（观测值年份 - 公司 IPO 年份）
	企业规模	Size	ln（资产总额 + 1）
	资产负债率	Lev	负债总额/资产总额
	盈利能力	ROA	净利润/总资产
	成长性	Growth	（本期营业收入 - 上期营业收入）/上期营业收入
	第一大股东持股比例	Top1	第一大股东持股比例
	年度	Year	年度虚拟变量
	行业	Industry	行业虚拟变量

7.6.2.3 模型构建

为检验研究假设 7 - 6，建立固定效应模型，即式（7.7），探究环境不确定性对"创新投入—创新绩效"的影响研究：

$$Patent_{i,t} = \alpha_0 + \alpha_1 R\&D_{i,t} + \alpha_2 EU_{i,t} + \alpha_3 EU \times R\&D_{i,t}$$

$$+ \gamma Control_{i,t} + \sum Year + \sum Industry + \varepsilon_{i,t} \quad (7.7)$$

其中，被解释变量为创新绩效（*Patent*），解释变量为企业创新投入（*R&D*），调节变量为环境不确定性（*EU*），*EU* × *R&D* 为创新投入与环境不确定性的交乘项。此外，*Control* 为控制变量，具体包括企业年龄（*Age*）、企业规模（*Size*）、资产负债率（*Lev*）、盈利能力（*ROA*）、成长性（*Growth*）、第一大股东持股比例（*Top*1），*Year* 和 *Industry* 分别为年份固定效应和行业固定效应，α_0 为常数项，α_3 反映创新投入与环境不确定性对创新绩效的影响，$\varepsilon_{i,t}$是随机误差项。

7.6.3 实证分析

7.6.3.1 描述性统计

该部分研究主要变量的描述性统计结果如表 7–27 所示。

表 7–27 主要变量描述性统计

变量	样本	均值	标准差	最小值	最大值
R&D	17446	17.870	1.608	12.930	22.030
Patent	17446	1.905	1.681	0	8.866
EU	17446	1.305	1.346	0	24.536
Age	17446	2.339	0.694	0	3.466
Size	17446	22.300	1.243	19.690	26.270
Lev	17446	0.427	0.203	0.045	0.942
*Top*1	17446	0.316	0.153	0	0.722
ROA	17446	0.033	0.059	−0.326	0.197
Growth	17446	0.003	0.060	−0.007	0.044

表 7 – 27 的描述性统计结果显示：环境不确定性（*EU*）的最小值为 0，最大值为 24.536，均值为 1.305，标准差为 1.346，说明不同公司环境不确定性变化差异很大。其他变量分析已在第 4 章～第 6 章进行了详细阐述，此处不再赘述。

7.6.3.2 相关性分析

主要变量的相关性分析结果如表 7 – 28 所示。环境不确定性（*EU*）与企业创新绩效（*Patent*）的相关系数为 – 0.146，在 1% 水平上显著负相关，这也初步表明企业的环境不确定性程度越高，对企业创新绩效的抑制作用越大。另外，企业创新绩效（*Patent*）与大部分控制变量之间在 1% 显著性水平上呈现相关关系，且变量之间的相关系数绝对值大部分低于 0.5，证明所选取的控制变量具有一定的科学合理性。为排查模型中的多重共线性问题，对式（7.7）中涉及变量进行了方差膨胀因子（VIF）检验，结果显示 VIF 检验均值为 1.38，最大值为 2.17，最小值为 1.01，远远小于合理值 10，因此表明回归分析中模型不存在严重的多重共线性问题。

表 7 – 28　　　　　　　　　　　　主要变量相关性分析矩阵

变量	*Patent*	*R&D*	*EU*	*Age*	*Size*	*Lev*	*Top*1	*ROA*	*Growth*
Patent	1								
R&D	0.439 ***	1							
EU	– 0.146 ***	– 0.107 ***	1						
Age	– 0.087 ***	0.167 ***	0.032 ***	1					
Size	0.201 ***	0.554 ***	– 0.018 **	0.412 ***	1				
Lev	0.025 ***	0.148 ***	0.042 ***	0.366 ***	0.472 ***	1			
*Top*1	0.052 ***	– 0.002	0.002	– 0.121 ***	0.129 ***	0.033 ***	1		
ROA	0.116 ***	0.144 ***	– 0.066 ***	– 0.132 ***	0.047 ***	– 0.345 ***	0.124 ***	1	
Growth	– 0.014 *	– 0.013 *	0.074 **	– 0.030 ***	– 0.069 ***	– 0.014 *	– 0.027 ***	– 0.003	1

注：*、**、*** 分别表示在 10%、5% 和 1% 的水平上显著。

7.6.3.3　基准回归分析

（1）创新投入、环境不确定性与创新绩效。表 7 - 29 列示了创新投入、环境不确定性与创新绩效之间关系的检验结果。式（7.7）的回归结果显示，在控制其他因素的影响后，创新投入（R&D）的相关系数为0.458，在 1% 的水平上显著为正，环境不确定性与创新投入的交乘项（EU × R&D）的相关系数为 - 0.05，在 1% 水平上显著为负，表明环境不确定性抑制了创新投入与创新绩效之间的正相关关系，即随着企业环境不确定性程度的增长，创新投入对企业创新绩效的促进作用有所减弱，研究假设 7 - 6 得到验证，证实了环境不确定性负向调节创新投入对企业创新绩效的正向影响。此外，该研究中创新绩效使用企业申请的专利数来衡量，因专利存在发明专利、实用新型专利和外观设计专利之分。为深入考察环境不确定性对"创新投入—创新绩效"的影响，分别使用发明专利（Invia）、实用新型专利（Umia）以及外观设计专利（Desia）代替创新绩效作为被解释变量，采用固定效应模型进行回归分析。结果发现环境不确定性与创新投入的交乘项（EU × R&D）相关系数分别为 - 0.047、- 0.035 和 - 0.030，且均在 1% 水平上显著，再次表明环境不确定性降低了创新投入对创新绩效的促进作用，研究假设 7 - 6 再次得到验证。

表 7 - 29　　　　　　　　创新投入、环境不确定性与创新绩效

变量	（1）	（2）	（3）	（4）
	Patent	Invia	Umia	Desia
R&D	0.458 *** (39.17)	0.412 *** (41.38)	0.333 *** (32.01)	0.154 *** (19.22)
EU	0.753 *** (9.66)	0.734 *** (11.05)	0.534 *** (7.69)	0.467 *** (8.75)
EU × R&D	- 0.050 *** (- 11.29)	- 0.047 *** (- 12.48)	- 0.035 *** (- 8.81)	- 0.030 *** (- 9.88)

变量	（1）	（2）	（3）	（4）
	Patent	*Invia*	*Umia*	*Desia*
Age	−0.407*** （−19.82）	−0.251*** （−14.31）	−0.362*** （−19.80）	−0.059*** （−4.18）
Size	0.094*** （6.60）	0.118*** （9.72）	0.068*** （5.36）	0.047*** （4.82）
Lev	0.266*** （3.77）	0.175*** （2.91）	0.566*** （9.00）	−0.058 （−1.20）
*Top*1	−0.053 （−0.68）	−0.298*** （−4.51）	0.060 （0.87）	0.040 （0.75）
ROA	1.167*** （5.63）	0.913*** （5.16）	0.145 （0.79）	1.138*** （8.00）
Growth	5.496*** （2.76）	4.539*** （2.68）	4.269** （2.41）	4.443*** （3.26）
Year	Yes	Yes	Yes	Yes
Industry	Yes	Yes	Yes	Yes
Constant	−8.193*** （−30.70）	−8.376*** （−36.81）	−6.268*** （−26.35）	−3.198*** （−17.48）
Observations	17446	17446	17446	17446
R − squared	0.290	0.285	0.232	0.091
F	203.6	198.1	150.4	49.93

注：*、**、***分别表示在10%、5%和1%的水平上显著，括号内为异方差稳健的 *t* 值。

（2）稳健性检验。为了检验实证回归结果的稳定性，进行变更创新投入代理变量的稳健性检验。选择研发人员数量加1取对数（*Person*）作为企业创新投入的替换变量，对式（7.7）进行回归，具体回归结果如表7-30所示。在控制其他因素的影响后，*Person* 的相关系数为0.404，在1%的水平上显著为正，环境不确定性与研发人员数量的交乘项（*EU* ×*Person*）的相关系数为−0.047，在1%水平上显著，表明环境不确定性对创新投入与创新绩效之间关系的负向影响显著，也说明该部分的研究结论较为稳健，研究假设 7 - 6 再次得到验证。此外，使用研发人员数量（*Person*）作为企业创新投入的替换变量，分别使用发明专利（*Invia*）、实用新型专利（*Umia*）以及外观设计专利（*Desia*）代替创新绩效作为被解释变量，根据式（7.7）重新进行回归可知环境不确定性与研发人员数量的交乘项（*EU × Person*）的相关系数分别为 - 0.043、- 0.034 和 - 0.030，且均在 1% 水平上显著为负，研究假设 7 - 6 再次得到验证，说明模型回归结果具有良好的稳健性。

表 7 - 30　　　　　　　　　　　稳健性检验

变量	（1）	（2）	（3）	（4）
	Patent	*Invia*	*Umia*	*Desia*
Person	0.404 *** (35.19)	0.343 *** (34.85)	0.308 *** (30.20)	0.172 *** (22.08)
EU	0.115 *** (4.66)	0.127 *** (5.97)	0.099 *** (4.53)	0.098 *** (5.83)
EU × Person	- 0.047 *** (- 10.27)	- 0.043 *** (- 11.06)	- 0.034 *** (- 8.43)	- 0.030 *** (- 9.68)
Age	- 0.432 *** (- 20.91)	- 0.277 *** (- 15.63)	- 0.378 *** (- 20.67)	- 0.058 *** (- 4.16)
Size	0.197 *** (14.86)	0.223 *** (19.68)	0.136 *** (11.55)	0.054 *** (6.01)
Lev	0.265 *** (3.73)	0.168 *** (2.76)	0.568 *** (9.01)	- 0.048 (- 0.99)
*Top*1	- 0.083 (- 1.06)	- 0.326 *** (- 4.87)	0.039 (0.56)	0.037 (0.70)
ROA	1.601 *** (7.69)	1.329 *** (7.44)	0.447 ** (2.42)	1.220 *** (8.65)
Growth	4.441 ** (2.21)	3.867 ** (2.25)	3.323 * (1.87)	3.862 *** (2.84)

续表

变量	（1） *Patent*	（2） *Invia*	（3） *Umia*	（4） *Desia*
Year	Yes	Yes	Yes	Yes
Industry	Yes	Yes	Yes	Yes
Constant	− 4. 851 *** （ − 18. 22）	− 5. 543 *** （ − 24. 27）	− 3. 743 *** （ − 15. 85）	− 1. 640 *** （ − 9. 09）
Observations	17446	17446	17446	17446
R − squared	0. 279	0. 265	0. 228	0. 098
F	192. 7	179. 0	146. 8	53. 98

注：* 、** 、*** 分别表示在 10% 、5% 和 1% 的水平上显著，括号内为异方差稳健的 *t* 值。

7.7 本章小结

本章以 2011～2021 年 A 股上市公司为研究样本，考察了影响创新投入与创新绩效之间关系的要素，并实证检验了这些要素在"创新投入—创新绩效"中的作用机理。

（1）财务冗余作为企业的一种冗余资源，不仅能够有效降低创新过程的资源竞争压力，缓解融资约束问题，还可以提高管理者投资信心与风险偏好，实现创新成果产出，提高企业创新绩效。财务冗余促进了创新投入与创新绩效之间的正相关关系，进一步检验发现财务冗余资源的正向调节作用主要表现在发明专利和外观设计专利中，较多的财务冗余资源并不能提高创新投入对实用新型专利产出的促进作用。

（2）企业 ESG 评级体现了企业环保意识、社会责任履行和公司治理水平的高低，其中，企业承担环境责任和社会责任，意味着其产品创新以及生产过程改进向绿色化发展，有助于企业将目标由价值最大化逐渐转移到兼顾经济价值和社会价值上来，从而树立良好企业形象，获取更多创新资源支持。同时，企业内部治理也有利于管理层更注重创新发展，积极提升创新绩效。因此，企业 ESG 表现正向调节创新投入与创新绩效之间的正相关关系，并且该调节作用在发明专利、实用新型专利和外观设计专利上均较为显著。

（3）作为一种积极的政策导向，税收优惠不仅能够降低创新风险，发挥激励减负功能，还能加快创新成果转化，产出创新收益。税收优惠增强了创新投入与创新绩效之间的正相关关系，即证实了税收优惠正向调节创新投入对创新绩效的影响，并且这种正向调节在发明专利、实用新型专利和外观设计专利上均有体现。

（4）知识产权保护是一种保护创造者智力成果专有权不受其他个体或单位非法侵占的行为，不仅可以通过优化创新资源配置、重构产业价值链等方式激励企业创新，还能减少外部性问题，保护创新企业的预期收益，降低创新成果的不确定性。知识产权保护水平的提升促进了创新投入对创新绩效的正向影响，进一步检验发现知识产权保护水平对"创新投入—创新绩效"的正向影响主要体现在发明专利和外观设计专利上，严格的知识产权保护制度不能提高创新投入对企业实用新型专利的促进作用。

（5）产品市场竞争作为重要的外部治理机制，对企业创新发展具有重要作用。伴随着产品市场竞争程度的提升，管理者为保持竞争地位必须提升创新意识，不断进行技术创新，同时相较于垄断行业，企业在充分竞争市场条件下既可以进行技术引进，也可以通过对知识的学习与吸收进行原始自主创新，增加创新产出能力，因此产品市场竞争促进了创新投入与创新绩效之间的正相关关系，并且这种正向调节在发明专利、实用新型专利上更为显著。

（6）在外部环境动荡时，企业更倾向于减少产品创新活动，且环境动态性越强，管理者制定经营决策越谨慎，拒绝高风险创新项目的概率越大，同时其犹豫、举棋不定和拖延等决策状态也可能导致企业错失创新机会。因此，环境不确定性削弱了创新投入与创新绩效之间的正相关关系，这种负向调节在发明专利、实用新型专利和外观设计专利上均有作用。

第8章　研究结论与政策建议

本章在总结实证研究结论的基础上，从企业、政府和金融机构三方面提出促进企业创新投入、提高创新绩效的建议，以期为提高我国企业创新能力提供有价值的参考。

8.1　研究结论

8.1.1　我国总体创新水平

随着创新战略的推进，我国创新投入与产出也日益增多。近年来，我国研发经费支出、研发投入强度、专利申请数量均呈现持续上涨趋势，2021 年分别达到 27956.3 亿元、2.44% 和 5243592 件，科技进步贡献率 2006~2011 年为 51.7%，2015~2020 年突破 60%。从支出结构看，研发经费支出的主体为企业，占研发经费支出总额的 75% 以上，其次为研发机构和高校。超过 80% 的研发经费支出投资于试验发展项目，其次为应用研究和基础研究，近年来，基础研究比例有所提高，主要集中在高校和研究机构，企业的研发经费支出绝大多数用于试验发展。非国有企业研发经费支出和专利产出增长速度远远超过国有企业，规模以上工业企业内部研发经费支出、研发人员全时当量和创新产出也呈现迅速增长趋势。总体来看，我国创新实力不断增强，企业尤其是民营企业创新主体地位日益凸显。但同时也应看到，与发达国家相比我国还存在较大差距，面对复杂的国际国内环境和"双碳"目标要求，企业的创新投入和创新绩效亟待提高。

8.1.2　企业内部因素对创新投入的影响

第一，内部控制正向促进企业创新投入。随着我国内部控制规范的发布和实施，上市公司内部控制水平普遍有所提升，但不同企业仍存在较大差异，其有效性情况参差不齐。实证结果表明，内部控制有效性可以显著提升企业创新投入，高质量的内部控制能够通过优化企业内部环境、加强风险识别与分析、采取有效控制措施、降低信息不对称等提高创新投入水平，推动企业创新活动朝着健康有序的方向发展。

第二，数字化转型可以显著提升企业创新投入。研究数据表明，上市公司整体数字化转型进展较为缓慢，实施数字化转型程度普遍不高且不同企业间存在较大差异。进一步分析发现，数字化转型正向激励企业的创新投入，数字化转型能促使企业优化资源配置、降低信息不对称、提高风险承担水平、精准定位客户需求，进而激发企业的创新活动，提高创新投入水平。

第三，高管团队异质性正向影响企业创新投入。研究发现，我国上市公司高管团队普遍存在一定的异质性，高管团队异质性能正向激励创新投入，原因主要在于异质性高的管理团队其社会网络、社会资本和社会阅历更丰富，其多元化的背景更容易促使企业接受新事物，在不断学习的同时加快新观念与生产经营等相互融合的速度，有利于更好地协调企业内外部资源从而增加创新投入。进一步分析发现，高管团队年龄、性别、金融背景异质性对企业创新投入存在抑制作用，主要是由于男女思维存在较大差异，不同年龄段高管在创新意愿、风险承担水平方面存在代沟，阻碍了对研发创新的投入；而高管团队教育背景、海外背景、职业背景以及技术背景的异质性程度越高，越有助于促进企业创新投入水平提升，其中海外背景、职业背景这两个异质性维度促进作用更强。原因在于：高学历高管的知识储备与低学历高管的工作经验相结合，在做企业创新决策时目光更长远；海外背景异质性高管在制定研发决策时具有国际化和市场化特征，更具有创新意识；职业背景多元化意味着其成员在不同类型的工作岗位历练过，可以为研发投入增长提供更多资源优势，因此这几个维度的异质性均能有效促进创新投入，并在一定程度上弥补了年龄、性别等异质性对创新投入造成的负面影响。

第四，环保投资正向影响企业创新投入。研究发现，我国上市公司环保投资总体程度不高，且不同上市公司之间差异较大，环保投资对企业创新投入具有促进作用，其原因在于，环保投资虽然在一定程度上占用了企业资源，但是提高环保投资不仅可以通过节能减排、降低税费等使企业获得经济利益，企业还可能因为积极履行社会责任、提高社会效益而获得更好的声誉和社会支持，从而为企业创新活动提供更多经济来源和政策帮助，提高企业的创新投入水平。

8.1.3　企业外部因素对创新投入的影响

第一，融资约束负向影响创新投入。研究表明，超过一半的样本企业面临较高的融资约束，且不同企业间融资约束程度差异较大。企业融资约束程度较高表明现金持有量有限，内部资金匮乏，外部资金成本较高，缺少创新活动必要的资金支持，而且创新活动本身往往存在较多的风险和不确定性，在资金受到约束的情况下企业很容易选择通过削减创新投入来规避风险，减少各利益相关者的利益冲突。

第二，政府补助正向促进创新投入。近年来政府补助成为企业研发创新的重要动力，大部分样本企业获得了政府的创新支持，但所获资金量有限。研究发现，企业获得政府创新补助，一方面表明企业的发展与政府支持的方向一致，可以对外释放利好信号，增强投资者和债权人等外部利益相关者的信心，获得更多的外部支持；另一方面，政府补助可以直接为企业提供资金支持，有效缓解研发投资风险、降低研发成本，补偿创新的外部效应，从而激励企业加大研发创新投入，保障创新活动的顺利开展。

第三，年报问询函监管抑制企业创新投入。年报问询函是我国证券交易所对上市公司进行监督管理的重要手段之一，对提高会计信息的可靠性具有重要作用。实证结果分析发现，企业受到问询监管对创新投入具有抑制作用，原因在于，企业收到证券交易所的问询函意味着信息披露存在一定的问题或受到质疑，其所产生的"聚光灯"效果会使得利益相关者对收函公司持审慎态度，降低投资者、债权人以及供应商、客户等外部利益相关者的信任度，而企业管理层为尽快挽回公司形象，降低受到问询监管所产生的负面影响，可能更倾向于投资见效快的短期项目，放弃收效缓慢、风险较大的创新投入，从而导致创新投入减少。

8.1.4　创新投入对创新绩效的影响

8.1.4.1　创新投入对创新绩效有显著的促进作用

第一，企业创新能力的提高离不开足够的研发投入，总体来说，我国上市公司创新投入产出良好，效率较高，对创新绩效有显著的促进作用。创新投入增强一方面有助于企业积累创新资源，获得持续性竞争优势，还能通过对资源的加工整合形成新的资本渠道，创造新的知识和技术，从而帮助企业提高创新绩效；另一方面，创新投入还可以提高研发人员的技术水平、增加先进生产设备，增强企业创新能力，从而促进企业产出新成果，最终提高创新绩效。

第二，创新投入对不同类型专利产出的促进作用有所差异。研究结果表明，创新投入对实用新型专利的正向影响最强，发明专利次之，外观设计专利最低。这主要是由于发明专利难度较大，导致一些基础性研究投入产出效率不高，另外也从侧面反映出企业对一些高精尖技术投入不足，更多倾向于投入一些短平快的实用性、开发性项目，虽然相对而言成果较多，但是发明创造性不足。

第三，创新投入对企业绿色创新绩效具有正向促进作用，其中对绿色发明专利的正向影响更强。研究发现，创新投入不仅促进了企业整体的创新绩效，对绿色创新绩效尤其是绿色发明专利呈现正向的积极影响。这说明在"双碳"目标要求和国家大力倡导下，企业普遍开始重视对绿色技术的研发，增加了绿色创新的研发投入并取得较好的成效。

8.1.4.2 不同类型企业创新投入对创新绩效的促进作用呈现差异化特征

第一，从所有制形式分析，创新投入对非国有企业的提升作用相对更大，这主要是因为非国有企业体制灵活，虽获得政府支持相对较少，但迫于竞争压力，自主创新意识较强，投入产出效率更高，而国有企业的创新投入对创新绩效的促进作用较弱，一方面是由于国有企业承担更多的基础性研究，产出较为困难，另一方面受体制影响，国有企业创新意识和工作效率相对较低。而在绿色创新绩效方面，创新投入对国有企业的正向作用相对更强，主要是因为国有企业面临更多的环境规制和约束，承担更多的社会责任，因此更加重视绿色技术的研发和应用，而非国有企业目前的环保意识和绿色创新还有待进一步增强。

第二，从企业的科技水平看，创新投入对高科技企业创新绩效和绿色创新绩效的提升作用相对更大。说明高科技企业的创新投入产出效率更高，一方面，因为高科技企业面临更多的科技创新要求，创新产出的动力和压力较大；另一方面，高科技企业研发创新的氛围更加浓厚，资源和人才更加聚集，更容易产出有效的科技成果，而非高科技企业创新动力较弱，技术能力相对较低，在知识资本和技术密集型资本占比上也处于劣势，导致其创新效率较低。

第三，从是否为重污染企业分析，企业创新投入均正向促进创新绩效、绿色创新绩效的提升，但对非重污染企业的提升作用相对更大，反映出我国重污染企业的创新投入产出效率存在一定的问题，尤其是绿色技术改进速度较慢。其原因主要在于我国重污染企业通常属于实体经济产业，发展速度较为缓慢，与现代信息技术衔接不够紧密，另外，作为污染排放的重灾区，重污染企业的环保意识不强，绿色创新战略实施并不均衡，且整体处于较低水平，因此重污染企业的创新绩效、绿色创新绩效相对较低。

第四，从企业分布的地域考察，实证分析结果显示东、西部地区创新投入对创新绩效、绿色创新绩效的正向影响高于中部地区。这一方面与国家的激励政策有关，另一方面可能是受地域发展的影响。东部地区经济发展水平相对较高，创新资源较为聚集，受到的环境监管力度也更强，更有动机和能力进行技术创新和绿色创新，最大限度地产出研究成果；而西部地区在国家西部大开发战略的推动下，科研环境逐步改善，呈现较高的创新产出效率；而相较于东、西部地区，经济欠发达的中部地区企业创新能力、环保意识以及绿色创新能力均相对较弱，且大部分企业仍处于工业化前期阶段，重工业相对较多，创新能力相对不足。

8.1.5 影响创新投入对创新绩效促进作用的因素

第一，财务冗余会促进创新投入对创新绩效的正向影响，进一步检验发现财务冗余资源的正向调节作用只能表现在发明专利和外观设计专利中，较多的财务冗余资源并不能提高创新投入对企业实用新型专利的促进作用。财务冗余是未被吸收的超额储备，在企业创新过程中面临资源瓶颈时能起到"缓冲池"作用，因此能有效缓解创新过程中的资源竞争压力和风险等负面影响，提高企业环境适应性和风险承受能力。此外，企业通常会将冗余的财务资源投资于能为企业带来长期利益的研发投资活动并保障整个过程的连续性、平滑性，从而促进创新投入的有效产出。

第二，企业 ESG 表现正向调节创新投入对企业创新绩效的影响，并且这种正向调节在发明专利、实用新型专利和外观设计专利上均有体现。企业 ESG 评级体现了其环保意识、社会责任履行和治理水平的高低，ESG 表现越好，说明企业对环保责任和社会责任的履行程度越高，公司治理越完善，这一方面有利于树立良好的社会形象和社会声誉，为企业获得更多的创新支持；另一方面，有利于控制风险，提升创新效率，从而提高投入产出绩效，因此企业 ESG 表现促进了创新投入与创新绩效之间的正相关关系。

第三，税收优惠正向调节创新投入对创新绩效的作用，并且这种正向调节在发明专利、实用新型专利和外观设计专利上均有体现。研究发现，企业之间享受的税收优惠存在较大差异，享受税收优惠一方面能够降低企业的财务约束和逃税成本，增加自由现金流，有效缓解创新活动的溢出效应，降低研发风险，同时体现了企业创新的政策导向和政府的激励，有助于吸引外部关注和聚集人才，降低创新活动风险，提高创新投入绩效，因此税收优惠有效促进了创新投入对企业创新绩效的作用。

第四，知识产权保护正向调节创新投入对创新绩效的正向影响，且这一影响主要体现在发明专利和外观设计专利上，对实用新型专利的促进作用不明显。知识产权保护能够有效保护创造者智力成果专有权不受非法侵占，能够有效降低创新者的顾虑，不仅可以通过优化创新资源配置、重构产业价值链等方式激励企业创新，还能解决创新的外部性问题，保护创新企业的预期收益，降低创新成果的不确定性。因此，知识产权保护促进了创新投入与创新绩效之间的正相关关系。

第五，产品市场竞争正向促进创新投入对创新绩效的作用，并且这种正向调节在发明专利、实用新型专利上均有体现。激烈的产品市场竞争会更有效地激发管理者的创新动力，带动整个行业创新资源和人才的聚集。同时，还可以通过提高信息透明度、缓解创新资源错配问题，减少创新过程中的资源摩擦成本，为改善创新效率创造条件。此外，管理者在竞争相对充分的市场中进行创新投资，较强的信息流动性有利于企业更充分地把握关于行业、技术等方面的信息，降低其对创新投资项目的搜寻成本，提高企业创新效率。

第六，环境不确定性会抑制创新投入对创新绩效的正向影响，并且这种负向调节作用在发明专利、实用新型专利和外观设计专利上均有体现。当企业面临较大的环境不确定性时，意味着管理者无法及时预测环境变动，也不能准确把握变动所带来的后果，出于规避风险的考虑，企业往往会减缓创新活动进程，如果企业同时面临生产经营方面的劣势和约束时，更难以维持和保障创新活动的开展，同时管理者对环境波动的反应以及对风险的偏好也在一定程度上导致管理者产生短视行为，更愿意采取"观望"或"从众"的决策战略，从而使企业错失创新机会，创新效率降低，抑制创新绩效的提升。

8.2　政　策　建　议

8.2.1　企业应加强内部管理与制度建设，提高创新投入水平

8.2.1.1　完善企业内部控制

目前，我国企业内部控制水平参差不齐，研究发现，内部控制对创新投入具有正向激励作用，因此企业应进一步将内部控制上升到战略高度，从内部环境、风险评估、控制活动、信息与沟通以及内部监督等方面完善自身制度建设和实施，提高内部控制有效性，从而防范投资风险，优化资源配置，抵御环境不确定性对创新效率的抑制作用，提高研发投入强度和创新能力。

首先，企业应完善内部环境，为创新奠定良好的制度和文化基础。具体而言，应进一步按照现代企业制度构建科学的公司治理结构和内部组织架构，避免一股独大或机构之间互相掣肘；将研发创新纳入发展战略，以创新作为未来发展的动力，打造企业核心技术，提高产品竞争力；将创新意识和理念融入企业文化，培养全员创新思想和创新氛围；制定有利于创新人才培育和发展的人力资源政策，激励创新活动和创新成果，从而为提高企业创新能力奠定基础。

其次，创新活动存在较大的不确定性和风险，因此企业在创新活动中应随时关注人力资源、内部管理、财务、安全环保等内部风险因素以及经济、法律、社会、科学技术和自然环境等外部风险要素，及时识别风险并进行分析和排序，尤其关注重点和优先控制的风险，进行详细的风险评估，并结合自身风险承担能力，确定风险规避、风险降低、风险分担和风险承受等应对策略，以随时防范创新过程中可能出现的各种风险，提高创

新能力。

再次，创新活动是企业重要的战略决策，企业要结合风险评估的结果，通过预防性控制和发现性控制相结合的方法，运用各种控制措施如不相容职务分离、创新授权和审批控制、创新过程中的财务分析和监督、财产保护、绩效考评等，加强对创新活动的事前、事中和事后控制，以保证创新投入的科学性、创新活动的顺利实施和创新成果的有效产出。

此外，在整个创新过程中还应加强管理者之间、管理者与研发人员、研发人员与其他人员等各方面的信息交流与沟通，以减轻信息不对称带来的弊端。一方面，企业应当通过可行性报告、项目进展报告、工作总结等及时了解创新项目是否可行、活动进展是否顺利以及是否存在困难等，以便及时解决存在的问题；另一方面，通过各种途径及时掌握最新科技发展动态、国家政治经济政策、国内外局势等外部信息，并与管理层以及研发人员沟通交流，及时调整创新方向，确保创新成果符合国家和企业需要、反映最新科技前沿，促进创新过程的顺利开展。

最后，企业应加强对内部控制各环节的日常监督和专项监督，及时发现存在的漏洞，确保内部控制制度的严格贯彻实施，从而为企业创新提供制度保障。

8.2.1.2 深入促进数字化转型

随着数字经济发展，企业进行数字化转型已经成为必然趋势，数字化企业是数字经济的基础设施建设。企业数字化转型不仅指利用 IT 技术，还是对组织活动、流程、业务模式和员工能力等各方面系统性的重新定义，其本质是战略选择和战略规划。企业数字化转型能有效促进研发投入，为此，一方面，企业应加强数字知识学习和技能训练，形成数字化思维意识，将数字化转型提高到战略地位，围绕"数字化"重塑企业发展战略和商业模式，充分利用国家政策支持，联合政府和社会各界，构建数字化产业链，培育数字化生态，以数字支持高质量发展。另一方面，企业可以根据自身业务需求利用大数据、云计算、AI 等数字技术，智能分析并动态调整研发投入与创新目标，推动创新投入需求向精准模式转变，在数字化转型过程中进一步整合内外部资源，节约生产和管理成本，将更多资源投入创新进而提高研发投入水平。同时，利用数字技术增强企业信息披露的透明度和及时性，减少投资者与企业内部的信息不对称现象，从而塑造良好的企业形象，提高融资能力，以获得更多政策和资金支持，促进研发投入。

8.2.1.3　适当提高企业高管团队异质化水平

根据高阶理论，管理者的过往经历往往影响其价值观、心理特质和认知基础，而企业的决策行为是管理者形成的内在心理特征的外在表现。研究发现企业高管团队的教育背景、海外背景和职业背景异质性能有效促进创新投入，因此，企业在提高高管团队综合素质的同时，可以适当提升高管团队这三个方面的异质性水平，优化管理团队结构。一方面，企业在聘用高管时可优先选择具有上述三个维度异质性的成员，同时在企业内部创造机会鼓励部分高管通过继续深造、参加海外学习和工作以及参与不同领域职业培训，提高高管团队异质性，充分发挥不同高管的特长和优势，促进企业创新投入。另一方面，还应通过构建内部信息交流平台，加强不同特征高管之间的沟通，从而强化异质性带来的优势，克服年龄代沟和思维差异带来的弊端，更好地促进企业研发创新。

8.2.1.4　积极践行 ESG 发展理念

ESG 是可持续发展的要求，符合"双碳"战略目标精神，践行 ESG 理念也是提升品牌形象、接洽国际资本的重要抓手。研究发现企业 ESG 表现能有效促进创新投入的产出绩效，因此，一方面，企业应树立 ESG 意识，关注国家和国际最新政策要求，践行 ESG 理念，提升企业在环境、社会责任和公司治理方面的表现；另一方面，及时进行并完善 ESG 信息披露。

（1）加强环境投资，促进绿色创新。加强环境投资不仅有助于提升企业 ESG 表现进而提高创新绩效，还能直接有效地促进企业创新投入。因此，企业一方面，应随时关注并严格遵守环境保护的相关法律法规，提高环保意识，加大投入治理环境污染，降低废弃物排放，完成节能减排等环保要求，防止其外部负效应对社会造成危害；另一方面，应树立长远发展眼光，客观对待环保与研发，做好顶层设计和决策，科学配置资金，通过有效的环保投入，采用清洁能源、绿色节能建筑和可再生能源等，推行绿色生产、绿色办公、零碳工厂，加强环境管理，优化设备运行效率，持续降低能源、资源消耗，提高能源利用、资源使用效率，减少生产运营过程对环境的负面影响。在提高生产经营效率的同时还可以争取更多的政府补助和税收优惠，提升企业社会形象，从而更好地促进创新投入，尤其是绿色创新投入，实现高质量可持续发展。

（2）平等对待利益相关者，维护企业的社会生态系统。现代企业是契约关系的集合体，是社会复杂关系结构中的一环，其利益相关者除传统意义上的投资者和债权人外，还包括企业员工、供应商、客户、政府乃至社会公众等，现代企业应树立社会责任意识，平等对待利益相关者，加强与各利益相关者的关系管理，保障其权益，维护企业发展的社会生态系统。具体包括遵守劳动法，保障员工的合法权益，通过员工持股、退休福利、医疗保险、职业培训等措施激励员工，有条件的情况下可以雇佣残疾人或其他弱势群体更好地服务社会；不断进行研发创新，生产优质的产品保障消费者和客户的权益；积极从事社会公益活动，保护社会公众的利益；维护商业信用，履行对金融机构和供应商的责任等。另外，企业应建立应急机制，一旦出现社会负面事件，及时采取措施应对，以降低其负面影响，维护企业良好的社会形象。

（3）完善公司治理结构和公司行为。首先，企业应设置多元而稳定的股权结构，避免一股独大。多元化的股权结构能够形成有效的制衡机制，有效保障股东和公司的权益，是良好公司治理的基础。其次，建立完善的治理架构，明确职责边界，股东大会、董事会、监事会和经理层各司其职、各负其责、独立运作、相互制衡，做到不越位、不缺位，合理制定高管薪酬政策，以起到有效的激励作用。最后，制定规范科学的运行机制，完善公司各项规章制度，规范公司行为，遵守商业道德，降低贪污舞弊发生的可能性，对重大决策实施集体讨论决定，避免"一言堂"造成的决策失误。

（4）积极进行 ESG 信息披露。信息披露是企业对外传递信号、解决信息不对称最重要的手段，企业应顺应社会发展趋势，研究国家关于 ESG 的政策要求和评价标准，在认真履行环境、社会和治理责任的基础上，积极披露 ESG 信息，宣传企业正面形象，为企业带来良好声誉，从而优化与政府、金融机构、社区、员工、供应商等利益相关者之间的关系，降低融资成本和交易费用，促进创新投入产出绩效的提升。

8.2.2　企业应积极争取外部支持，为创新投入提供条件

8.2.2.1　依法利用政府补助和税收优惠

近年来国家和各省市都出台了大量的创新激励政策，每年拨出巨额资金支持科技创新，如对企业成立研发中心、成功申报高新技术企业和产品、自主创新成果、技术改造、实验室、院士工作站等都有相应的补助，对高新技术企业、研发费用支出等实施各类税收优惠政策。因此，一方面，企业应随时关注和认真研读各级政府部门出台的政策，结合自身行业特点和优势，积极投入国家政策导向的产业和产品，并充分披露信息以降低因信息不对称导致的逆向选择，争取获得政府补助和各类税收优惠，从而补偿创新投入带来的外部正效应，降低研发创新过程中存在的风险，打造企业的异质性资源，提高核心竞争力。另一方面，企业取得政府补助或税收优惠后应依法充分利用，提高创新投入和产出效率，并及时向利益相关者披露资金使用情况和使用效率，从而获得更多的外部支持，实现高质量发展。

8.2.2.2　积极争取外援资金支持，保留适当财务冗余

创新投入离不开资金支持，而企业的融资渠道主要包括内源融资和外源融资。其中，外源融资的资金供给方处于信息劣势，由于信息不对称，可能就会通过提高资金成本或者信贷配给等措施降低投资风险，从而加重企业的融资约束，在一定程度上抑制企业的研发创新投入。研究还发现，

财务冗余对创新投入的产出绩效有正向调节作用。在此情况下，企业应注重自身的信号传递，通过加强内部管理、提高产品质量、加强市场营销、积极履行社会责任等方式来提高企业信用度，争取获得更多的融资机会。此外，企业在融资过程中应尽可能地开拓多元化的融资渠道，利用银行贷款、债券融资、租赁融资等多种方式，还可以引入风险投资机制，构建有效的收益共享、风险共担、共谋发展的利益激励机制和风险约束机制，引导企业、科研机构、大专院校采取合资合作、技术转让，以有形资产、无形资产入股等形式筹集技术创新资金，从而降低融资风险和融资成本，缓解融资约束。随着企业的壮大，还可以通过加强与金融机构的合作以及产融结合，与银行、证券公司、保险公司等金融机构建立长期合作关系，以获得更多的融资机会和金融服务，提高企业的融资效率，为企业创新投入提供必要的资金支持。同时，企业在生产经营过程中应科学进行资金预算和配置，保持适度的财务冗余以确保创新过程顺利实施，提高创新产出绩效。

8.2.2.3 规范信息披露，降低问询函监管风险

研究发现，问询函监管会抑制企业研发投入。在信息不对称的情况下，企业往往通过信息披露以帮助外部利益相关者做出决策。但是由于企业对会计准则掌握出现偏差或者出于自身利益最大化考虑，信息披露可能有失规范，证券交易所发现异常情况会对企业发放年报问询函，这已经成为较为普遍的监管方式。近年来有不少上市公司收到问询函，在一定程度上影响了企业声誉，对创新投入产生抑制作用。因此，一方面，企业应组织财务及相关人员深入学习会计准则及相关规定，熟悉国家法律法规，做到规范化操作，站在公允的立场进行充分、可靠的信息披露，杜绝财务造假，以降低收到问询函的可能性，从而避免其对创新投入的不利影响，维持创新驱动。另一方面，企业也应建立应急机制，一旦受到问询监管，立即对企业自身问题认真反思并及时加以整改，同时积极与证券交易所、利益相关者和媒体沟通，让资本市场充分了解企业收到问询函的缘由及整改措施，同时披露近期生产经营以及研发创新等方面取得的成绩，通过相关利好信息的发布重拾投资者信心，缓解因问询监管造成的投资者

对企业未来不确定性的担忧情绪，维护企业良好信誉，保持企业稳定健康发展。

8.2.3　企业应优化创新投入结构，提高创新绩效

根据资源基础理论，企业的竞争优势来源于特殊的异质资源，而竞争优势的持续性来自资源的不可模仿性。因此企业要想取得长远发展，就必须通过创新打造自己的核心竞争力。研究发现，虽然我国企业创新能力总体上在不断提高，但是高精尖技术创新、绿色创新仍显不足，国有企业、非高科技企业、重污染企业和中部地区企业创新投入对创新绩效的促进作用较弱，因此，企业在保证创新投入总额的基础上，还应进一步优化结构，树立长远发展的理念，更多地将研发资金投入到国家政策倡导的、有助于企业高质量可持续发展、打造企业核心价值的高精尖技术和绿色技术中，争取创造出更多的发明专利和绿色专利，尤其是国有企业，应更多承担起引领创新、实现科技强国战略的重任，布局一些重要的基础性研究。重污染企业应更加注重绿色创新技术的研发，改变目前绿色创新不足的局面，承担起环境保护的社会责任，助力实现"双碳"目标；中部地区企业以及大量非国有企业也应进一步抓住国家发展中部地区以及民营企业的机遇，认真研读国家政策，分析地区优势和产业优势，及时调整创新投入结构，不断提高创新能力，共同助推中国式现代化的顺利实现。

8.2.4　充分发挥政府职能，加强对企业创新的引导和激励

首先，随着市场经济的深入发展，企业作为创新的主体地位日益凸显，因此政府应进一步关注企业发展，采取多种措施鼓励企业创新，增加对企业创新的投入和激励。研究表明，政府补助能正向促进创新投入，税收优惠对创新投入和创新绩效的关系起到正向调节作用。各级政府部门应充分利用财政政策，通过对特定产业尤其是尖端技术进行补助或税收优惠引导企业创新投入的方向，提高投入产出效率。

其次，目前国有企业、非高科技企业、重污染企业和中部地区企业创新投入对创新绩效的促进作用相较偏弱，其中发明专利产出效率低于实用新型专利，非国有企业在绿色创新效率方面弱于国有企业，针对这些现象，政府在对企业进行创新引导和激励时，应理性规划，精心设计，充分体现企业和市场的科技需求，科学遴选创新主体，既要重视规模宏大、实力雄厚的大型国有企业和高新技术企业，也要重视大量的非国有、中小型企业；既要重视普通技术的研发，更要重视高精尖技术的突破；既要重视生产技术研究，更要注重绿色技术开发。针对不同类型的企业制定系统的激励措施，充分发挥各类企业的优势和特点，筹办设立各类激励企业自主创新的专项基金，为企业自主创新提供广阔的资金渠道。

最后，政府在激励的同时应加强对补助资金发放前的调研和考察以及发放后的监督和评价工作，加强对税收优惠政策实施效果的调查分析。由于政府和企业之间存在信息不对称，为避免个别企业采用不法手段骗取补助或税收优惠，导致激励政策出现逆向选择，打击企业创新的积极性，政府在进行补助和税收优惠时应严格审查，必要时深入企业开展实地调研，确保激励政策精准实施。此外，在实施激励政策后，为避免信息不对称产生的道德风险，应加强对企业创新过程的监督和评价，定期了解补助资金的使用情况和使用效率，利用中介机构对税收优惠政策的实施效果开展调查，从而及时调整政策激励导向，避免资金浪费，以更好地发挥政府补助和税收优惠的作用，提高我国企业整体创新投入水平和创新能力。

8.2.5　减少不必要的行政干预，为企业创新打造稳定公平的外部环境

研究发现，创新投入对创新绩效的促进作用受到外部环境的影响，良好的知识产权保护和充分的产品市场竞争会正向促进创新投入对创新绩效的作用，而环境的不确定性则具有一定的抑制效应。因此，政府应充分发挥其行政职能，为企业打造相对稳定、公平竞争的外部环境，以促进企业创新能力的提高。

首先，当前处于大变革时代，企业面临国内外复杂的政治环境、经济环境、技术环境、社会文化环境，环境的不确定性对企业创新造成阻碍。在此情况下，政府应充分发挥其职能，梳理并及时发布创新政策措施，让企业充分了解政策导向，同时应保持政策的系统性、操作性和相对稳定性，避免政策频繁变动使环境不确定性进一步恶化。进一步完善知识产权保护、反垄断等相关法律法规，严格依法保护知识产权和商业秘密，打击侵权行为和行业垄断行为，提高行政效率和执法力度，从而为企业打造相对公平、稳定的适合创新的外部环境，解决企业创新的后顾之忧，提高创新效率。

其次，政府应树立服务意识，完善法治环境和营商环境，打造"亲""清"政企关系，深入市场化改革，放低市场准入门槛，减少不必要的行政干预，培育良好的市场竞争环境和创新土壤，充分发挥市场"无形之手"的力量，为助力企业发展创造更好的空间环境。

最后，政府应利用自身优势，培育优质的服务企业创新的中介组织，构建创新生态系统。现代创新单纯靠一个企业单打独斗已经难以完成，有必要构建创新生态系统，通过基于长期信任关系形成的松散而又相互关联的网络，发挥各创新主体、创新要素的优势，共同实现创新目标。中介服务体系是创新系统的重要组成部分，是联系企业与市场之间的纽带，是科技成果商品化、市场化的桥梁，对提高创新效率具有重要的作用。创新服务平台主要包括：（1）公共科技服务平台，面向企业开展诊断、咨询、培训、项目评估、人才引进、项目投资、成果转让、法律服务等"一条龙"的创新服务；（2）企业自主创新平台，支持企业组建各种形式的战略联盟，做好企业与院校的信息沟通，围绕产学研一体化，坚持互惠互利原则，形成创新联合的"双赢"格局；（3）科技信息中心，建立科技成果、专利技术、市场信息、科技动态、技术标准、政策法规等权威数据库，为企业提供多方位科技创新信息服务；（4）知识产权中介服务体系，完善专利机构布点，鼓励发展专业性强、具有良好职业道德的知识产权中介组织，完善企业创新服务网络，充分发挥中介机构对于企业创新的促进功能。

8.2.6　金融机构应加强对创新的全方位支持，助推企业提升创新能力

金融机构的支持对缓解企业融资约束、降低创新风险、提高创新投入及其效率具有重要的意义。首先，金融机构可以通过信贷政策向创新企业提供贷款，帮助企业实现技术研发、产品开发和市场推广等方面的投入，同时还可以通过股权投资、债券融资等方式，为创新企业提供多元化的融资渠道，从而帮助企业避免因资金持续投入不足而导致的创新失败。其次，金融机构还应加强对创新的风险管理。创新本身具有一定的风险，而金融机构可以通过风险评估，利用对冲、转嫁、回避等措施分散、降低企业的风险，提高融资的成功率，还可以通过保险、担保等方式，为创新企业提供更加全面的风险保障，帮助企业顺利地开展创新活动。最后，金融机构可以帮助企业进行创新的市场化推广。创新需要市场的认可和支持才能实现其价值并取得可持续发展，而金融机构可以利用自身优势，通过市场化推广的手段，为企业提供更加广泛的市场渠道和更加全面的支持，从而促进企业提高创新效率，帮助企业实现高质量发展。

8.3　本章小结

本章在总结我国总体创新水平的基础上，结合实证研究结果，全面梳理影响我国企业创新投入和创新绩效的因素及其作用机制，包括内部控制、数字化转型、高管团队异质性和环保投资等内部因素以及政府补助等外部因素对企业创新投入具有正向促进作用，而融资约束和年报问询函监管等外部因素会抑制创新投入。总体来说，创新投入对创新绩效具有正向促进作用，这一作用在非国有企业、高科技企业、非重污染企业和东、西部地区企业表现更强；同时，创新投入对绿色创新绩效也具有正向促进作用，在不同类型企业中存在差异。在创新投入对创新绩效的作用中，财务

冗余、企业 ESG 表现、税收优惠、知识产权保护和产品市场竞争对二者的关系具有正向促进作用，而环境不确定性则具有负向调节作用。

根据研究结论，从企业、政府和金融机构三方面提出促进企业创新投入、提高创新绩效的建议，以期为提高我国企业创新能力提供有价值的参考。具体包括：企业应通过完善内部控制、促进数字化转型、适当提高高管团队异质性水平、积极践行 ESG 发展理念等措施加强内部管理与制度建设，提高创新投入水平；同时，积极获取外部支持，包括充分利用政府补助和税收优惠，争取外援资金以缓解融资约束，适当保留财务冗余，规范信息披露以降低问询函监管风险等，为创新投入提供条件。企业还应进一步优化创新投入结构，提高创新绩效。政府应充分发挥其职能，加强对企业创新的引导和激励，减少不必要的行政干预，为企业创新打造稳定、公平的外部环境。金融机构应加强对创新的全方位支持，助推企业提升创新能力。

创新是发展的动力，企业作为创新的主体，在新时代中国特色社会主义建设中具有重要地位。促进创新投入、提升创新绩效以及绿色创新绩效有助于企业的高质量发展，对我国实现"双碳"目标和中国式现代化具有重要意义。

参 考 文 献

［1］龚敏. 多主体视角下绿色技术创新生态系统演化研究［D］. 南昌：南昌大学，2022.

［2］项目综合报告编写组.《中国长期低碳发展战略与转型路径研究》综合报告［J］. 中国人口·资源与环境，2020，30（11）：1－25.

［3］任晓莉."双碳"目标下我国区域创新发展不平衡的问题及其矫正［J］. 中州学刊，2021（10）：17－25.

［4］刘宝增. 创新驱动转型助力双碳目标实现［J］. 人民论坛，2022（4）：76－77.

［5］Dong F, Zhu J, Li Y, et al. How Green Technology Innovation Affects Carbon Emission Efficiency：Evidence from Developed Countries Proposing Carbon Neutrality Targets［J］. Environmental Science Pollution Research，2022，29（24）：35780－35799.

［6］谭显春，郭雯，樊杰，等. 碳达峰、碳中和政策框架与技术创新政策研究［J］. 中国科学院院刊，2022，37（4）：435－443.

［7］李勃昕，任赟，韩先锋."双碳"挤压、经济增长与创新驱动［J］. 科学学研究，2023，41（3）：424－434.

［8］张贤，郭偲悦，孔慧，等. 碳中和愿景的科技需求与技术路径［J］. 中国环境管理，2021，13（1）：65－70.

［9］刘仁厚，王革，黄宁，等. 中国科技创新支撑碳达峰、碳中和的路径研究［J］. 广西社会科学，2021（8）：1－7.

［10］刘燕华，李宇航，王文涛. 中国实现"双碳"目标的挑战、机遇与行动［J］. 中国人口·资源与环境，2021，31（9）：1－5.

［11］何京东，曹大泉，段晓男，等．发挥国家战略科技力量作用，为"双碳"目标提供有力科技支撑［J］．中国科学院院刊，2022，37（4）：415－422.

［12］孟韬，李东轩，赵非非．"双碳"背景下制造业企业意义导向创新生态系统构建［J］．科学学与科学技术管理，2022，43（7）：156－166.

［13］王波，吴彦茹，张伟，等．"双碳"目标背景下绿色技术创新路径与政策范式转型［J］．科学管理研究，2022，40（2）：2－6.

［14］刘仁厚，杨洋，丁明磊，等．"双碳"目标下我国绿色低碳技术体系构建及创新路径研究［J］．广西社会科学，2022（4）：8－15.

［15］于法稳，林珊．"双碳"目标下企业绿色转型发展的促进策略［J］．改革，2022（2）：144－155.

［16］王晓红，栾翔宇，张少鹏．企业研发投入，ESG 表现与市场价值——企业数字化水平的调节效应［J］．科学学研究，2023，41（5）：896－904＋915.

［17］Voss G B，Sirdeshmukh D，Voss Z G. The Effects of Slack Resources and Environmentalthreat on Product Exploration and Exploitation［J］．Academy of Management Journal，2008，51（1）：147－164.

［18］Song Z，Ren S. Product Market Competition and R&D Investment：Evidence from Textual Analysis on Annual Report of China's Listed Firms［J］．Asian Economics Letters，2020，1（4）：17663.

［19］Alam A，Uddin M，Yazdifar H，et al. Institutional Determinants of R&D Investment：Evidence from Emerging Markets［J］．Technological Forecasting，2019（138）：34－44.

［20］薛晴，焦文庆．数字技术、科技金融与企业创新投入——基于"科技与金融结合试点"的准自然实验［J］．西北大学学报（哲学社会科学版），2022，52（6）：137－146.

［21］刘晨，王俊秋，花贵如．客户风险会影响企业创新投入吗？——供应链传染的视角［J］．经济管理，2022，44（9）：169－183.

［22］郝盼盼，白茹．民营企业家多元文化经历、企业家创新精神与企业创新投入［J］．软科学，2022，36（12）：81－88.

［23］朱芳芳．可用冗余对创新投入的影响研究——高管薪酬差距的调节效应［J］．华东经济管理，2022，36（12）：44－53.

［24］何涌，谢磊．金融科技与创新投入——基于宏观市场化进程与微观企业透明度的双重视角［J］．云南财经大学学报，2022，38（12）：62－78.

［25］姚金海，钟国辉．政府支持、金融环境对企业创新投入影响的实证分析［J］．深圳大学学报（人文社会科学版），2022，39（4）：64－73.

［26］郭飞，李鑫，吴秋生．内控缺陷修复信息披露与企业创新投入效率［J］．经济问题，2022（2）：121－129.

［27］谷成，王巍．增值税减税、企业议价能力与创新投入［J］．财贸经济，2021，42（9）：35－49.

［28］Xu K，Geng C，Wei X，et al. Financing Development，Financing Constraint and R&D Investment of Strategic Emerging Industries in China［J］. Journal of Business Economics Management，2020，21（4）：1010－1034.

［29］马百超，古志辉．交易所的股利监管政策如何影响上市公司创新？［J］．系统工程理论与实践，2021，41（9）：2218－2238.

［30］Rothwell R，Change S. The Impact of Regulation on Innovation：Some US Data［J］. Technological Forecasting，1980，17（1）：7－34.

［31］Aghion P，Bergeaud A，Van Reenen J. The Impact of Regulation on Innovation［R］. National Bureau of Economic Research，2021.

［32］Blackburne T，Bozanic Z，Johnson B A，et al. The Regulatory Observer Effect：Evidence from SEC Investigations［J］. Available at SSRN，2020：1－57.

［33］凌鸿程，阳镇，陈劲，等．监管距离与企业创新："鞭长莫及"抑或"如臂使指"［J］．科学学研究，2023，41（5）：936－949.

［34］Rothwell R. The Impact of Regulation on Innovation：Some US Data

［J］. Technological Forecasting, 1980, 17（1）: 7 – 34.

［35］乐菲菲，李雅敏. 创业板上市公司股权质押与创新投入——基于数字技术背景的实证研究［J］. 哈尔滨商业大学学报（社会科学版），2022（6）: 3 – 18 + 60.

［36］陈泽艺，李常青，李宇坤. 对外担保与企业创新投入［J］. 金融研究，2022（4）: 133 – 150.

［37］周菲，杨栋旭. 高管激励、R&D 投入与高新技术企业绩效——基于内生视角的研究［J］. 南京审计大学学报，2019, 16（1）: 71 – 80.

［38］王佳，查璐璐，李宝礼. 高管——员工薪酬差距对企业创新投入的影响［J］. 华东经济管理，2022, 36（9）: 120 – 128.

［39］王立平，李蔓丽. 企业金融化、社会责任与创新投入——基于金融渠道获利能力门槛效应的再审视［J］. 华东经济管理，2023, 37（1）: 50 – 61.

［40］安昀亚，徐云松. 企业金融化与创新投入的非线性关系研究［J］. 财务研究，2022（4）: 81 – 91.

［41］熊凯军. 研发补贴、非研发补贴如何影响企业创新投入［J］. 科学学研究，2023, 41（1）: 181 – 192.

［42］王晓燕，郭建鸾，张璐，等. "专一"还是"多变"：高管职业路径如何影响企业创新？［J］. 经济管理，2023, 45（1）: 144 – 168.

［43］Corral De Zubielqui G, Lindsay N, Lindsay W, et al. Knowledge Quality, Innovation and Firm Performance: A Study of Knowledge Transfer in SMEs［J］. Small Business Economics, 2019（53）: 145 – 164.

［44］Coluccia D, Dabié M, Del Giudice M, et al. R&D Innovation Indicator and Its Effects on the Market. An Empirical Assessment from A Financial Perspective［J］. Journal of Business Research, 2020（119）: 259 – 271.

［45］Chistov V, Aramburu N, Carrillo – Hermosilla J. Open Eco-innovation: A Bibliometric Review of Emerging Research［J］. Journal of Cleaner Production, 2021（311）: 127627.

［46］阳镇，凌鸿程，陈劲. 经济政策不确定性、企业社会责任与企

业技术创新 [J]. 科学学研究, 2021, 39 (3): 544 – 555.

[47] 曾江洪, 杜琨瑶, 李佳威. 政府财税激励对企业开放式创新绩效的影响研究 [J]. 软科学, 2022, 36 (2): 1 – 7.

[48] 李辉. 组织学习能力、开放式创新与创新绩效的转化机制研究——以知识密集型服务企业为样本 [J]. 北京交通大学学报 (社会科学版), 2019, 18 (2): 89 – 97.

[49] 林素娇. 共享经济对流通企业创新绩效的影响 [J]. 商业经济研究, 2023 (8): 151 – 154.

[50] 罗锋, 杨丹丹, 梁新怡. 区域创新政策如何影响企业创新绩效? ——基于珠三角地区的实证分析 [J]. 科学学与科学技术管理, 2022, 43 (2): 68 – 86.

[51] 张玉娟, 汤湘希. 股权结构、高管激励与企业创新——基于不同产权性质 A 股上市公司的数据 [J]. 山西财经大学学报, 2018, 40 (9): 76 – 93.

[52] 易靖韬, 张修平, 王化成. 企业异质性、高管过度自信与企业创新绩效 [J]. 南开管理评论, 2015, 18 (6): 101 – 112.

[53] 高传贵, 辛杰. 企业文化对企业自主创新绩效的影响——组织学习能力的中介作用 [J]. 东岳论丛, 2018, 39 (4): 68 – 75.

[54] 符加林, 张依梦, 闫艳玲, 等. 顾客契合与企业创新绩效: 价值共创和创新氛围的作用 [J]. 科研管理, 2022, 43 (11): 93 – 102.

[55] Li X, Zhao Y. Research on the Impact of Venture Capital Strategy on Enterprise Innovation Performance: Based on Evidence of Investment Timing and Rounds. Front [J]. Financial Trade Globalization, Greener Technologies Energy Transition, 2023 (16648714): 411.

[56] Li R, Cui Y, Zheng Y. The Impact of Corporate Strategy on Enterprise Innovation Based on the Mediating Effect of Corporate Risk-taking [J]. Sustainability, 2021, 13 (3): 1023.

[57] 孙彬, 胡翔, 孙俊, 等. 企业高层领导跨界学习能力的结构维度与影响作用——基于中国情境的扎根理论研究 [J]. 科技进步与对策,

2022, 39 (19): 141 – 151.

［58］朱德胜，周晓珮. 股权制衡、高管持股与企业创新效率［J］. 南开管理评论，2016，19 (3): 136 – 144.

［59］李敏，夏思宇. 高管团队异质性、行业背景与企业创新绩效的元分析［J］. 安徽大学学报（哲学社会科学版），2022，46 (4): 147 – 156.

［60］Donaldson L. Strategic Leadership: Top Executives and Their Effects on Organizations［J］. Australian Journal of Management，1997，22 (2): 221 – 224.

［61］Alexiev A S, Jansen J J, Van Den Bosch F A, et al. Top Management Team Advice Seeking and Exploratory Innovation: The Moderating Role of TMT Heterogeneity［J］. Journal of Management Studies，2010，47 (7): 1343 – 1364.

［62］Ndofor H A, Sirmon D G, He X. Utilizing the Firm's Resources: How TMT Heterogeneity and Resulting Faultlines Affect TMT Tasks［J］. Strategic Management Journal，2015，36 (11): 1656 – 1674.

［63］Feng F, Wang B, Zou Y, et al. A New Internet DEA Structure: Measurement of Chinese R&D Innovation Efficiency in High Technology Industry［J］. International Journal of Business Management，2013，8 (21): 32.

［64］贺新闻，洪琳. 高管团队研发背景对企业创新绩效的影响——有调节的中介效应检验［J］. 科学管理研究，2021，39 (6): 82 – 89.

［65］王俊. R&D 补贴对企业 R&D 投入及创新产出影响的实证研究［J］. 科学学研究，2010，28 (9): 1368 – 1374.

［66］卫平，汤雅茜. 高新技术企业创新能力提升及其驱动因素——来自 7 城市企业微观调查数据的证据［J］. 改革，2020 (6): 136 – 147.

［67］Jefferson G H, Huamao B, Xiaojing G, et al. R&D Performance in Chinese Industry［J］. Economics of Innovation New Technology，2006，15 (4 – 5): 345 – 366.

［68］Romer P M. Increasing Returns and Long-run Growth［J］. Journal of

Political Economy, 1986, 94 (5): 1002 – 1037.

[69] Scherer F M. Firm Size, Market Structure, Opportunity, and the Output of Patented Inventions [J]. The American Economic Review, 1965, 55 (5): 1097 – 1125.

[70] 余泳, 陈龙, 王筱. R&D 投入、非 R&D 投入与技术创新绩效作用机制研究——以中国高技术产业为例 [J]. 科技进步与对策, 2015, 32 (6): 66 – 71.

[71] 张凤兵, 王会宗. 异质性视角下的 R&D 企业投入、政府资助与创新绩效——基于微观面板的计数模型实证研究 [J]. 经济与管理评论, 2019, 35 (2): 80 – 92.

[72] 马克和, 张婷婷. 财政补贴、研发投入与企业创新绩效——基于创业板上市公司的经验数据 [J]. 河北经贸大学学报, 2019, 40 (6): 34 – 40.

[73] 李静怡, 王祯阳, 武咸云. 政策激励与研发投入交互作用对创新绩效的影响 [J]. 科研管理, 2020, 41 (5): 99 – 110.

[74] 张永安, 严嘉欣. 政府研发资助、企业研发投入与创新绩效的动态关系 [J]. 科技管理研究, 2020, 40 (2): 1 – 10.

[75] 宋广蕊, 马春爱, 肖榕. 研发投入同群效应促进了企业创新"增量提质"吗？[J]. 外国经济与管理, 2023, 45 (4): 137 – 152.

[76] 卢现祥, 王素素, 卢哲凡. 研发投入结构是否影响企业创新能力？[J]. 福建论坛（人文社会科学版）, 2022 (5): 39 – 52.

[77] Los B, Verspagen B. R&D Spillovers and Productivity: Evidence from U. S. Manufacturing Microdata [J]. Empirical Economics, 2000, 25 (1): 127 – 148.

[78] 石丽静. 研发强度与企业创新绩效——政府资源与知识产权保护的调节作用 [J]. 经济与管理评论, 2017, 33 (6): 144 – 152.

[79] 王康, 周孝. 企业 R&D 投入对技术创新绩效的非线性影响——基于微观数据的实证分析 [J]. 统计与信息论坛, 2017, 32 (12): 86 – 93.

［80］张洁. 企业研发投入、资源特征与创新绩效关系研究——组织"行为—特征"匹配视角［J］. 科技进步与对策，2018，35（2）：82-89.

［81］杨武，杨大飞，雷家骕. R&D 投入对技术创新绩效的影响研究［J］. 科学学研究，2019，37（9）：1712-1720.

［82］杜雯秦，郭淑娟. 企业异质性、研发投入与创新绩效——基于 GPS 的实证研究［J］. 科技管理研究，2021，41（23）：124-132.

［83］陈洪玮，徐清如，陈霏. 制度环境与研发投入对高技术产业创新绩效的影响［J］. 统计与决策，2021，37（18）：166-170.

［84］Boardman A E, Vining A R. Ownership and Performance in Competitive Environments：A Comparison of the Performance of Private, Mixed, and State-owned Enterprises［J］. The Journal of Law Economics, 1989, 32（1）：1-33.

［85］Lin C, Lin P, Song F M, et al. Managerial Incentives, CEO Characteristics and Corporate Innovation in China's Private Sector［J］. Journal of Comparative Economics, 2011, 39（2）：176-190.

［86］孙早，宋炜. 企业 R&D 投入对产业创新绩效的影响——来自中国制造业的经验证据［J］. 数量经济技术经济研究，2012，29（4）：49-63+122.

［87］金豪，夏清泉. 上市公司管理者风险偏好与公司非效率投资——基于国有企业与非国有企业的比较分析［J］. 上海对外经贸大学学报，2017，24（2）：61-71.

［88］刘和旺，郑世林，王宇锋. 所有制类型、技术创新与企业绩效［J］. 中国软科学，2015（3）：28-40.

［89］王素莲. R&D 投资与企业创新绩效：企业家冒险倾向和学历水平的影响——基于深沪中小板上市公司的实证研究［J］. 东岳论丛，2018，39（4）：50-60+191.

［90］田红娜，李金波. 基于行业异质性的制造业绿色技术创新能力演化研究——兼论企业研发资金投入的影响［J］. 科技进步与对策，2020，37（17）：63-72.

［91］刘文琦. 产业集聚视角下研发投入对高技术产业绿色创新效率的影响［J］. 江西社会科学，2019，39（11）：65－75.

［92］王欣欣. 风险投资、研发投入与我国绿色技术创新［J］. 工业技术经济，2021，40（7）：23－27.

［93］刘志强，卢崇煜. 地区市场异质性、研发投入对企业创新绩效的影响［J］. 科技进步与对策，2018，35（12）：99－106.

［94］赵晓阳. 研发投入对企业专利申请的决策影响——资源交互及制度情境的调节作用［J］. 中国科技论坛，2022（7）：89－97＋128.

［95］王羲，张强，侯稼晓. 研发投入、政府补助对企业创新绩效的影响研究［J］. 统计与信息论坛，2022，37（2）：108－116.

［96］巴曙松，吴丽利，熊培瀚. 政府补助、研发投入与企业创新绩效［J］. 统计与决策，2022，38（5）：166－169.

［97］潘楚林，田虹. 前瞻型环境战略对企业绿色创新绩效的影响研究——绿色智力资本与吸收能力的链式中介作用［J］. 财经论丛，2016（7）：85－93.

［98］胡石其，熊磊. "组织学习"驱动绿色创新绩效的影响机制［J］. 求索，2018（6）：82－88.

［99］Li D, Shen W. Can Corporate Digitalization Promote Green Innovation? The Moderating Roles of Internal Control and Institutional Ownership［J］. Sustainability，2021，13（24）：13983.

［100］肖振红，李炎. 知识产权保护、R&D投入与区域绿色创新绩效［J］. 系统管理学报，2022，31（2）：374－383.

［101］齐丽云，王佳威，刘旸，等. 高管团队异质性对企业绿色创新绩效影响研究［J］. 科研管理，2023，44（4）：175－184.

［102］Huang X－X, Hu Z－P, Liu C－S, et al. The Relationships Between Regulatory and Customer Pressure, Green Organizational Responses, and Green Innovation Performance［J］. Journal of Cleaner Production，2016（112）：3423－3433.

［103］Li D, Zheng M, Cao C, et al. The Impact of Legitimacy Pressure and Corporate Profitability on Green Innovation：Evidence from China Top 100 ［J］. Journal of Cleaner Production，2017（141）：41 - 49.

［104］于连超，张卫国，毕茜. 环境税会倒逼企业绿色创新吗？［J］. 审计与经济研究，2019，34（2）：79 - 90.

［105］郭捷，杨立成. 环境规制、政府研发资助对绿色技术创新的影响——基于中国内地省级层面数据的实证分析［J］. 科技进步与对策，2020，37（10）：37 - 44.

［106］魏丽莉，任丽源. 碳排放权交易能否促进企业绿色技术创新——基于碳价格的视角［J］. 兰州学刊，2021（7）：91 - 110.

［107］韩国文，甘雨田. 投资者关注能否促进企业绿色创新绩效提升——融资约束的中介效应与环境规制的调节作用［J］. 科技进步与对策，2023，40（8）：89 - 98.

［108］Schumpeter J A. The Theory of Economic Development，1934 Edition［M］. Cambridge MA：Harvard University Press，1912.

［109］Schumpeter J. Capitalism，Socialism，and Democracy［M］. London：Routledge，1942.

［110］Solow R M. Technical Change and the Aggregate Production Function［J］. The Review of Economics Statistics，1957：312 - 320.

［111］Rostow W W. The Stages of Economic Growth［J］. The Economic History Review，1959，12（1）：1 - 16.

［112］Freeman C，Soete L. The Economics of Industrial Innovation［M］. London：Routledge，1997.

［113］傅家骥. 技术创新学［M］. 北京：清华大学出版社，1998.

［114］Carson R. Silent Spring［M］. Los Angeles：Getty Publications，2009.

［115］Ward B，Dubos R. Only One Earth［M］. New York：W. W. Norton & Company，1972.

［116］Meadows D H，Randers J，Behrens Iii W W. The Limits to Growth：A Report to the Club of Rome（1972）［J］. Google Schola，1972

（91）：2.

［117］Marshall A. Principles of Economics ［M］. London：Palgrave Macmillan，2013.

［118］Pigou A C. The Economics of Welfare ［M］. New York：Routledge，2002.

［119］Coase R. The Social Cost Problem ［J］. The Journal of Law Economics，1960：1 – 44.

［120］Penrose E T. The Theory of the Growth of the Firm ［M］. Oxford：Oxford University Press，2009.

［121］Wernerfelt B. A Resource-based View of the Firm ［J］. Strategic Management Journal，1984，5（2）：171 – 180.

［122］Barney J. Firm Resources and Sustained Competitive Advantage ［J］. Journal of Management，1991，17（1）：99 – 120.

［123］Shannon C E. The Mathematical Theory of Communication. 1963 ［J］. MD Computing：Computers in Medical Practice，1997，14（4）：306 – 317.

［124］Akerlof G A. The Market for "Lemons"：Quality Uncertainty and the Market Mechanism ［J］. The Quarterly Journal of Economics，1970，84（3）：488 – 500.

［125］Spence M. Signaling in the Labor Market ［J］. Quarterly Journal of Economics，1973（87）：355 – 374.

［126］Ashbaugh – Skaife H，Collins D W，Kinney Jr W R，et al. The Effect of SOX Internal Control Deficiencies on Firm Risk and Cost of Equity ［J］. Journal of Accounting Research，2009，47（1）：1 – 43.

［127］Belloc F. Corporate Governance and Innovation：A Survey ［J］. Journal of Economic Surveys，2012，26（5）：835 – 864.

［128］钟凤英，冷冰洁. 员工持股计划、内部控制与创新绩效 ［J］. 经济问题，2022（8）：120 – 128.

［129］郭军，麻环宇. 高管团队异质性、内部控制与企业技术创新 ［J］. 统计与决策，2022，38（17）：174 – 178.

［130］ Ma X, Ock Y － S, Wu F, et al. The Effect of Internal Control on Green Innovation：Corporate Environmental Investment as a Mediator ［J］. Sustainability, 2022, 14 (3)：1755.

［131］ 易颜新, 裘凯莉. "重奖轻罚" 能推动企业创新吗? ——基于内部控制与内部治理调节作用的视角 ［J］. 南京审计大学学报, 2020, 17 (5)：40 － 50.

［132］ 张晓红, 朱明侠, 王皓. 内部控制、制度环境与企业创新 ［J］. 中国流通经济, 2017, 31 (5)：87 － 95.

［133］ 周中胜, 罗正英, 周秀园, 等. 内部控制、企业投资与公司期权价值 ［J］. 会计研究, 2017 (12)：38 － 44 ＋96.

［134］ 董育军, 丁白杨. 产权性质、内部控制与融资约束 ［J］. 中国注册会计师, 2015 (6)：32 － 38.

［135］ 王曦, 杨博旭. 政府补贴对软件企业创新绩效的影响研究 ［J］. 科学学研究, 2022, 40 (3)：555 － 564.

［136］ 陈红, 纳超洪, 雨田木子, 等. 内部控制与研发补贴绩效研究 ［J］. 管理世界, 2018, 34 (12)：149 － 164.

［137］ 翟淑萍, 张晓琳, 王敏. 董事高管责任保险与企业创新效率——"因势利导" 还是 "推波助澜"? ［J］. 商业经济与管理, 2020 (4)：52 － 67.

［138］ De Marchi V. Environmental Innovation and R&D Cooperation：Empirical Evidence from Spanish Manufacturing Firms ［J］. Research Policy, 2012, 41 (3)：614 － 623.

［139］ 陈剑, 黄朔, 刘运辉. 从赋能到使能——数字化环境下的企业运营管理 ［J］. 管理世界, 2020, 36 (2)：117 － 128 ＋222.

［140］ 姜英兵, 徐传鑫, 班旭. 数字化转型与企业双元创新 ［J］. 经济体制改革, 2022 (3)：187 － 193.

［141］ 杨洁, 马从文, 刘运材. 数字化转型对企业创新的影响 ［J］. 统计与决策, 2022, 38 (23)：180 － 184.

［142］ 李寿喜, 王袁晗. 企业数字化转型与企业创新——来自电子制

造业的经验证据 [J]. 工业技术经济, 2022, 41 (8): 19-26.

[143] 杨水利, 陈娜, 李雷. 数字化转型与企业创新效率——来自中国制造业上市公司的经验证据 [J]. 运筹与管理, 2022, 31 (5): 169-176.

[144] 张国胜, 杜鹏飞. 数字化转型对我国企业技术创新的影响: 增量还是提质? [J]. 经济管理, 2022, 44 (6): 82-96.

[145] Goldfarb A, Tucker C. Digital Economics [J]. Journal of Economic Literature, 2019, 57 (1): 3-43.

[146] 张庆龙. 财务共享服务数字化转型路径探析 [J]. 财会月刊, 2020, 885 (17): 12-18.

[147] 祝合良, 王春娟. "双循环" 新发展格局战略背景下产业数字化转型: 理论与对策 [J]. 财贸经济, 2021, 42 (3): 14-27.

[148] 李春涛, 闫续文, 宋敏, 等. 金融科技与企业创新——新三板上市公司的证据 [J]. 中国工业经济, 2020 (1): 81-98.

[149] Brynjolfsson E, Hitt L M, Kim H H. Strength in Numbers: How Does Data-driven Decisionmaking Affect Firm Performance? [J]. SSRN Working Paper, 2011.

[150] García - Granero A, Llopis Ó, Fernández - Mesa A, et al. Unraveling the Link between Managerial Risk-taking and Innovation: The Mediating Role of A Risk-taking Climate [J]. Journal of Business Research, 2015, 68 (5): 1094-1104.

[151] 祁怀锦, 曹修琴, 刘艳霞. 数字经济对公司治理的影响——基于信息不对称和管理者非理性行为视角 [J]. 改革, 2020 (4): 50-64.

[152] 董松柯, 刘希章, 李娜. 数字化转型是否降低企业研发操纵? [J]. 数量经济技术经济研究, 2023, 40 (4): 28-51.

[153] 吴非, 胡慧芷, 林慧妍, 等. 企业数字化转型与资本市场表现——来自股票流动性的经验证据 [J]. 管理世界, 2021, 37 (7): 130-144+10.

[154] 段华友, 杨兴柳, 董峰. 数字化转型、融资约束与企业创新 [J]. 统计与决策, 2023 (5): 164-168.

［155］Hambrick D C，Mason P A. Upper Echelons：The Organization as a Reflection of Its Top Managers ［J］. Academy of Management Review，1984，9（2）：193 – 206.

［156］邓新明，罗欢，龙贤义，等. 高管团队异质性、竞争策略组合与市场绩效——来自中国家电行业的实证检验［J］. 南开管理评论，2021，24（4）：103 – 117.

［157］孟晓娜，李翔龙. 高管团队异质性如何影响企业创新——基于创新压力和创新环境的分析［J］. 财会通讯，2022（24）：49 – 53.

［158］郭军，麻环宇. 高管团队异质性、内部控制与企业技术创新［J］. 统计与决策，2022，38（17）：174 – 178.

［159］顾慧君，杨忠. 外部资源与企业转型：以高管团队异质性为调节变量的实证研究［J］. 东南大学学报（哲学社会科学版），2012，14（4）：36 – 39 + 126 – 127.

［160］蔡俊亚，党兴华. 创业导向与创新绩效：高管团队特征和市场动态性的影响［J］. 管理科学，2015，28（5）：42 – 53.

［161］Sarto F，Saggese S，Viganò R，et al. Human Capital and Innovation：Mixing Apples and Oranges on the Board of High-tech Firms ［J］. Management Decision，2019，58（5）：897 – 926.

［162］高春梅. 高管团队异质性、融资效率与企业投资［J］. 财会通讯，2023（2）：38 – 43.

［163］乐云，万静远，张艳. 高管团队异质性、政府支持与重大工程绩效［J］. 科研管理，2021，42（8）：201 – 208.

［164］郭天娇，邹国庆. 高管团队异质性、惯例更新与商业模式创新：有调节的中介效应模型［J］. 商业研究，2020（7）：8 – 14.

［165］张明，蓝海林，陈伟宏，等. 殊途同归不同效：战略变革前因组态及其绩效研究［J］. 管理世界，2020，36（9）：168 – 186.

［166］张悦，杨乐，李心怡. 规模以上工业企业环保投资与研发投入：促进还是抑制？［J］. 生态经济，2022，38（8）：129 – 138 + 145.

［167］马红，侯贵生. 环保投入、融资约束与企业技术创新——基于

长短期异质性影响的研究视角［J］. 证券市场导报，2018（8）：12－19.

［168］蔡乌赶，李青青. 环境规制对企业生态技术创新的双重影响研究［J］. 科研管理，2019，40（10）：87－95.

［169］李百兴，王博. 新环保法实施增大了企业的技术创新投入吗？——基于 PSM－DID 方法的研究［J］. 审计与经济研究，2019，34（1）：87－96.

［170］杨哲. 环保投入、技术创新与企业市场价值［J］. 财会通讯，2018（6）：37－41.

［171］王炳成，麻汕，马嫒. 环境规制、环保投资与企业可持续性商业模式创新——以股权融资为调节变量［J］. 软科学，2020，34（4）：44－50.

［172］刘志红，曹俊文. 节能环保企业规模与产权性质对技术创新的影响——基于江西省的调查数据［J］. 科技管理研究，2018，38（5）：135－141.

［173］李欣. 重污染企业环保投入、技术创新对财务绩效的影响研究［D］. 南京：南京信息工程大学，2022.

［174］张洁，唐洁. 资本错配、融资约束与企业研发投入——来自中国高新技术上市公司的经验证据［J］. 科技进步与对策，2019，36（20）：103－111.

［175］黄映红，陈瑞，崔明懿. 融资约束影响研发投入的实证研究——基于出口活动的调节效应［J］. 兰州学刊，2021（9）：34－44.

［176］郑景丹，李竹梅. 煤炭企业融资约束、研发投入与市场表现［J］. 煤炭技术，2021，40（5）：216－219.

［177］余得生，李星. 环境规制、融资约束与企业创新［J］. 生态经济，2021，37（4）：44－49＋79.

［178］陈三可，赵蓓. 研发投入、风险投资与企业融资约束——基于中国制造业上市公司的实证分析［J］. 管理评论，2019，31（10）：110－123.

［179］Zhang F，Yang L. Financing Constraints and ODI Margins：Evidence from China［J］. Economic Systems，2020，44（1）：100741.

［180］许敏，朱伶俐，方祯. 融资约束、R&D 投入与中小企业绩效 ［J］. 财会月刊，2017（30）：37－43.

［181］Sasidharan S, Lukose P J, Komera S. Financing Constraints and Investments in R&D：Evidence from Indian Manufacturing Firms ［J］. The Quarterly Review of Economics Finance，2015（55）：28－39.

［182］吴丹. 融资约束对企业 R&D 投资影响的实证研究——基于产权与产业视角 ［J］. 科技管理研究，2016，36（22）：102－108.

［183］徐玉德，张斯靓. 法治环境、融资约束和企业研发投入 ［J］. 北京工商大学学报（社会科学版），2022，37（5）：85－98.

［184］Chen M, Matousek R. Do Productive Firms Get External Finance? Evidence from Chinese Listed Manufacturing Firms ［J］. International Review of Financial Analysis，2020（67）：101422.

［185］Kaplan S N, Zingales L. Do Investment-cash Flow Sensitivities Provide Useful Measures of Financing Constraints? ［J］. The Quarterly Journal of Economics，1997，112（1）：169－215.

［186］谭跃，夏芳. 股价与中国上市公司投资——盈余管理与投资者情绪的交叉研究 ［J］. 会计研究，2011（8）：30－39＋95.

［187］Arqué－Castells P. Persistence in R&D Performance and Its Implications for the Granting of Subsidies ［J］. Review of Industrial Organization，2013（43）：193－220.

［188］Guellec D, Van Pottelsberghe De La Potterie B. The Impact of Public R&D Expenditure on Business R&D ［J］. Economics of Innovation New Technology，2003，12（3）：225－243.

［189］Wu A. The Signal Effect of Government R&D Subsidies in China：Does Ownership Matter? ［J］. Technological Forecasting Social Change，2017（117）：339－345.

［190］Takalo T, Tanayama T. Adverse Selection and Financing of Innovation：Is There a Need for R&D Subsidies? ［J］. The Journal of Technology Transfer，2010（35）：16－41.

［191］宋砚秋，齐永欣，高婷，等．政府创新补贴、企业创新活力与创新绩效［J］．经济学家，2021（6）：111－120．

［192］薛阳，胡丽娜．制度环境、政府补助和制造业企业创新积极性：激励效应与异质性分析［J］．经济经纬，2020，37（6）：88－96．

［193］张杰．政府创新补贴对中国企业创新的激励效应——基于U型关系的一个解释［J］．经济学动态，2020（6）：91－108．

［194］张慧雪，沈毅，郭怡群．政府补助与企业创新的"质"与"量"——基于创新环境视角［J］．中国科技论坛，2020（3）：44－53．

［195］王薇，艾华．政府补助、研发投入与企业全要素生产率——基于创业板上市公司的实证分析［J］．中南财经政法大学学报，2018（5）：88－96．

［196］施建军，栗晓云．政府补助与企业创新能力：一个新的实证发现［J］．经济管理，2021，43（3）：113－128．

［197］李江，吴玉鸣．政府补助与制造业企业创新：基于"量"与"质"的视角［J］．现代经济探讨，2023（4）：88－98．

［198］杨兴全，韩贺洋．国企混改、政府补助与创新［J］．贵州财经大学学报，2021（2）：1－10．

［199］夏清华，何丹．政府研发补贴促进企业创新了吗——信号理论视角的解释［J］．科技进步与对策，2020，37（1）：92－101．

［200］郭玥．政府创新补助的信号传递机制与企业创新［J］．中国工业经济，2018（9）：98－116．

［201］Kang K－N, Park H. Influence of Government R&D Support and Inter-firm Collaborations on Innovation in Korean Biotechnology SMEs［J］. Technovation, 2012, 32（1）：68－78.

［202］Montmartin B, Herrera M. Internal and External Effects of R&D Subsidies and Fiscal Incentives：Empirical Evidence Using Spatial Dynamic Panel Models［J］. Research Policy, 2015, 44（5）：1065－1079.

［203］黄福广，柯迪，王贤龙，等．基于技术溢出效应下的政府创新补助研究［J］．管理学报，2021，18（11）：1671－1678．

［204］齐绍洲，林屾，崔静波．环境权益交易市场能否诱发绿色创新？——基于我国上市公司绿色专利数据的证据［J］．经济研究，2018，53（12）：129－143.

［205］陈琪，朱璐璐．交易所年报问询函与企业融资约束——基于中国 A 股上市公司的经验证据［J］．会计之友，2021（6）：56－64.

［206］赵振洋，王雨婷，陈佳宁．非行政处罚性监管与企业投资效率——基于交易所问询函的经验证据［J］．南开经济研究，2022（5）：181－200.

［207］曹丰，易佳慧，胡明生．问询函监管能激发公司利益相关者的治理吗？［J］．财务研究，2021（1）：80－93.

［208］邓祎璐，李哲，陈运森．证券交易所一线监管与企业高管变更——基于问询函的证据［J］．管理评论，2020，32（4）：194－205.

［209］耀友福，林恺．年报问询函影响关键审计事项判断吗？［J］．审计研究，2020（4）：90－101.

［210］石昕，陈文瑞，刘峰．证券交易所问询监管与会计稳健性［J］．经济管理，2021，43（12）：170－186.

［211］胡宁，曹雅楠，周楠，等．监管信息披露与债权人定价决策——基于沪深交易所年报问询函的证据［J］．会计研究，2020（3）：54－65.

［212］张勇，张春蕾．证券交易所问询函监管与企业商业信用融资［J］．证券市场导报，2022（5）：57－68.

［213］何慧华，方军雄．问询函监管与银行信贷决策的改善［J］．经济理论与经济管理，2022，42（3）：67－84.

［214］陈运森，邓祎璐，李哲．证券交易所一线监管的有效性研究：基于财务报告问询函的证据［J］．管理世界，2019（3）：169－208.

［215］Fisher－Vanden K，Jefferson G H，Liu H，et al. What is Driving China's Decline in Energy Intensity？［J］. Resource Energy Economics，2004，26（1）：77－97.

［216］Yam R C，Lo W，Tang E P，et al. Analysis of Sources of Innovation，Technological Innovation Capabilities，and Performance：An Empirical Study of Hong Kong Manufacturing Industries［J］. Research Policy，2011，40（3）：391 –402.

［217］Lechner C，Gudmundsson S V. Entrepreneurial Orientation，Firm Strategy and Small Firm Performance［J］. International Small Business Journa，2014，32（1）：36 –60.

［218］张旭，王宇. 环境规制与研发投入对绿色技术创新的影响效应［J］. 科技进步与对策，2017，34（17）：111 –119.

［219］宋维佳，杜泓钰. 自主研发、技术溢出与我国绿色技术创新［J］. 财经问题研究，2017（8）：98 –105.

［220］Lee K – H，Min B. Green R&D for Eco-innovation and Its Impact on Carbon Emissions and Firm Performance［J］. Journal of Cleaner Production，2015（108）：534 –542.

［221］Hamamoto M. Environmental Regulation and the Productivity of Japanese Manufacturing Industries［J］. Resource Energy Economics，2006，28（4）：299 –312.

［222］李苗苗，肖洪钧，傅吉新. 财政政策、企业 R&D 投入与技术创新能力——基于战略性新兴产业上市公司的实证研究［J］. 管理评论，2014，26（8）：135 –144.

［223］李广培，李艳歌，全佳敏. 环境规制、R&D 投入与企业绿色技术创新能力［J］. 科学学与科学技术管理，2018，39（11）：61 –73.

［224］毕克新，王禹涵，杨朝均. 创新资源投入对绿色创新系统绿色创新能力的影响——基于制造业 FDI 流入视角的实证研究［J］. 中国软科学，2014（3）：153 –166.

［225］Fang Z，Bai H，Bilan Y. Evaluation Research of Green Innovation Efficiency in China's Heavy Polluting Industries［J］. Sustainability，2019，12（1）：146.

［226］Berrone P，Fosfuri A，Gelabert L，et al. Necessity as the Mother of "Green" Inventions：Institutional Pressures and Environmental Innovations

[J]. Strategic Management Journal, 2013, 34 (8): 891 –909.

[227] Marlin D, Geiger S W. A Reexamination of the Organizational Slack and Innovation Relationship [J]. Journal of Business Research, 2015, 68 (12): 2683 –2690.

[228] 毕晓方, 翟淑萍, 姜宝强. 政府补贴、财务冗余对高新技术企业双元创新的影响 [J]. 会计研究, 2017 (1): 46 –52 +95.

[229] Brown J R, Petersen B C. Cash Holdings and R&D Smoothing [J]. Journal of Corporate Finance, 2011, 17 (3): 694 –709.

[230] Lin B W, Chen C J, Wu H L. Patent portfolio diversity, technology strategy, and firm value [J]. IEEE Transactions on Engineering Management, 2006, 53 (1): 17 –26.

[231] 周霞, 张骁, 李梓涵昕. 高研发强度企业一定有更多的探索性创新吗 [J]. 中国科技论坛, 2018 (8): 42 –48.

[232] 苏昕, 周升师. 双元性创新与企业竞争地位——来自中国上市企业的经验数据 [J]. 南方经济, 2019 (5): 52 –77.

[233] 连军, 吴霞, 刘星. 货币政策、财务冗余与企业 R&D 投资 [J]. 贵州社会科学, 2018 (6): 50 –58.

[234] 董晓庆, 袁朋伟. 创新平衡模式选择与企业绩效：技术多样性与财务冗余的作用 [J]. 济南大学学报 (社会科学版), 2020, 30 (1): 100 –108 +159.

[235] 王超发, 郭宏, 杨德林. 创新方式会影响企业投资价值吗？——基于冗余资源的调节效应验证 [J]. 统计研究, 2020, 37 (7): 3 –14.

[236] 淦未宇, 刘曼. 海归高管与企业创新：基于文化趋同的视角 [J]. 上海财经大学学报, 2022, 24 (1): 92 –106.

[237] Bradley S W, Shepherd D A, Wiklund J. The Importance of Slack for New Organizations Facing "Tough" Environments [J]. Journal of Management Studies, 2011, 48 (5): 1071 –1097.

[238] He Z, Wintoki M B. The Cost of Innovation: R&D and High Cash

Holdings in US Firms ［J］. Journal of Corporate Finance，2016（41）：280 -
303.

［239］李冬伟，李建良. 智力资本、冗余资源与企业价值——基于一
个调节效应模型的实证分析［J］. 科学学与科学技术管理，2010，31
（11）：119 -128.

［240］傅皓天，于斌，王凯. 环境不确定性、冗余资源与公司战略变
革［J］. 科学学与科学技术管理，2018，39（3）：92 -105.

［241］Hailu D H，Wang M，Ayalew M M，et al. Slack and Innovation in
Africa：A Curve Linear Relationship ［J］. Res J Financ Account，2018，9
（22）：119 -142.

［242］姚晓林，李井林，梁雯. 技术内部董事、财务冗余与研发投
资——来自中国高新技术企业的经验证据［J］. 科学决策，2018（6）：21 -
40.

［243］Verheyden T，Eccles R G，Feiner A. ESG for All? The Impact of
ESG Screening on Return，Risk，and Diversification ［J］. Journal of Applied
Corporate Finance，2016，28（2）：47 -55.

［244］Amir A Z，George S. Why and How Investors Use ESG Informa-
tion：Evidence from a Global Survey ［J］. Financial Analysts Journal，2018：
1 -17.

［245］Ghoul，Sadok，E I，et al. Country-level Institutions，Firm Val-
ue，and the Role of Corporate Social Responsibility Initiatives ［J］. Journal of
International Business Studies，2017，48（3）：360 -385.

［246］刘会洪，张哲源. ESG 表现、创新效率和股价波动性的影响研
究——基于 A 股上市公司 ［J］. 武汉金融，2023（2）：37 -43 +64.

［247］Houston J F，Shan H. Corporate ESG Profiles and Banking Rela-
tionships ［J］. The Review of Financial Studies，2022，35（7）：3373 -
3417.

［248］谢红军，吕雪. 负责任的国际投资：ESG 与中国 OFDI ［J］.
经济研究，2022，57（3）：83 -99.

［249］ Pavelin S, Porter L A. The Corporate Social Performance Content of Innovation in the U. K ［J］. Journal of Business Ethics, 2008, 80 （4）: 711 - 725.

［250］ 熊国保, 罗元大, 赵建彬. 企业环境责任对创新绩效影响的实证检验 ［J］. 统计与决策, 2020, 36 （21）: 172 - 175.

［251］ 张莘, 伍双霞. 环境责任承担与企业绩效——理论与实证 ［J］. 工业技术经济, 2017, 36 （5）: 67 - 75.

［252］ 刘岚, 王倩. 企业社会责任、政治关联与非效率投资——基于企业社会责任的治理效应 ［J］. 中国管理科学, 2016, 24 （S1）: 398 - 404.

［253］ 方先明, 胡丁. 企业 ESG 表现与创新——来自 A 股上市公司的证据 ［J］. 经济研究, 2023, 58 （2）: 91 - 106.

［254］ Zhang D, Lucey B M. Sustainable Behaviors and Firm Performance: The Role of Financial Constraints' Alleviation ［J］. Economic Analysis Policy, 2022 （74）: 220 - 233.

［255］ Zuo Y, Jiang S, Wei J. Can Corporate Social Responsibility Mitigate the Liability of Newness? Evidence from China ［J］. Small Business Economics, 2022, 59 （2）: 573 - 592.

［256］ 王治, 彭百川. 企业 ESG 表现对创新绩效的影响 ［J］. 统计与决策, 2022, 38 （24）: 164 - 168.

［257］ 李慧云, 刘倩颖, 李舒怡, 等. 环境、社会及治理信息披露与企业绿色创新绩效 ［J］. 统计研究, 2022, 39 （12）: 38 - 54.

［258］ 王波, 杨茂佳. ESG 表现对企业价值的影响机制研究——来自我国 A 股上市公司的经验证据 ［J］. 软科学, 2022, 36 （6）: 78 - 84.

［259］ Gokhberg L, Kitova G, Roud V. Tax Incentives for R&D and Innovation: Demand Versus Effects ［J］. Foresight and STI Governance, 2014, 8 （3）: 18 - 41.

［260］ Cai J, Chen Y, Wang X. The Impact of Corporate Taxes on Firm Innovation: Evidence from the Corporate Tax Collection Reform in China ［R］.

National Bureau of Economic Research，2018.

［261］杨国超，芮萌．高新技术企业税收减免政策的激励效应与迎合效应［J］．经济研究，2020，55（9）：174 – 191.

［262］Jose M，Sharma R. Effectiveness of Fiscal Incentives for Innovation：Evidence from Meta – regression Analysis ［J］. Journal of Public Affairs，2021，21（1）：e2146.

［263］贾洪文，程星．政府税收优惠对企业创新的影响研究——基于融资约束视角［J］．税务与经济，2022（4）：10 – 18.

［264］马靓，沈小燕．经济政策不确定性、税收优惠政策与创新绩效［J］．南京财经大学学报，2023（1）：12 – 22.

［265］鲁钊阳，杜雨潼．税收优惠对新能源企业创新绩效的影响研究——以沪深 A 股新能源上市企业为例［J］．经济学报，2023：1 – 22.

［266］周雪峰，韩露．宏观经济政策与企业技术创新研究——基于融资约束视角的综述及展望［J］．会计之友，2023（1）：47 – 53.

［267］Manso G. Motivating Innovation ［J］. The Journal of Finance，2011，66（5）：1823 – 1860.

［268］郑婷婷，王虹，干胜道．税收优惠与创新质量提升——基于数量增长与结构优化的视角［J］．现代财经（天津财经大学学报），2020，40（1）：29 – 40.

［269］程曦，蔡秀云．税收政策对企业技术创新的激励效应——基于异质性企业的实证分析［J］．中南财经政法大学学报，2017（6）：94 – 102 + 159 – 160.

［270］柳光强．税收优惠、财政补贴政策的激励效应分析——基于信息不对称理论视角的实证研究［J］．管理世界，2016（10）：62 – 71.

［271］笪琼瑶．知识产权保护对企业创新效率的影响——基于知识溢出视角［J］．财会月刊，2022（21）：145 – 153.

［272］孙芳城，伍桂林，蒋水全．数字普惠金融、知识产权保护与企业创新［J］．技术经济，2022，41（12）：38 – 49.

［273］Grimaldi M，Greco M，Cricelli L. A Framework of Intellectual

Property Protection Strategies and Open Innovation [J]. Journal of Business Research, 2021 (123): 156 – 164.

[274] Huggins R, Thompson P. Entrepreneurship, Innovation and Regional Growth: A Network Theory [J]. Small Business Economics, 2015 (45): 103 – 128.

[275] Wu Y, Welch E W, Huang W L. Commercialization of University Inventions: Individual and Institutional Factors Affecting Licensing of University Patents [J]. Technovation, 2015 (36): 12 – 25.

[276] 陈战光, 宛晴, 冯家丛, 等. 政府补贴、知识产权保护与研发投入 [J]. 投资研究, 2018, 37 (5): 57 – 71.

[277] 方中秀. 知识产权保护、企业创新动力与创新绩效 [J]. 统计与决策, 2022, 38 (24): 154 – 159.

[278] Ang J S, Cheng Y, Wu C. Does Enforcement of Intellectual Property Rights Matter in China? Evidence from Financing and Investment Choices in the High-tech Industry [J]. Review of Economics Statistics, 2014, 96 (2): 332 – 348.

[279] Privileggi F, Marsiglio S. Dynamics and Welfare in Recombinant Growth Models with Intellectual Property Rights: A Computational Method [J]. Communications in Nonlinear Science Numerical Simulation, 2019 (69): 98 – 118.

[280] 庄子银, 贾红静, 李汛. 知识产权保护对企业创新的影响研究——基于企业异质性视角 [J]. 南开管理评论, 2021: 1 – 22.

[281] Thakur Wernz P, Wernz C. Impact of Stronger Intellectual Property Rights Regime on Innovation: Evidence from de Alio versus de Novo Indian Biopharmaceutical Firms [J]. Journal of Business Research, 2022 (138): 457 – 473.

[282] 袁胜超. 数字化驱动了产学研协同创新吗？——兼论知识产权保护与企业吸收能力的调节效应 [J]. 科学学与科学技术管理, 2023, 44 (4): 60 – 81.

[283] 唐文秀，周兵，徐辉. 产品市场竞争、研发投入与财务绩效——基于产权异质性的比较视角 [J]. 华东经济管理，2018，32（7）：110 - 119.

[284] 王昌荣，李娜. 市场竞争、创新研发与企业价值——基于中国制造业的经验数据 [J]. 山东社会科学，2018（6）：168 -173.

[285] 张济建，苏慧，王培. 产品市场竞争、机构投资者持股与企业R&D 投入关系研究 [J]. 管理评论，2017，29（11）：89 -97.

[286] 胡令，王靖宇. 产品市场竞争与企业创新效率——基于准自然实验的研究 [J]. 现代经济探讨，2020（9）：98 -106.

[287] 宋竞，胡顾妍，何琪. 风险投资与企业技术创新：产品市场竞争的调节作用 [J]. 管理评论，2021，33（9）：77 -88.

[288] Arrow K J. Economic Welfare and the Allocation of Resources for Invention [M]. London：Palgrave，1972.

[289] 刘放，杨筝，杨曦. 制度环境、税收激励与企业创新投入 [J]. 管理评论，2016，28（2）：61 -73.

[290] 李健，薛辉蓉，潘镇. 制造业企业产品市场竞争、组织冗余与技术创新 [J]. 中国经济问题，2016（2）：112 -125.

[291] 简泽，谭利萍，吕大国，等. 市场竞争的创造性、破坏性与技术升级 [J]. 中国工业经济，2017（5）：16 -34.

[292] 何玉润，林慧婷，王茂林. 产品市场竞争、高管激励与企业创新——基于中国上市公司的经验证据 [J]. 财贸经济，2015（2）：125 -135.

[293] Haushalter D，Klasa S，Maxwell W F. The Influence of Product Market Dynamics on a Firm's Cash Holdings and Hedging Behavior [J]. Journal of Financial Economics，2007，84（3）：797 -825.

[294] 侯曼，王倩楠，弓嘉悦. 企业家精神、组织韧性与中小企业可持续发展——环境不确定性的调节作用 [J]. 华东经济管理，2022，36（12）：120 -128.

[295] 李忠顺，王少瑜. 环境不确定性下企业社会资本与商业模式创

新关系研究 ［J］. 技术与创新管理，2021，42（4）：382-390.

［296］陈收，张红浩，黎传国，等. 资源效率对企业绩效的影响：基于环境动态性调节分析 ［J］. 管理评论，2013，25（12）：87-97.

［297］王则仁，刘志雄. 环境不确定性对软件与信息技术服务企业创新绩效的影响——创新注意力的中介作用和政府补助的调节作用 ［J］. 科技进步与对策，2021，38（15）：82-89.

［298］汪梦华. 环境不确定性、政府补助与企业技术创新 ［D］. 南昌：江西财经大学，2021.

［299］Baum C F，Caglayan M，Stephan A，et al. Uncertainty Determinants of Corporate Liquidity'［J］. Economic Modelling，2008，25（5）：833-849.

［300］郝威亚，魏玮，温军. 经济政策不确定性如何影响企业创新？——实物期权理论作用机制的视角 ［J］. 经济管理，2016，38（10）：40-54.

［301］Cagges A. Entrepreneurial Risk，Investment，and Innovation ［J］. Journal of Financial Economics，2012，106（2）：287-307.

［302］聂辉华，谭松涛，王宇锋. 创新、企业规模和市场竞争：基于中国企业层面的面板数据分析 ［J］. 世界经济，2008（7）：57-66.

［303］黄学军，吴冲锋. 不确定环境下研发投资决策的期权博弈模型 ［J］. 中国管理科学，2006（5）：33-37.

［304］李寿喜，洪文姣. 环境不确定性、透明度与企业创新 ［J］. 工业技术经济，2020，39（8）：44-52.

［305］王金凤，蔡豪，冯立杰，等. 外部环境不确定性、网络惯例与双元创新关系研究 ［J］. 科技进步与对策，2020，37（6）：37-45.

［306］Kerr W R，Nanda R. Democratizing Entry：Banking Deregulations，Financing Constraints，and Entrepreneurship ［J］. Journal of Financial Economics，2009，94（1）：124-149.

［307］袁建国，程晨，后青松. 环境不确定性与企业技术创新——基于中国上市公司的实证研究 ［J］. 管理评论，2015，27（10）：60-69.

［308］申慧慧，吴联生．股权性质、环境不确定性与会计信息的治理效应［J］．会计研究，2012（8）：8－16＋96.

［309］Ghosh D, Olsen L. Environmental Uncertainty and Managers' Use of Discretionary Accruals［J］. Accounting, Organizations Society, 2009, 34 (2)：188－205.

［310］吕忠伟，李峻浩. R&D 空间溢出对区域经济增长的作用研究［J］.统计研究，2008（3）：27－34.

［311］王宏鸣，孙鹏博，郭慧芳．数字金融如何赋能企业数字化转型？——来自中国上市公司的经验证据［J］．财经论丛，2022（10）：3－13.

［312］何爱，艾永明，李炜文．税收激励与企业创新：CEO 通用能力的调节作用［J］．研究与发展管理，2023，35（1）：158－171.

［313］朱炎生．实质性标准下科技型优惠税制的发展趋势与启示［J］．国际税收，2020（11）：48－54.

［314］宋刚，张楠．创新 2.0：知识社会环境下的创新民主化［J］.中国软科学 2009（10）：60－66.

［315］李龙熙．对可持续发展理论的诠释与解析［J］．行政与法（吉林省行政学院学报），2005（1）：3－7.

［316］张桂平，庞毅．中国商业文化实践与理论（连载之九）第七章中国商业文化的历史演进与特点［J］．商业文化，2020（23）：7－13.

［317］张学刚，王玉婧．环境管制政策工具的演变与发展——基于外部性理论的视角［J］．湖北经济学院学报，2010，8（4）：94－98.

［318］张宏军．环境外部性的计量、矫正及其治理——兼论"庇古手段"与"科斯手段"的偏颇［J］．改革与战略，2007（8）：1－4.

［319］张璐，王岩，苏敬勤，等．资源基础理论：发展脉络、知识框架与展望［J/OL］．南开管理评论：1－22［2021－09－29］. http：//kns. cnki. net. ytu. yitlink. com：80/kcms/detail/12. 1288. f. 20210928. 0209. 002. html.

［320］王欣．基于信息不对称理论的国家科技计划项目风险管理研究［D］．北京：北京交通大学，2014.

后　记

本书得到山东省社会科学规划重点项目《数字化赋能山东能源企业绿色转型的动力机制与实现路径研究》（项目编号：23BGLJ08）和烟台大学哲学社会科学学术著作出版基金的支持和资助，特此感谢。

在本书的研究中，作者深刻认识到创新对我国企业乃至整个国民经济发展的重要性，"双碳"目标对企业创新提出了更高的要求，但同时也感受到企业创新投入还受到一定的阻碍，创新绩效尤其是绿色创新绩效有待提高。因此，分析创新投入和创新绩效的影响因素、探究促进创新投入、提升创新绩效的政策措施，有助于缓解我国企业在创新中遇到的困境，全面提升创新能力。

衷心感谢宋岩院长、孙晓妍老师和林德林老师对本书的指导和支持，感谢刘荔荔、王晓凡、武雪琴等同学的参与和帮助，感谢学校和学院的各位领导、老师的支持。

由于本书内容较新，涉及范围较广，一些指标的计量还有待进一步深化，对问题的分析也难免存在不足之处，恳请专家和同行批评指正。

周竹梅

2023 年 11 月